# 『摩訶止観』を読む

池田魯參
Ikeda Rosan

春秋社

# はしがき

本書は『瞑想のすすめ――『摩訶止観』を読む』上・下巻（平成六年十月一日、平成七年一月一日、日本放送出版協会刊）の改訂版である。全体的な構成内容はほぼ前書を踏襲したが、かなりの部分に手を入れたので、出来上がって見るとまるで別書のようで、はるかに読み易い体裁になった。学部に在職中のことであるが、何人かの受講生が、かつてのラジオ放送のテキストを買いたいと思って注文してみたが、とうに絶版ということで手に入らなかった、とこぼしていたのがずっと私の耳についていた。なにせ『摩訶止観』は大部であるし、加えて難解であるから、私自身の経験からも、いきなり読もうとしてもさぞ苦労するに違いないと案じ、いつか本書のような手頃な入門書をまとめなければと考えていた矢先でもあった。折も折、たまたまこのテキストに奥野光賢氏が目を止め、春秋社の方へ刊行を薦めて下さり、急に話がまとまって見事な一冊に仕上がったのである。

近年、アメリカを中心にマインドフルネスが流行し、わが国でも学会が立ち上がったほどで、呼吸や姿勢に意識を向ける心理療法の効果が検証され、ストレスの軽減や集中力養成のために各種の企業研修が企画されるなど、以前にも増して各地の寺院の坐禅会などもにぎわいを見せているということである。いうまでもなく『摩訶止観』は仏教の伝統的なスタンダードの三昧（静慮・調直定）法（七一頁参照）を、これ以上はないであろうと思われるほど懇切丁寧に解説している古典中の古典であるので、こういう現代社会の潮流に照らしてみても、本書は時宜を得たハンドブックとして重宝されるのではなかろうかと考える。

末筆ながら、本書の企画をバックアップして下さった、春秋社会長の神田明氏、社長の澤畑吉和氏、編集部長の佐藤清靖氏には記してお礼申し上げる次第である。この短期間に刊行までこぎつけたのは、ひとえに編集部豊嶋悠吾氏の驚嘆すべき献身的な仕事振りがあってのこと、編集実務の諸万般にわたって大変お世話になった。また、年度末の繁忙期の中で、言い出しっぺだからと、校正外諸雑務をわがことのようにこなして頂いた、仏教学部教授奥野光賢氏には尽心の謝意を申し述べたい。校正に当たっては、清野宏道氏、永井賢隆氏両名のご加担を頂いた。本当にありがとう。

こうして多くの方々の温かい励ましに支えられ、今日がある己が身の忝さを、しみじみかみしめている、私の近況である。

平成二十九年二月　仏涅槃の嘉辰に

著者　大愚魯參識

『摩訶止観』を読む　目次

# 凡例

一、引用文はすべて読み下し文で示し、文頭に括弧書で、大正蔵経四六巻の頁数と上（a）・中（b）・下（c）段を記し、原漢文の出所を明示した。

一、仏教の専門用語・難字句・出典・故実等について、注釈は総て巻末にまとめた。

一、読み下し文は、現代人の理解が進むように、できるだけ、「て」「に」「を」「は」を付け、伝統的な訓読法には従わなかった。諒とされたい。

# 『摩訶止観』を読む

# はじめに

中国の仏教者たちが著した名著と呼ぶにふさわしい仏教書はいくつかあるが、その中でも『摩訶止《まかし》観《かん》』は、優に「古典」というにふさわしい堂々たる名著である。

その理由はいくつか数えられようが、なんといっても仏教とは何かという課題に真正面から応え、仏教の教理が体系的に、かつ有機的に、緊密に組織されている点であろう。凡百の仏教書にはみられぬ創意工夫のあとが行間にあふれていて、それはやがて、読者の眼前に壮大な仏道の世界を出現させることになる。単に雄大な世界を出現させるだけなら他にも例はあろうが、『摩訶止観』の雄大さは、個々の課題について、実に綿密な吟味と検証が加えられていて、しっかりとした裏付けがあるから、「雄大」にありがちな空疎な感じというものがない。作者の仏道修行のよほどの実体験にもとづいて説かれているためであろう。

この『摩訶止観』の講読を通して、仏教の世界はどういうものか、仏教の実践はどういうものか、天台智顗《ちぎ》（五三八—五九七）が伝えた良質の仏道の世界を学んでいただけたらと思う。

次に、『摩訶止観』を、なぜ今読もうとするのか、私の意図するところを申し述べたい。

私はこう考えるのである。仮に、政治家だとか、企業経営者などのように、頻繁に多くの人たちに会い、決裁するようなことを仕事にしている多忙な人であっても、その人の一生の時間を考えてみると、そうやって人と向き合って過ごす時間というものは、案外、思っているほどは多くないはずである。それだけに今ここでこの人とこうして会っている御縁というものは実に貴いものであり、人との出会いはそのように一回性のものなのだとわきまえて大切にしなければならない道理である。

このように誰かに会っている時間にくらべると、私たちが一人で、沈黙のうちに過ごす時間のなんと多いことであろうか。

街の雑踏の中に身をおいていても、特別、誰かと話しているわけではない。ただそうやって黙々と歩いているということだってある。連れだって山中を歩いていても、のべつしゃべっているようなことはなく、めいめいの思いで無言のうちに山と向き合っているということもある。明るいうちは一緒のことをしていても、眠るときは一人ひとりめいめいの時間を眠ることになるのはいうまでもない。

このように考えてみると、私たちは想像以上に、各人各様の時間を過ごしていることに気づかされる。こういう姿こそが人が生きている原風景とでもいうべきものなのであろう。「自分の時間は好きなことをして過ごします」というが、そういう自分の時間の過ごし方について、私たちはもう少し工夫してみる必要があるのではなかろうか。

一般的な見方だと、一人でいるのは孤独でさびしい、ということになるであろうが、仏教の伝統的な考えでは、一人は決して意味のないことではない。むしろ好ましいことであり、仏教者はそういう時間を積極的に選びとっているふしさえある。仏教は、孤独な時間こそ輝いている、徒党を組まないで一人で行け、と教えている。

人間は本来、孤独な生きものだといえるだろう。しかし、孤独は決して味気なく無意味なことではない。孤独な時間なればこそ、自分の本当の姿が見えてくるからである。一人の、沈黙の時間の中で、日常生活ですっかり忘れていた自分の姿に出会うことになる。そういうことがなく、己れの真の姿を知らないでいる者こそ、危うい者というべきであろう。

満員電車のなかでもまれるようにしていても、毎日、追われるようなスケジュールで過ごしていても、ぽつんと一人だけになってふっと兆す、己れの生きざまへの反省から人は目をそむけることはできない。来し方、行く末のこと、今、現にかかえている、解決の見通しもつかずに山積している難題の数々が、一気に脳裏をかけめぐり暗澹《あんたん》たる思いにかられるようなことがある。溌剌《はつらつ》とした精神はいつかすっかり消沈してしまい、いっそすべてを投げ出してしまいたい、そんな衝動に突き動かされるようなことだってある。このような場面で、私たちはどうやって己れの身心を調え体勢を立て直したらいいのであろうか。

このような人生の孤独の深淵に立ち向かい、これに思いを潜《ひそ》めて、絶望の淵から敢然と立ち上がる術《すべ》を解き明かす書こそ、この『摩訶止観』にほかならないのである。この書は、誰も逃れることができない孤独な時間を意義あるものに変える道を指し示す。絶望の局面を、希望や祈りに満ちた深い光明の世界に変換する智慧を解き明かそうとしているのである。

『摩訶止観』は、智者大師が最晩年に講説したものであるが、かつてこのようなことがあった。智者大師は出家して仏教者になったが、大師には血を分けた陳鍼《ちんしん》という一人の兄がいた。この兄は役人であったが、あるとき人相見から「あなたには死相が表れている。間もなく死ぬだろう」といわれた。

この兄はそれからというもの憐れにも役所の仕事も、何も手につかず、明日にも訪れるかも知れぬ死神の姿におびえて、なすすべもなくおろおろと絶望的な日々を過ごすことになる。思い余った兄は弟のもとを訪ね、事の始終を打ち明け、どうしたものであろう、何か思案はないものであろうか、と弟の意見を求めたという。

そこで智者大師は、進退極まったこの兄のために、有名な『天台小止観』を書いて与え、兄を危機から救ったと伝えられている。この兄は『天台小止観』に書かれている通りに、身心を調える方法を実践し、とうとう死の恐怖に打ち克って、その後、決して短くはない一生を見事に全うすることができたのであった。

今読もうとしている『摩訶止観』は、『天台小止観』の未整理な部分や簡略にすぎるところを、それこそかゆいところに手がとどくように説明し尽くし、己れの身心をどう調えたらいいのか、明示している。『天台小止観』の方はこれまでもよく読まれているようであるが、『摩訶止観』の方は、大きな書物であることもあってか、必ずしもよく読まれているとはいえない状況である。もう一歩進めて、是非にも『摩訶止観』を読んでいただきたいというのが私の第一の願いである。

中国で最初に『摩訶止観』を本格的に研究した人は荊渓湛然《けいけいたんねん》（七一一—七八二）であった。この人は『摩訶止観』に出会って深い感銘を受け、それまでやってきた儒教の勉強をやめて、とうとう三十八歳で出家し、後に『摩訶止観輔行伝弘決《ぶぎょうでんぐけつ》』という名著を書いている。また、中唐の文人・韓愈《かんゆ》（七六八—八二四）が提唱した古文復興運動の先駆者として中国文学史上、重要な役割を演じた文人の梁粛《りょうしゅく》（七五一—七九三）は、湛然から『摩訶止観』を学び、みずからも『摩訶止観』に関する書を著しているほどである。

日本に目を転ずれば、初めて天台三大部（『法華玄義』『法華文句』『摩訶止観』）を研究し、比叡山中で三部それぞれに『私記《しき》』と題する注釈書を書いた証真《しょうしん》（?―一二一五?）は、仏教の研究に熱中するあまり、源平の合戦があったことも知らなかったほどであるという。また、わが国でも歌人の藤原定家《ていか》（一一六二―一二四一）は、六十八歳の晩年に『天台止観』を書写したことを『明月記《めいげつき》』の中で感慨深げに記録に止めている。これらは先人たちのほんの一例にすぎないが、『摩訶止観』を読んで人生の指針とした人たちはいくらでもいたのである。

時代は変わり、人々はこのように素晴らしい仏教書があったことさえ忘れ去って久しい。その証拠に、私たちは己れの心を顧みることも忘れて、わけもなく外界の現象ばかりを追い求め、右往左往しているというのが実情である。こんなことではいけない、というのが私の第二の思いである。

このような反省にたって、改めて『摩訶止観』を読むことにした。願わくは、心静かに、思いを深め、思いをめぐらし、思いを込めてお読み頂きたい。

# 一　天台山の浄行者・天台智者大師の生涯

―説法　最も第一なり―

## 前代未聞の講説

『摩訶止観《まかしかん》』全十巻は、各巻の題下に「隋天台智者大師(1)説　門人灌頂《かんじょう》記」（隋の天台智者大師が説かれ、それを門人の灌頂が記録した）と記している。本書は智顗《ちぎ》（五三八―五九七）が講説した言葉を、灌頂（五六一―六三二）が記録し、再三整理して、今日みるような形の一書に成ったものである。

この講説は、いつ、どこで、どのようになされたのであろうか。『摩訶止観』の冒頭は次のように始まる。

(1a)止観《しかん》は明静《みょうじょう》にして、前代《ぜんだい》にはいまだ聞《き》かず。智者《ちしゃ》は、大隋《だいずい》の開皇《かいこう》十四年四月二十六日より、荊《けい》州《しゅう》の玉泉寺《ぎょくせんじ》(2)において、一夏《いちげ》(3)に敷揚《ふよう》し、二時《にじ》(4)に慈霔《じちゅう》す。楽説《ぎょうせつ》(5)窮《きわ》まらずといえども纔《わず》かに見境《けんきょう》(6)にいたって法輪《ほうりん》を転《てん》ず(7)ることを停《や》め、後分《ごぶん》(8)は宣《の》べたまわず。

本書『摩訶止観』が説く「止観」の教えは、禅定《ぜんじょう》（静）と智慧（明）の教えで、これまでにはなかったものである。智者は、大隋の開皇十四年（五九四）四月二十六日から、湖北省荊州の玉泉寺で、この寺の夏安居《げあんご》の期間に午前と午後に分けてこの『摩訶止観』を講説された。説こうと思っていることはまだあったが、諸見境までの講説が終わったところで、夏安居の期間が過ぎたので講説をやめられ、その後の三境と三章については説かれなかった。〔以上、本文の大意〕

この文から明らかなように、『摩訶止観』は智顗の最晩年の五十七歳のときに、隋代の開皇十四年の四月二十六日から七月十五日までの間、湖北省荊州の玉泉寺の夏安居において講説されたものであった。このとき三十四歳であった弟子の灌頂は、この前代未聞の講説を筆録し、その感激をそのままに後世に伝えたのであった。

智顗は六十歳で亡くなるので、『摩訶止観』の講説は、いわば智顗のライフ・ワークともいえ、仏教に対する考え方が縦横に展開されており、晩年における円熟した思想が横溢している。

『摩訶止観』の原文を味読するにあたり、まずは『摩訶止観』を講説した智顗という人の人となりからみていきたい。その人の生きざまを知ることは、その人の仏教思想を理解するのに役立つと考えるからである。

### 前半生〜慧思との出会い

智顗は、南北朝時代、南朝・梁《りょう》代の大同《だいどう》四年（五三八）に、荊州江陵の華容《かよう》の地に生まれた。時代は、中国の歴史上、崇仏天子として名高い、梁の武帝（四六四―五四九）の治政の末期にあたっていた。俗姓は陳《ちん》氏で、父の名は起祖《きそ》、母は徐氏の女《むすめ》であった。父の陳起祖《ちんきそ》は、梁の武帝に厚く遇された高官であり、梁が滅亡した後の混乱を収拾して陳朝を建てた陳覇先《ちんはせん》（武帝。五五七―五五九在位）とは同族という名家であった。

智顗誕生の夜、生家は不思議な光に包まれ、その新生児の瞳には英雄の相が現れていたという。これによって幼名は王道《おうどう》とか、光道《こうどう》とか呼ばれた。七歳になると、智顗は仏寺にたびたび出かけて、諸僧が『観音経《かんのんきょう》』(9)を誦《よ》んで聞かせると一度で諳《そらん》じ、決して忘れることがなかったという。幼少時代から『法華経』(10)との縁に結ばれた。

智顗が十一歳のとき、梁の武帝が没し、五五五年、十七歳のとき梁朝が滅亡した。多感な青年は世の栄枯盛衰の現実を概嘆し、長沙《ちょうさ》の仏像の前で、出家して本物の仏教者になろうと誓いを立てたという。

翌年十八歳のとき、両親があいついで亡くなった。喪に服して後、実兄の陳鍼《しん》に打ちあけ出家を決意する。父の友人であった湘州刺史《しょうしゅうしし》（地方官）の王琳《おうりん》（五二六―五七三）の後援によって、長沙の果《か》願寺《がんじ》の法緒《ほうしょ》の下で出家し、このときに中国の仏教史上に燦《さん》然と輝く「智顗」という法名を授かったのである。そしてさらに修行を積むべく、慧曠《えこう》（五三四―六一三）の門をたたいたのであった。この慧曠という人は、後に師事することになる南岳慧思《えし》（五一五―五七七）とも親交があり、広州にいた真《しん》諦三蔵《だいさんぞう》（四九九―五六九）の翻訳場でこの人ありといわれたほどの高名な学僧である。一年の修行の後、二十歳になると、智顗は慧曠から具足戒《ぐそくかい》(11)を受け、求道者として一人立ちした。それからしばらくして衡州《こうしゅう》（湖南省衡陽県）の大賢山《たいけんざん》に入り、『法華経《ほけきょう》』『無量義経《むりょうぎきょう》』『普賢観経《ふげんかんきょう》』（法華三部経）などの経典を読破し、『方等懺法《ほうどうせんぼう》』を行じた。

そしてその後、光州（河南省商城県）の大蘇山《だいそざん》に慧思《えし》を訪ね、以後、およそ八年間、慧思に師事する。最初に会ったとき、慧思は「その昔、霊鷲山《りょうじゅせん》(12)で一緒に釈尊の『法華経』の説法を聞いた御縁で、またこうしてあなたとお会いすることができました」といって喜んだという。このとき慧思は四十六歳、智顗二十三歳であった。慧思の指導で、二週間『法華経』を読誦したとき、「薬王菩薩本事品《やくおうぼさつほんじほん》」(13)のなかに、身体で供養することが本当の精進であり、如来を供養する一番の方法である（「諸仏同讃、是真精進、是名真法、供養如来」大正蔵九巻五三頁中）という文があるのを知って、身心は豁然《かつねん》として、さとるところがあったという。

慧思は智顗のこの体験を証明し、「入るところの定《じょう》は法華三昧《ほっけざんまい》の前方便《ぜんほうべん》なり、発《おこ》すところの持《じ》は初《しょ》旋陀羅尼《せんだらに》なり。たとえ文字の師、千群万衆、汝の弁を尋ぬるとも窮《きわ》むべからず。まさに説法人のなかにおいて最も第一なり」（『智者大師別伝』）といって智顗を許したという。

「法華三昧の前方便」というのは、『法華経』を真実、理解するためには絶対に避けて通れぬ大切なおさえどころ、というほどの意味である。また、「初旋陀羅尼」とは、仏教理解の最初の関門ともいえる「一切は空である」という真理を理解する智慧という意である。そして「文字の師」とは、経典の字面だけにとらわれていて仏の教えの真実を理解することができない人という意で、『摩訶止観』でも、しきりに「文字の法師」「暗証の禅師」と併記して、仏教理解の不徹底を指摘している。「説法人のなかにおいて最も第一なり」というのは、これ以後、智顗は慧思の門下で「説法第一」と称えられたことを伝えるのであり、智顗の説法はそれほど人の心を打つものであったことが推察される。そのような智顗の説法の力を証明するものとして、やがて『摩訶止観』の講説などが実現することになるのである。この大蘇山の慧思の下における智顗の宗教体験を、一般に「大蘇《だいそ》の開悟」といっている。

さて、智顗が慧思のもとに来て七年がたったある日、慧思は湖南省にある名山、南岳衡山《なんがくこうざん》に隠棲する計画を打ちあけ、同時に、智顗に父祖と縁がある陳都の金陵《きんりょう》（今の南京）に出るよう勧めた。そして、翌年、慧思が四十余名の僧をひきつれて南岳衡山に入った（慧思は、これ以後、南岳慧思として後世に有名になる）のと前後して、智顗は長老の法喜《ほうき》等の二十七人の僧とともに陳の都城に入った。智顗三十一歳のことである。

都へ入った智顗は、父祖の縁もあって、徐陵《じょりょう》（五〇七―五八三）、毛喜《もうき》（五一六―五八七）、沈君理《ちんくんり》（五二五―五七三）など、陳朝の文人高官たちや多くの道俗（出家した人や在家の人）の尊崇を受けることになる。なかでも沈君理は智顗から菩薩戒(14)を受け、『法華経』の経題についての講演を依頼し、これを受けて智顗は瓦官寺《がかんじ》で講説したが、その日は陳の宣帝《せんてい》（五三〇―五八二）みずから政《まつりごと》を休んで列席し、徐陵、王固《おうこ》（五一三―五七五）、孔奐《こうかん》（五一四―五八三）、毛喜、周弘正《しゅうこうせい》（四八七―五八六）など多くの重臣たちも参列したという。「あらゆる経典の中で法華経こそ第一である」とする智顗の講説に対し、名僧の慧栄《ええい》（―五八六?）や法朗《ほうろう》（五〇七―五八一）は種々の難問や疑問点を提示した。しかし、それらにことごとく解答が与えられ、宝瓊《ほうけい》（五〇四―五八四）は協力を求め、警韶《けいしょう》（五〇八―五八三）、法歳《ほうさい》、智令《ちれい》、法安《ほうあん》（五一八―六一五）などの諸僧は弟子の礼をとって智顗の教えを仰いだという。また、修行僧たちに『大智度論《だいちどろん》』(15)を講じ、『次第禅門《しだいぜんもん》』を説いた。

こうして智顗の教えが南朝、陳の都に流布していったころ、北朝では西魏が滅び、北周となった。

五七四年、智顗三十七歳のとき、北周の武帝（五四三―五七八）は仏教を廃止する政策を断行し、多数の僧侶が南方に亡命したのである。そのなかの一人、法彦《ほうげん》（五四六―六一二）という僧が語る仏教弾圧の政策の惨状を聞いた智顗は、みずからの問題として真剣に受けとめ、自分が率いる瓦官寺の教団の実情が理想からかけ離れたものであり、むしろ堕落したものであることを深く反省し、都城を離れて、はるか遠隔の地にある天台山に隠棲する決意を固めたのであった。

### 後半生～天台山の浄行者

五七五年、三十八歳の秋、九月に智顗は天台山に入り、以後、四十八歳の三月に天台山を下りるまで、丸十年間を天台山の山中に月日を過ごした。これによって智顗は天台智顗と呼ばれ、天台山の浄《じょう》行《ぎょう》者として有名になるのである。また天台山は智顗によって中国仏教の不朽の聖山となる。

翌年、三十九歳のとき佛隴峰《ぶつろうほう》の北峰に伽藍《がらん》を創建し、当初は禅林寺と呼んだが、二年後に宣帝より修禅寺の勅額が下賜された。

この年に、天台山の最高峰の華頂峰《かちょうほう》に登り、頭陀行《ずだぎょう》(16)を行じた。強軟の二魔を降《くだ》し、明星の出るころ、眼前に一人の神僧が現れたという。そこで智顗はたずねた。「釈尊は一体、どのような教えを説かれようとされたのでしょうか。その教えはどのように学び、どのように弘《ひろ》めたらいいのでしょうか」。すると神僧は答えた。「それは一実諦《じったい》（ただ一つの真実）の教えである。それは般若（智慧）によって学び、大悲（慈愛の心）をもって弘めるものである。これからはみずから行じていることを人に説いて示しなさい。私はいつもあなたを陰ながら見守っています」と。

この出来事は「華頂峰上の大悟」と呼ばれ、智顗の仏教理解がさらに不動のものとして確立したと伝えられる。

さて、五七七年、智顗四十歳のとき北周は隣国の北斉を滅ぼし、ここでもひき続き廃仏政策を行った。毛喜は使者をつかわして、智顗に下山を勧め、都に近い摂山《しょうざん》に住んでほしいと要請したが、智顗はこれを断り、その代わり毛喜のたのみを入れて『六妙門《ろくみょうもん》』を著して送った。

五八一年、北周は外戚の楊堅《ようけん》（五四一―六〇四）に帝位を譲り、堅が即位して文帝《ぶんてい》を名のり隋《ずい》を建国した。文帝はただちに仏教復興の政策を打ち出すのである。このとき智顗は四十四歳であった。

四十八歳のとき、陳の後主《こうしゅ》（五五三―六〇四）が再三、迎えるのを辞退したが断り切れず、三月下旬に天台山を下り、金陵に旅立つ。ちょうどこれと前後して、『摩訶止観』など智顗の講説を筆録することになる灌頂が智顗を訪ね、弟子となって智顗と行動を共にすることになる。都に出て二年後、五八七年、五十歳のとき、光宅寺(17)において『法華文句《ほっけもんぐ》』の講説を行った。この講説を二十七歳であった灌頂が筆録し、これを添削し修治し、四十二年後（灌頂六十九歳のとき）に今日みるような『法華文句』が完成する。

翌五八八年十月九日、隋は陳征討の詔を発し、文帝の第二子晋《しん》王楊広《ようこう》（後に煬帝。五六九―六一八）を大将として、五十万の兵を出し、陳を攻略した。翌年正月には、隋軍は金陵に入り、陳の後主は捕えられ、三月には長安に送られたが、文帝は陳の一族を保護し、後主は天寿を全うした。智顗はこの戦乱を逃れ、西方へ向かうが、途中で夢のお告げを受けて、廬山《ろざん》の東林寺《とうりんじ》にとどまり、慧遠《えおん》(18)（三三四―四一六）のいにしえを偲んだ。山下の潯陽《じんよう》では反乱が起こり隋軍と交戦し、多くの寺院が戦火を受けることになったが、智顗がいた東林寺は無事であった。

五九一年、五十四歳の秋、秦孝王俊《しんこうおうしゅん》（五七一―六〇〇）に代わって揚州総官となった晋王広は、揚州の禅衆寺《ぜんしゅうじ》を修復して智顗をしきりに招いた。十一月二十三日、智顗は揚州総官府の金城殿において、晋王広に菩薩戒を授け、「総持《そうじ》菩薩」という戒名を与えた。王からは智顗に「智者」の称号が与えられた。ときに智顗は五十四歳、楊広は二十三歳の青年王であった。

翌年三月、智顗は西に旅立ち、廬山に入った。別れにあたって晋王はみずから長江の船着き場まで智顗を見送り、智顗の教えを受けることができたことを感謝したという。晋王の菩薩戒師として、智顗の名声はいよいよ広まり、行く先々で仏教教団の保護や援助を求める種々の相談を受けることになり、智顗みずからも、晋王に廬山の東林寺ほかの三か寺や、慧思が創建した潭州《たん》大明寺《だいみょうじ》の後援者になって欲しいと申し入れ、すべて許可されている。

こうしてこの年の末、故郷荊州に到着した智顗は、当陽県の玉泉山《ぎょくせんざん》に新寺を建立した。この寺ははじめ一音寺《いちおんじ》と呼ばれたが、翌年、長安に入朝した晋王を介して、文帝から玉泉寺《ぎょくせんじ》の勅額を賜わった。五十六歳になった智顗は、道俗の要請を受けて、『法華玄義《ほっけげんぎ》』を講説し、灌頂が筆録した。そして翌年五十七歳の四月二十六日から『摩訶止観』を講説し、これも灌頂が筆録した。このとき灌頂は三十四歳であった。

こうして故郷でいっそう教義を深めた智顗であったが、再び故郷を離れる。五九五年、五十八歳の春、荊州の道俗に別れを告げ、長江を下り、揚州の禅衆寺にとどまった。晋王は智顗に『維摩経《ゆいまぎょう》』(19)の解説を書いてほしいとしきりにたのんだ。智顗は天台山に住むことが本懐であるといって辞退するが許されず、七月には『維摩経』の概説書を著して晋王に献上した。

そして九月、晋王に別れを告げ、天台山に帰った。丸十年の間、留守にした山内は荒廃していたが、智顗は、「人間《じんかん》にありといえども山野を忘れず、幽々たる深谷、愉々たる静夜、神を澄《す》ましみずから照らす、あに楽しからずや」（『智者大師別伝』大正蔵五〇巻一九五頁下）といって喜んだという。この智顗の帰山を聞いて学僧たちが慕い集まり、修行僧たちが急増した。そこで智顗は御衆制法十条（『国清百録』大正蔵四六巻七九三頁中―七九四頁上）を定めて、山内の清規を作った。ここには「四時の坐禅」「六時の礼仏」を中心に、日々の修行生活で注意すべきことが示されている。

六十歳のとき、『維摩玄義』六巻、『維摩文句』八巻の第二回目の『維摩経』の解説書の献上を行った。九月に、晋王の使いが来たが下山しなかった。ある夜、みずからの死期が近いことを自覚し、『観心論《かんじんろん》』(20)を口述した。十月十八日、献上する『維摩経』の解説書をたずさえて、晋王の使いとともに天台山を下る。剡嶺《せんれい》を過ぎ天台山の西の登山口にあたる新昌《しんしょう》県の石城寺《せきじょうじ》に着いたところで、臨終が近いことを知り、智顗はみずから衣鉢などの法具を等分にし、一分は石城寺の百尺の弥勒石像に献じ、一分は教団の用にあて、晋王には遺言で滅後の天台教団の支援をたのみ、静かに入滅したのである。五九七年十一月二十四日、未時（午後二時頃）のことであった。

智顗の遺体は、跏趺安坐《かふあんざ》して外にあること十日、道俗は焼香散華（香をたき花を散布）して別れを惜しみ、それから禅龕《ぜんがん》に入れたが、生きているがごとく遺体は全身に汗を流していたという。智顗の遺体は現在も佛隴峰の智者塔院寺に大切に祀られている。また、智顗の命日は比叡山の霜月会《しもつきえ》として今日も営まれている。

さて智顗の滅後、三年にして晋王広は皇太子の位に上り、翌年の十月には、智顗の遺言によって造営を進めていた新寺がみごとに完成した。二年後の七月、隋の文帝は崩じ、皇太子の広が帝位についた。新帝は後に煬帝《ようだい》として歴史に記される。翌大業《たいぎょう》元年（六〇五）八月、「国清寺《こくせいじ》」の勅額が下賜され、以後、天台山国清寺は智顗の寺として、後世に長く中国仏教の聖なる山として知られるようになる。

以上、智顗の六十歳の生涯を点描してみたが、これを大きく分けると、前半生は、大蘇山で慧思の指導を受けた二十代の修養期と、その後、金陵で活躍した三十代の伝道期とからなり、後半生は、三十八歳で天台山に入って修養を積んだ十年と、その後、四十八歳で山を下りてから六十歳の生涯を閉じるまでの、それこそ席の温まる暇もなく伝道教化の日々に明け暮れた晩年の、ほぼ四期に分けられるであろう。

智顗が生きた時代、中国の歴史は、南朝の梁・陳の時代の後をうけて、隋によって南北が統一を実現する一大変革期に当たっており、社会は大きな転換を迫られ、人心は混乱を極めたのであった。このような動乱の時代のただ中で、智顗は天台山の聖者と称えられるように、仏教によって己れの修養を深め、『摩訶止観』が示すような、人間の可能性を信じ、人間の尊厳性を信じてやまない、壮大にして強固な仏道の世界を確立した。

智顗の仏法は、一口でいえば『法華経』の教えを根本としている。『法華経』が力強く打ち出した、この世のすべては仏の世界のできごとで余分なものは一つもない（諸法実相《しょほうじっそう》）、影のようにして、仏はいつでもどこでも御照覧になっておられ最も親わしい方である（常在霊山《じょうざいりょうぜん》）という仏の教えに深くうなずき、疾風怒濤の動乱の時代を立派に生きたのである。智顗はどんな最悪な事態に臨んでも、決してそれから逃げ出したり、それを見捨てるようなことはなく、すべてを仏法の世界のこととして、仏道として培養していった。このような智顗の現実に対する実に綿密で、かつ毅然とした態度が、後世の多くの仏教者たちの共鳴するところとなり、比叡山の日本天台宗は勿論のこと、後に成立する禅宗や、浄土教や、法華教団などの形成に大きな影響を与えることになった。

## 道念厚き弟子、灌頂の功業

『摩訶止観』の講説を筆録した灌頂は、智顗の他の講説も含めてほとんどすべてを一人で記録にとどめ、これを後世に伝えた。もしも智顗に灌頂がいなかったなら、智顗の講説は後世にほとんど伝わらなかったであろう。そう考えると、灌頂の功績は高く評価されなければならない。

灌頂は二十五、六歳ごろには、智顗の弟子になったと推定されるが、その後は天台山を下山した智顗の一行と行動を共にし、二十七歳のときには、光宅寺で『法華文句』の講義を聞き、これを初めて筆録することになった。三十三歳のときには、玉泉寺で『法華玄義』の講説を聞きこれを筆録し、翌三十四歳のときに『摩訶止観』の講説を聞いてこれを筆録したが、その疲労のためか、智顗の一行が揚州に入ったときには、灌頂は病気になって同行できず、豫章《よしょう》(今の南昌)で、二年半ほど滞在し療養している。その後、灌頂は智顗が天台山に帰ったことを聞いて、佛隴峰に帰ったが、その年に智顗の入滅に遭うことになるのである。

したがって、灌頂が智顗に直接師事したのは、智顗の後半生の伝道期にあたり、その期間は前後八年ほどの間であることが知られる。師事した時間は短かったけれども、智顗の晩年の円熟した仏教観を聞くことができたわけで、天台三大部と呼ばれる『法華玄義』『法華文句』『摩訶止観』の、智顗の主要な講説を聞くことができ、それを筆録し後世にのこす大任を一身に担うことになったのである。灌頂にとっても、智顗のこれらの講説は前代未聞のものであったに違いない。豫章で静養している間も、師の言葉は凜《りん》々と耳底に響いていていたに違いない。

師の言葉を反芻《はんすう》しながら、みずから筆録した原稿に手を入れるような仕事は続けていたであろう。その原稿をたずさえて天台山に戻った灌頂は、その草稿本を智顗に読んでもらうようなこともあったに違いない。智顗はおそらく灌頂のそのような仕事をたたえ励ますようなこともあったろうと、私は推測する。灌頂は師の声に励まされながら、師の滅後も、ひたすらこの仕事一本に打ち込んだのであり、智顗の高邁な仏教観の保存と、それを後世に伝えることを已れに課せられた業と定めたのであった。

それはひとえに、灌頂が聞いた師の講説がこれまでにはなかった前代未聞のものであり、また、それが当時の仏教者たちの言説をはるかに超えたすぐれたものであったということであり、おそらくはこれを超えるような仏教理解は後世にもそうは現れないであろうという灌頂の見識と確信によっているように思う。まさに灌頂が踏んだように、そういうものとして『摩訶止観』は、智顗の高尚な仏教の世界を、今日に伝えることになったのである。

## 二　『摩訶止観』の構成と核心
### ―五略を生起して十広をあらわす―

### 『摩訶止観』の「地図」を読みとく

『摩訶止観』は、いわゆる仏教の教理学の文章であるから、祖師の日常の言行を記す禅の「語録」のような文章とは異なるものである。また、漢詩のような文体とも違うのは勿論、日本の伝統的な和歌や俳句のような文章とも異なる。したがって読者はこの相違をはっきり自覚し、仏教の教理学の書にふさわしい読み方を工夫しなければならない。

たとえば、先に述べたように『摩訶止観』を初めて本格的に研究した湛然《たんねん》は、『摩訶止観輔行伝弘《ぶぎょうでんぐ》決《けつ》』という大著を著したが、別に『摩訶止観』を読むにはどういう点に注意しなければならないかという課題を立てて、『止観義例《しかんぎれい》』という専門の書を著しているほどである。湛然にとっても、どのように『摩訶止観』を読んだらいいかということは、永遠のテーマであったことが知られる。

しかし、私どもにとっては最初から万全を期して事に臨むようなことは到底できない相談であり、あまりそういうことに神経質になってはせっかくの読書の楽しみは半減してしまうであろうから、さしあたって次のようなことに注意するといいであろう。

まず、『摩訶止観』の全体の構成を頭に入れることである。それはいわば全体の「見取り図」のようなものであり、また、目的地に行き着くまでの「地図」のようなものであるといえよう。伝統的な解釈法では、「科文《かもん》」とか「科節《かせつ》」、「科段《かだん》」などというが、これは原文に段落をつける方法である。一般的に、序論・本論・結論というような文章の構成法があり、起・承・転・結というような文章の筋道の立て方があるように、「結前生後」（前の文を結んで、次の文を起こす）という段落がはっきりしているから、このような段落を押さえて文章全体の構成をあらかじめ把握する必要がある。

次に、段落ごとの文脈を厳密に理解し、それを常に全体の構成のなかにおいて点検することである。個々の文章の呼吸は、いわば最終目的地にいたる途次の景色であり、風景であるといえるが、それぞれの景色を地図に照合させて、味読したそれぞれの文章の印象が全体の方向として誤りがないか、そのつど確かめる必要がある。

このような読み方の基本ができたところで、それぞれの文章を思いきり読み込み、文中の主要語の意味やはたらきの色あいとか息づかいとかが浮かび上がるように、ちょうどのこぎりの目を立てるような具合に、存分に読解するといいであろう。

『摩訶止観』を読むにあたり、さしあたってこれほどのことに留意したいと思う。



「五略十広」を知る

まず、『摩訶止観』の構成はどうなっているかというと、「五略十広《ごりゃくじっこう》」といわれる構成になっている。これは『法華玄義』の「七番共解《しちばんぐうげ》五重各説《ごじゅうかくせつ》」と呼ばれる構成と併称されるほどよく知られており、「五略十広」といえば『摩訶止観』を指すほどである。

『摩訶止観』は全体を十章で構成する。これが「十広」である。

(3b)いままさに章を開いて十となす。

一には大意《だいい》、二には釈名《しゃくみょう》、三には体相《たいそう》、四には摂法《しょうぼう》、五には偏円《へんえん》、六には方便《ほうべん》、七には正観《しょうかん》、八には果報《かほう》、九には起教《ききょう》、十には旨帰《しき》なり。

十はこれ数の方[1]にして多からず少なからず。始めはすなわち期すること茶《だ》[2]にあることを標し、終わりはすなわち宗《しゅう》[3]に帰し極《ごく》にいたる。始めを善くし終わりを令《よ》くす、総じて十章のなかにあり。

『摩訶止観』を説くにあたって、次の十章を立てたい。

第一大意章、第二釈名章、第三体相章、第四摂法章、第五偏円章、第六方便章、第七正観章、第八果報章、第九起教章、第十旨帰章である。

この十章で説けば多すぎもせず少なすぎもせずちょうどいい。第一章では最終的にどういうことがいいたいのかを明示し、第十章では根本の主旨を明示する。このように講説の始終を一貫させるために全体を十章で構成するのである。〔以上、本文の大意〕

そこで第一大意章では、『摩訶止観』は概略、どのようなことがいいたいのか、五節を立ててあらかじめ提示する。これが「五略」と呼ばれる、大意章の構成である。

(4a)初めに、大意を釈せば、始終を嚢括《のうかつ》し(4)、初後に冠戴《かんだい》す(5)。意は緩《ゆる》くして見がたし。いま撮《と》って五となす。いわく、発大心《ほつだいしん》、修大行《しゅだいぎょう》、感大果《かんだいか》、裂大網《れつだいもう》、帰大処《きだいしょ》なり。

まず第一大意章は、『摩訶止観』の講説内容を総括し、また講説内容の全体を視野に入れようとするものであるから、それはつかみどころがなく、わかりにくいので、ここでは次のような五節でみるのがいいだろう。すなわち、第一節発大心、第二節修大行、第三節感大果、第四節裂大網、第五節帰大処である。〔以上、本文の大意〕

したがって、大意章で示される発心・修行・感果・裂網・帰処の五略の大綱は、『摩訶止観』全体の十章（十広）の講説内容を総括しまた予告するものとして、密接な関連を有する。発心の段の初めに、「五略を生起して十広をあらわす」（五略を説いて十広の説を示す）というのは、このことを示す。その相互の関係は、次のように説かれている。

(5b)また、五略はただこれ十広なり。初めの五章は、ただこれ発菩提心《ほつぼだいしん》(6)の一意なるのみ。方便《ほうべん》・正《しょう》観《かん》は、ただこれ四つの三昧《さんまい》(7)なるのみ。果報の一章は(8)、ただ違順を明かす。違すればすなわち二辺(9)の果報あり、順ずればすなわち勝妙の果報あり。起教の一章は(10)、その自心を転じて他を利益《りやく》す。あるいは仏身となって権《ごん》を施し実を顕《あら》わし、あるいは九界の像(11)となって漸頓《ぜんとん》を対揚し漸頓を転じて漸頓を弘通《ぐつう》す。旨帰の章(12)は、ただこれ同じく大処の秘密蔵のなかに帰するなり。故に知んぬ、広略あれども意は同じきことを。

大意章の五略の説は、十大章の教説内容に相当する。第一大意章から第五偏円章までの五章は、五略の第一節発心の内容で概説され、第六方便章、第七正観章の二章は、五略の第二節修行で説く四種三昧の内容に相当する。第八果報章は、五略の第三節感果で要略され、修行の効果が正当であるかどうかを判定し、偏向した効果が表れているか、まっとうな効果が表れているか明らかにする。第九起教章は、五略の第四節裂網に相当し、修行を通して得られた効果を他に振り向けて、人に利益を与えるのであり、種々の世界に出て、種々の教えを説いて仏道の真実を示し、人々にあった教えを説いて教化し伝道する。第十旨帰章は、五略の第五節帰処に相当し、究極の仏道の真実の世界に帰着する。だから五略と十広の講説内容は、広・略の違いがあっても、いっていることは同じである。〔以上、本文の大意〕

このように、第一章の大意章で説かれる五節で略述された内容は、『摩訶止観』の全十章の内容に重なる。したがって、夏安居の期間が終わって講説されることがなかったという最後の三章、すなわち第八果報章、第九起教章、第十旨帰章の内容も、いずれも五略の第三節感果、第四節裂網、第五節帰処の各節で概略、予告されているような講説内容となるはずであったことが知られるわけである。

このようにみると、後の三章は説かれなかったから『摩訶止観』の講説内容は未完成で不十分なものであると考えるのは早計であり、当を得たものではないと思う。『摩訶止観』で意図したことは、十二分に説きつくされているというべきであろう。

## 発心と修行の解明

このように全体の構成の上から明らかになることは、『摩訶止観』の課題は、発心と修行の解明にあったということである。それは自己がどのように仏教とかかわり、それをどのように実践化していったらいいかという問題の究明にほかならない。

第一大意章では、『摩訶止観』の全体の構図が示されていたわけで、それを発心と修行と感果と裂網と帰処という五節でまとめていた。この五節の重点は、内容的にいっても、分量的にみても、発心と修行の二節にあることは明らかであり、後の三節については、そういう問題があるということを指摘しているにすぎない。いわば、発心と修行の問題は、やがては感果・裂網・帰処というような位層から点検してみる必要があるというほどの指摘である。したがって『摩訶止観』の課題は、いきおい発心と修行という二点に集約されていることが知られるわけである。

五略の第一節発心の段については、「四　転機になる心」でみるが、発心の語の意味が「菩提（さとり）の心を発す」（仏教を学ぼうという気持ちを起こす）ことであると定義されて、続いてそのような発心にも間違った発心と正しい発心があることが明らかにされている。正しい発心は、釈尊が説かれた根本の教えである「四諦《したい》」の教えの理によって証明されるといい、その「四諦」の教えにも、生滅《しょうめつ》（分析的な説き方と解し方）と無生滅（直観的な説き方と解し方）と無量《りょう》（実践的な説き方と解し方）と無《む》作《さ》（究極的な説き方と解し方）との、「四種の四諦」の理解がありうることを認め、それぞれの理解相応の発心があることを明らかにし、最終的には無作の四諦のことわりに基づいた発心にならなければならないという。

そこでこのような四諦のことわりにもとづいて仏教を学んでみたい、仏教を学ぼうという意欲が生ずるわけであるが、その心が正しい方向に向かうときは、必ず「四弘誓願《しぐせいがん》」と呼ばれるような形をとり、誓いや願いのような祈りの心に深化していくという。四弘誓願とは、⑴衆生《しゅじょう》は数限りない（無辺）が誓ってさとりの彼岸に渡そうと願うこと（苦諦のことわりによる）、⑵煩悩は無数にあるが誓って断じようと願うこと（集諦《じったい》）、⑶法門は無尽であるが誓って知ろうと願うこと（道諦）、⑷仏道は無上であるが誓って成就しようと願うこと（滅諦）である。

このような誓願が心を形づくるとき、一筋に仏道修行が営まれることになるわけであるが、その道程は初めから終わりまで「五　発心の行方」でみるように、「六即《ろくそく》」といわれる標識によって点検すると、迷うことなく修行を全うすることができるというのである。

六即とは、理即《りそく》（誰でもみな仏道の理のなかにあるという意）、名字即《みょうじ》（正しい仏教が理解されているかどうか）、観行即《かんぎょう》（正しい仏教の実践になっているかどうか）、相似即《そうじ》（仏の境界《きょうがい》と似たようなものが現れているかどうか）、分真即《ぶんしん》（仏の境界の一分の真実を共有しているかどうか）、究竟即《くきょう》（仏の境界の究極の真実を実現しているかどうか）からなる仏道修行の進展の度合いをはかる目安である。初から後へと六種の違いはあるが、その違いは程度の問題にすぎず、どの場面も仏道を離れたものではなく、すべてが仏道一筋に調っているものであることを共通の「即」の字にこめているわけである。現実における六種の違いと、進捗《しんちょく》状況が違うというだけで、仏道においては一つも逸脱したものではなく、初心も仏道であり、途中も仏道であり、後心も仏道であるという。

このように、発心の根拠が固まり、発心の内実が定まり、発心の行方と道程が明らかになったところで、次に、実際に修行することが問題になる。第二節の修行が立てられる理由である。

この修行方法には四種類が示され、これを「四種三昧《ししゅざんまい》」と呼んでいる。四種三昧については「六坐禅の一行」でみるが、⑴常坐三昧（専ら坐ることを中心にした行法）、⑵常行三昧（専ら歩くことを中心にした行法）、⑶半行半坐三昧（歩くことと坐ることを折衷した行法）、⑷非行非坐三昧（それ以外の行法という消極的な意味と、作務《さむ》（労働）を含む生活の全体を仏道修行として行ずる行法という積極的な意味を含む）の四種である。それぞれの修行法について、身体と口と心の三点から具体的に修行の方法を解説している。

また、非行非坐三昧については、善・悪・無記（善でもなく悪でもないもの）の三種について修行の心得を示す。とくに悪について、たとえどんな悪い事態であっても仏道修行を妨げるようなものはないという、確固とした信念が示されている点は注目されるところである。この点は「七　修行の機縁」でみてみたい。

これらの修行が成就するとどのような境地が実現するかというと、確かに仏教は間違いはないという自覚が生ずるのだという。それほどの自覚というのが正しいだろう。修行によって得られる非日常的な宗教体験を振りかざしてこれがさとりだ、これこそ仏のさとりだというのではない。修行には終わりはないというのである。こういうことを第三節の感果（第八果報章）で示す。

このような仏教に対する確固とした自覚が生ずれば、さまざまな人々にこれまでの間違った生き方を反省してもらい仏教の素晴らしい点を理解してもらえるように、種々の言動によって社会に実践し、伝道教化が行われるはずである。この辺のことが第四節の裂網（第九起教章）の指摘となる。

こうして利他行が行われれば、自分も人々もともどもに、なんの不安も恐怖もない平安な仏道の世界に落ち着くことができるわけで、豊饒な仏道の富を享受することになるわけである。この辺のことが最後の第五節の帰処（第十旨帰章）の指摘となる。以上の感果・裂網・帰処の三節については、「八修行のねらい」で考えてみたい。

このように第一大意章で、『摩訶止観』の全体の構図を明示した後で、「止観」の修行に入る前に、第二釈名章では、そもそもこの止と観の語がどのような意味のものであるかを明らかにし、第三体相章では、その止観の意味が、どのような理《ことわり》にもとづいているのかを次第に示して、このような止観の内容を総合化し、「円頓《えんどん》の止観」の所在が明らかにされる。

第四摂法章では、この「止観」があらゆるものを統合する概念であることが示され、どのような教えの位層からみても、すべてを包摂していることが示される。以上のことは、「九　止観の意義」で、釈名と体相の章から文を選んで考察する。

第五偏円章では、同じ「止観」であっても、そこには十分なものと不十分なものと種々の相違があるのは当然であり、したがってここで行ずる止観は、どこからみても非の打ちどころがない十分な止観であることが確認される。

## 二十五方便で修行にそなえる

以上、第二釈名章から第五偏円章までで「止観」の修行法が正しいものであることが証明されたところで、いよいよ修行に入るわけであるが、その前に種々確認すべきことがあるので、それを第六方便章でまとめ、「二十五方便」として提示する。これは、修行の条件や心の準備など修行者が心すべき諸種の事項を二十五種にまとめたものである。(1)具五縁、(2)呵五欲、(3)棄五蓋《がい》、(4)調五事、(5)行五法の五種の内容で、都合二十五種を数えることになる。

まず(1)五縁を具《そな》えることとは、修行に適した条件を作ることで、それは①清浄な持戒の生活が大切な要件であり、②衣《え》と食《じき》を具えること、③静かな場所に閑居すること、④雑用や雑事を息《や》めること、⑤善《よ》い知識に近づくことである。ことに最初の清浄な持戒の生活ということについては、戒に関する大乗仏教の理解の仕方が明示され、持戒の相と犯戒《ぼんかい》の相を示し、犯戒の罪を懺悔するにはどうすればいいか、懺悔の方法が具体的に解説されている点は注意すべきであろう。このような戒の考え方が、後世、わが国の最澄（伝教大師。七六七―八二二）の思想形成に大きな影響を与えたことは想像に難くない。

次の(2)五欲を呵《か》すことは、色《しき》欲・声《しょう》欲・香《こう》欲・味《み》欲・触《そく》欲に振りまわされるようなことがあってはならないといい、修行者の感覚的な生き方に反省を迫る。仏道修行はこのような身近なところから始まるということにほかならない。

(3)五蓋を棄てることは、修行の妨害になる貪欲（むさぼること）の蓋（覆うもの、障害）、瞋恚《しんに》（いかること）の蓋、睡眠（ねむること）の蓋、掉悔《じょうげ》（心の浮き沈み）の蓋・疑いの蓋を棄てなければいけないということである。五欲と五蓋については、「十三　修行を乱すもの」で読んでみたい。

(4)五事を調《ととの》えることは、食を調え・睡眠を調え・身を調え・息を調え・心を調えることで、後の調身・調息・調心は坐禅の心得に相当する。

(5)五法を行ずることは、意欲的に（欲）・精進努力して（精進）・目標を忘れないようにし（念）・智慧をはたらかせて工夫し（巧慧《ぎょうえ》）・真っ直ぐに（一心）修行に励むことである。

以上の二十五方便の説のうち、(1)具五縁は『禅経』により、(2)呵五欲、(3)棄五蓋、(5)行五法の三種は『大智度論』から抄出したものであり、(4)調五事は、智顗当時の諸禅師たちの説を用いたと明記しているので、厳密にいえば智顗の創説とはいえないが、それぞれに出処が異なるものをこのように体系化し、二十五種にまとめ、修行者が修行にあたって用心すべきこととして指示したのは、間違いなく智顗の創見によるものであった。

### 修行法の核心──十境に十乗の止観法

このような修行の環境や条件を調え、心の準備ができたところで、いよいよ「止観」の修行に入ることになる。これが第七正観章の課題であり、いわば、『摩訶止観』の本論というべきもので、天台止観の独創性や創意工夫のあとが全面に打ち出されている部分である。分量的にみても、巻五以下がこの正観章の記述にあてられているから全体の半分を占める見当になる。

『摩訶止観』で説く修行法の核心は「十境」と「十乗観法」である。十境というのは、坐禅の修行のなかで修行者を悩ませる十種の境界というほどの意で、それは(1)陰入《おんにゅう》界境、(2)煩悩境、(3)病患《びょうげん》境、

（4）業相境、（5）魔事境、（6）禅定境、（7）諸見境、（8）上慢境、（9）二乗境、（10）菩薩境の十種の境界にまとめられている。すなわち坐禅の最中に、このような⑴身心、⑵煩悩、⑶病気、⑷業相（過去にした言動の諸影響）、⑸魔事（心を誘惑するもの）、⑹禅定（精神統一に付随する過ち）、⑺諸見（諸種の誤った了見）、⑻増上慢（うぬぼれ）、⑼二乗（低い仏教理解）、⑽菩薩（十分と思われる理解にひそむ落とし穴）などのさまざまな問題が生じてきて、修行の大問題となることがあるわけで、このような問題が生じてきたときにはあわてずに丁寧に検討して、それぞれの問題が抱えている事項を解決しなければならないと指示する。

そのような十種にまとめられた諸問題をどのように解決したらよいのかというと、それは十種の止観法によって克服されることになる。この問題解決の方法を「十乗観法」とも「十重観法」とも呼んでいるが、乗とか重とかの語感は、この十種の止観法が、「十境」にまとめられるあらゆる現実の問題に同じように対応できる方法であるということを示すのであり、『摩訶止観』は「十境」のそれぞれに「十観」の適応の仕方を説明しているわけである。

この十種の止観法はどのようなものかというと、たとえば、第一境の陰入界境については、初めに身心の心に焦点をしぼって、⑴この心が仏の教えの真実にかなうものであることを観ずること、次には、⑵真正な菩提の心を起こすこと、⑶上手に心を安んずること、⑷広く本当の仏教を理解すること、⑸修行が進んでいるかどうか知ること、⑹修行方法を再点検すること、⑺不都合があれば、そのつど修正すること、⑻仏道修行における今の状況を把握すること、⑼他のことに気をとられず、止観の修行に邁進すること、⑽一定の宗教経験や効果が得られたからといってそれに満足しないこと、という十種の方法が明示される。

この方法を用いて坐禅の身心について観察するわけであるが、この観察は坐禅が終われば、歩いたり（行）、立ち止まったり（住）、坐ったり（坐）、眠ったり（臥）、話したり（言語）、労働したり（作務）、生活のあらゆる行動様式（六縁）について応用され、また、見るもの・聞くもの・嗅《か》ぐもの・味わうもの・体で感ずるもの・心で認識するもの（六境）についても応用され、修行者の生活すべての場面で行われるあらゆる認識が、みな仏道修行に調えられて、仏道修行でないものは何一つないということになる。

このようにして、第二境の煩悩も、第三境の病患も、第四境の業相も、第五境の魔事も、第六境の禅定も、第七境の諸見も、いずれについても十種の止観が適応され、修行の現場で生ずる諸問題が一つずつ丁寧に処理されていく。

## 三　記録者灌頂の評価

### ―円頓は、初めより実相を縁ず―

最初にみたように、『摩訶止観』は天台智者大師の講説を門人の灌頂が筆録して後世に伝えた書である。そして今日、私たちがみるような形の一書にまとまるまでには、灌頂の原稿整理の手がおよそ三段階で加わっている。少なくとも第一本と第二本とがあり、私たちが読んでいる『摩訶止観』は最終的な整理が終わった第三本であることが知られている。その過程で灌頂が智顗の講説の原形をできるだけそこなわないように苦労した様子がうかがわれ、智顗の講説に対する灌頂の傾倒ぶりのほどがわかる。

そういうわけで『摩訶止観』の冒頭には、灌頂が書いた序文が付けられている。「十広五略」の章節が立てられ、智顗の講説が始まる、直前までの文章がそれで、『摩訶止観』が成立するにいたる「縁起」を記している。

この序文はよく練られた名文であるばかりでなく、灌頂が生前に聞いた智顗の仏法がどれほど素晴らしいものであり、本格的で正統の仏法であったかということを印象深く語っている。インドで成立した仏教がどのようにして後世に伝えられ、その間、龍樹《りゅうじゅ》(1)（一五〇—二五〇頃）の研究によって正しく伝えられた仏教が、慧文《えもん》—慧思—智顗と伝わった伝統の系譜がいかに由緒正しいものであるかを力説する。そのような歴史的な回顧にもとづいて、智顗が説いた止観の実践の理論がどれほどすぐれたものであったか、力強く説き示している。おそらくは、灌頂からみれば、その当時の仏教者たちの言動が、智顗の境界と比べてはるかに及ばないものと映ったに違いない。そういう社会の動向のなかで、灌頂が智顗の仏法を一宗として独立させようという考えを持ったとしても、それはむしろ当然のことであったように思われる。

### 円頓は真実ならざるはなし

はたして、灌頂は『摩訶止観』のすぐれた考えをどのように評価したのであろうか。後世わが国で、「円頓者《えんどんしゃ》」とか、「円頓章」とか呼ばれ、単独で重視される灌頂の文章は、次のようなものである。

(1c)円頓《えんどん》は(2)、初めより実相《じっそう》を(3)縁ず、境に造《いた》る(4)にすなわち中(5)にして、真実ならざるはなし。(6)縁を法界《ほうかい》に繋《か》け、(7)念を法界に一《ひと》うす、一色一香も中道(8)にあらざることなし。己界《こかい》および仏界《ぶっかい》、衆生《しゅじょう》(9)界もまたしかり。陰入《おんにゅう》みな如《にょ》(10)なれば、苦として捨つべきなく(11)、無明《むみょう》塵労すなわちこれ菩提《ぼだい》(12)なれば、集《じゅう》として断ずべきなく、辺邪みな中(13)正なれば、道《どう》として修すべきなく、生死《しょうじ》すなわち涅槃《ねはん》(14)なれば、滅《めつ》として証すべきなし。苦なく、集なきが故に世間《せけん》なく、道なく、滅なき(15)が故に出世間なし。純一の実相にして実相のほかにさらに別の法なし。法性《ほっしょう》(16)の寂然(17)なるを止《し》と名づけ、寂にして常に照らすを観と名づく。初後(18)をいうといえども二なく別なし。これを円頓止観《えんどんしかん》と名づく。

『摩訶止観』の修行は、始めから終わりまで『法華経』が説く「すべては真実でないものはない」という教えにもとづいているので、どのような問題が生じてもそれは仏道として調えられていくから、真実でないものはないことになる。日常生活のあらゆる行動様式をみな仏教の世界に入れ、あらゆる想念を仏法の世界に同化させれば、たとえどんなに小さな色や形、香りであっても仏道の真実にかなわないものはない。自分の世界がそうであるように、仏の世界も、他の人々の世界も同様である。この身心や世界がみな真実であるなら、捨てなければならないような苦の現実などはなく、さまざまな迷いや煩わしさがみな仏のさとりになるのであれば、断ち切らなければならないような迷妄などはなく、偏見や邪見がみな中道の正見となるのであれば、ことさら特別な修行があるわけではなく、生き死にの現実こそが仏のさとりの世界にほかならないのであるから、この現実を離れてさとらなければならないものはない。

したがって捨てなければならないような苦はなく、断ち切らなければならないような迷いはないから、ことさら嫌うような世界はないのであり、行じなければならないような修行はなく、さとらなければならないような特別なさとりがあるわけではないから、ことさら求めなければならないような真実の世界などはない。すべてがただ一つの真実なのであり、真実のありようでないものは何ひとつない。

このように、ものごとの究極のありかたは静かにあるべきようにおさまっているから、この辺を

「止」といい、また、静かにいつも照らしているから、この辺を「観」という。このような止観の修行は、初心、中心、後心においてもこの点で違いはなく、変わりはないので、これを「円頓の止観」という。〔以上、本文の大意〕

これが有名な「煩悩即菩提《ぼんのうそくぼだい》」という考え方であり、「生死即涅槃《しょうじそくねはん》」という考え方であるが、こういう表現は智顗の講説部分でも処々に散見されるから、灌頂のこの文章は、智顗の日頃の考え方をこのようにまとめたということであろう。『摩訶止観』の修行論が行きつくところは、最終的にはこのようなものであると、灌頂が見立てたわけである。この説き方は、五略の発心の段に示す、四諦（理）と、四弘誓願《しぐせいがん》と、六即（行）の説と重なるわけで、発心の段の講説内容を要約すれば、おそらくはこの「円頓章」のような形におさまるであろう。灌頂の『摩訶止観』に対する評価は正しいといえる。

## 仏道の展望を語る

「生死即涅槃」というのは、生き死にの現実がそっくりそのまま仏のさとりの世界のすべてである、仏の世界から除外されるようなものは一つもない、という究極のことわりを表現している。「生死即涅槃」であるから、なにも努力などいらない、思いのままに勝手放題にすればいい、というようなことを説いているわけではない。この点は、修行の段で「非行非坐三昧」について、諸悪について止観を明かすところで明らかにされる。

いわば「生死即涅槃」という究極のことわりにもとづいて、そこに仏道の修行の世界が展開するということなのである。

この辺のようすを、灌頂は「円頓章」の文章を承《う》けて、次のように展開する。

(2a)この菩薩(19)は、円《えん》の法(20)を聞き、円の信を起し、円の行を立て、円の位に住し、円の功徳をもってみずから荘厳《しょうごん》し、円の力用《りきゆう》をもちいて衆生を建立《こんりゅう》す。

いかんが円の法を聞くや。生死はすなわち法身《ほっしん》なり、煩悩《ぼんのう》はすなわち般若《はんにゃ》なり、結業《けつごう》はすなわち解脱《げだつ》(21)なりと聞くなり。三の名ありといえども三の体なし。これ一体なりといえども、三の名を立つ。この三はすなわち一相なり、その実は異なりあることなし。法身が究竟《くきょう》すれば、般若も解脱もまた究竟す。般若が清浄《しょうじょう》なれば、余もまた清浄なり。解脱が自在なれば、余もまた自在なり。一切の法を聞くこともまたかくのごとし。みな仏法を具して減少するところなし。これを円の法を聞くと名づく。

いかんが円の信なるや。一切の法は即空《そっくう》・即仮《そっけ》・即中《そくちゅう》なり(22)、一二三なくしかも一二三なりと信ず。一二三なしとは、これ一二三を遮《しゃ》す。しかも一二三なりとは、これ一二三を照らす。遮なく照なく、みな究竟、清浄、自在なり。深きを聞いて怖れず、広きを聞いて疑わず、非深非広を聞いて意にしかも勇あり。これを円の信と名づく。

いかんが円の行《ぎょう》なるや。一向に専ら無上の菩提を求め、辺に即して中、余に趣向せず、三諦《だい》を円《まど》かに修して(23)、無《む》の辺《へん》のために寂せられず、有《う》の辺《へん》にも動ぜられず、不動、不寂にして直《じき》に中道に入る。これを円の行と名づく。

いかんが円の位に入るや。初住(24)に入るとき、一住は一切住にして、一切は究竟、一切は清浄、一切は自在なり。これを円の位と名づく。

いかんが円の自在荘厳《しょうごん》(25)なるや。かの経《きょう》に広く自在の相を説けり。「あるいはこの根《こん》において正受《しょうじゅ》に(26)入り、あるいはかの根(27)において起出して説き、あるいは一根において双《なら》べて入出し、あるいは一根において入出せず。余の一一の根もまたかくのごとし。あるいはこの塵《じん》(28)において正受《しょうじゅ》に入り、あるいはかの塵において起出して説き、あるいは一塵において双べて入出し、あるいは一塵において入出せず。余の一一の塵もまたかくのごとし。あるいはこの方において正受に入り、あるいはかの方において起出して説き、あるいは一方において双べて入出し、あるいは一方において入出せず。あるいは一物において正受に入り、あるいは一物において起出して説き、あるいは一物において双べて入出し、あるいは一物において入出せず」。もし委《くわ》しく説かば、ただ一根一塵においてすなわち入り、すなわち出で、すなわち双べて入出し、すなわち入出せず。正報《しょうぼう》(29)のなかにおいて一一に自在なり。依報《えほう》(30)のなかにおいてもまたかくのごとし。これを円の自在荘厳と名づく。たとえば日光が四天下を周《めぐ》るに、一方は中、一方は旦《あした》、一方は夕、一方は夜半にして輪廻《りんね》すること同じからざれども、ただこれ一つの日にしてしかも四処に見ること異なるがごとく、菩薩の自在なることもまたかくのごとし。

いかんが円の建立衆生《こんりゅうしゅじょう》(31)なるや。あるいは一つの光を放ってよく衆生をして即空《そっくう》・即仮《そっけ》・即中《そくちゅう》の益を得、入・出・双入出・不入出の益を得せしむ。行・住・坐・臥・語黙・作作《ささ》(32)に歴《へ》てもまたかくのごとし。有縁《うえん》の者は見る、目の光を観《み》るがごとし。無縁の者は覚《さと》らず、盲瞽《もうく》は常に闇し。故に龍王をあげて譬《たとえ》となす。竪《たて》は六天(33)にあまねく、横は四域(34)に亘《わた》り、種種の雲を興《おこ》し、種種の雷を震《ふる》い、種種の雷を耀《かがや》かし、種種の雨を降らすも、龍は本宮において動かず揺がず、しかも一切において施設《せせつ》すること同じからず。菩薩もまたかくのごとし。内にみずから即空・即仮・即中に通達し、法性を動ぜずして種種の益を獲、種種の用を得せしむ。これを円の力用《りきゆう》をもちいて衆生を建立《こんりゅう》すと名づく。

初心なおしかり、いわんや中・後心をや。如来は殷勤《おんごん》にこの法を称歎したまい、聞く者は歓喜す。常啼《じょうたい》[35]は東に請い、善財[36]は南に求め、薬王《やくおう》[37]は手を焼き、普明《ふみょう》[38]は頭《は》を刎ぬ。一日に三たび恒河沙《ごうがしゃ》の身を捨つるとも、なお一句の力に報ずること能わず、いわんや両肩に荷負すること百千万劫《ごう》すとも、なんぞ仏法の恩に報いんや。一経の一説かくのごとし、余経もまたしかり。

この『摩訶止観』の修行者は、満ち足りた教えを聞き、満ち足りた信頼の心を起こし、満ち足りた修行に入り、満ち足りた境界を実現し、満ち足りた素晴らしい力をみずからにそなえ、満ち足りた素晴らしい力を世のため人のために使うのである。

満ち足りた教えを聞くとはどういうことかというと、この生き死にの現実こそ、まぎれもなく変わることのない仏のおいのちであり、この煩悩こそが仏の智慧なのであり、この人間の業《ごう》こそが仏の自由そのものなのであると聞くことである。仏のさとりの世界にそなわる三つの素晴らしい性質は一体のものであり、その一体のものを、このように三つの面で表現したにすぎない。

したがって、変わることがない仏のいのちということが戴ければ、さとりの智慧も自由も戴けるわけである。なにものにもとらわれない智慧が明らかになれば、他のことも清浄になるわけであり、自由が実現すれば他のことも自由になるわけである。どんな教えを聞いても同様で、みな仏の教えとなって過不足のないものとなる。これが満ち足りた教えを聞くということである。

満ち足りた信じる心を起こすとはどういうことかというと、すべてのものごとは空であり、仮であり、中であるので、本来は空・仮・中などという必要はないが、ひとまず空・仮・中と信じるのである。空・仮・中などという必要はないというのは否定することであり、ひとまず空・仮・中であるというのは肯定することであるが、否定することも肯定することもいらないものとして、みな究極の、とらわれを離れた、自由自在のものとしてある。

このように深い教えを聞いても恐れることがなく、このように広い教えを聞いても疑うことがなく、深いとか広いとかいえない素晴らしい教えを聞いて前進しようとする意欲が起こるのが、満ち足りた信ずる心を起こすということである。

満ち足りた修行に入るというのは、一筋に仏のさとりを求め、有・無の二辺を中道に調えて、中道以外のところに向かわないで、空・仮・中の三つの真理を一心に修行するようにし、無の考えに沈み込むようなこともなく、有の考えにかき乱されるようなこともなく、かき乱されず、沈み込まずに、仏道そのものに的中するような修行を深めることである。これを満ち足りた修行という。

満ち足りた境界を実現するとはどういうことかというと、初めて発心が確立した段階に入ると、そのときそこにその後に進化するあらゆる境界がそなわるので、その後のすべての境界はいやが上にも究極のものとなり、なにものにもとらわれないものとなり、自由自在なものとなって確立していくことになるのである。これを満ち足りた修行の境界という。

満ち足りた自覚・自利の様子はどのようなものかというと、経典のなかで種々に示している通りである。たとえば知覚器官のはたらきが定まり、それを使うことが自在にできるようになったり、また、対象世界が正しく認識できて、それを使うことが自在にできるようになったり、その方面のことがよくわかり、それを自在に応用することができるようになったり、また、その物のことが正しく理解でき、それを他の物にも自在に応用できるというようなことになる。

詳しく説こうとすれば、どのような知覚についても、どのような世界についても、自由に出たり入ったりできるようになるのであり、身心についても、環境や世界についても同様に自在にすることができるようになるわけである。これを満ち足りた自利自覚の行という。

これをたとえてみれば、太陽が地球上を照らすようなものであり、正午のところがあれば、朝のところがあり、夕方のところがあり、夜中のところがあるようなものである。このように太陽の照らし方は異なっても、これは一つの太陽の光なのであり、これが四つの場所では異なった照らし方をするようにみえるわけであるが、菩薩の自利行もこれと似ているといえよう。

満ち足りた覚他・利他行とはどういうことかというと、たとえば、一条の光を放って人々に究極の真実の教えを示し利益を与え、その教えを自在に使用することができるようにすることである。歩いても、立ちどまっても、坐っても、横になっても、語っても、沈黙しても、労働に従事しても、その利益は及ぶことになる。このことを縁のある人は目で光を見るように見ることができるが、縁のない人は物の道理に暗く、このことがわからないのである。

この辺のところを龍王のたとえで示すこともできよう。龍王は六欲天と四大世界を支配し、種々に雲をおこし、雷鳴をとどろかせ、稲光を輝かせ、雨を降らせるが龍王は住んでいる宮殿を動くことなくあらゆる世界にこのような種々の力を行使する。菩薩もこれと同様で、内に空・仮・中のことわりを確認し、このようなことわりを身に体して、人々に種々の利益を与え、種々に使用できるようにする。

『摩訶止観』の修行者は、初めから終わりまで、このような満ち足りた修行の真っただ中を行くことになる。仏はこのような教えを重ねがさね称讃され、聞く人はみな歓喜した。常啼菩薩《じょうたいぼさつ》や善財童子《ぜんざいどうじ》の求法の尊さを思い、薬王《やくおう》菩薩や普明《ふみょう》王の仏法を供養した姿を思い起さなくてはいけない。一日に三回、ガンジス河の砂の数ほどの体を捨てて供養したとしても、一句の教えのめぐみに報いることはできないであろう。ましてや両肩で担って、百千万劫もの永遠の時を経ても仏の教えのめぐみに報いることなどできない。どの経典のどのような教えもそれほどに重いものであることを知らなければいけない。〔以上、本文の大意〕

このように『摩訶止観』の教説にもとづく円頓止観の修行者は、「煩悩即菩提」、「生死即涅槃」という教えを聞いて、信ずる心を定め、修行に入ることになり、やがては修行相応の境界にいたり、そのようなことわりをみずからの内に確立し、そのような者として他の人々にはたらきかけていく、ということになる。円頓止観の修行者は、眼の前に明々と開けた仏道の一本道を迷わずたゆまず歩み続けることができるわけである。

要するに、『摩訶止観』の修行者は大乗の教えを実践する菩薩にほかならないわけであるが、菩薩である証拠が、この煩悩の現実こそが菩提（仏のさとり）にほかならず、この生死の現実こそが涅槃

（仏のさとり）にほかならないという、大乗の究極の教えを聞いて、それを心底うなずくことができ、このような教えを積極的に生きて、いい感じがつかめるまで深め、そういういい生き方が身につけば、それを周りの人たちに及ぼしていくような生き方ができることだという。これが仏道修行の目安である。

## 真実を伝える「即空即仮即中」

この文中にもでていたが、『摩訶止観』は、諸処で、空《くう》・仮《け》・中《ちゅう》をいい、即空即仮即中《そっくうそっけそくちゅう》ということをいう。それも肝心なところでこういう表現に出会うから、あらかじめこの言葉がどういうことをいおうとしているのか理解しておかなければならないだろう。

智顗は、この空・仮・中の三諦《さんだい》（三つの真実）がまどかにとけあっており（円融《えんにゅう》）、たがいが一つである（相即《そうそく》）ということを、即空即仮即中というふうに表現し、十分な仏教の理解（円教）とはこういうものと考える。したがって『摩訶止観』における観心《かんじん》の基本も、このような円融相即する三諦のことわりを、三諦のままに、一心に三観《さんがん》する、ということであるといえる。このような即空即仮即中のことわりをどのように確認したらいいか、どう確認できるかということを、さまざまな角度から解説していく。

即空即仮即中という表現は、もとは「因縁によって生じているものは、空であり、仮であり、中である」（『中論』三諦偈）という文に拠って、智顗がこのように整理し、仏教理解の正しい三つの視点として理論化したものである。

どんなものも原因や条件と無縁で単独に成立しているものはなく、例外は一つもない。これが縁によって起こり、縁によって滅する（縁起縁滅）という仏教の根本的な縁起の教えである。後に成立する大乗仏教では、この縁起（縁滅）の教えを一言で「すべては空である」と説き示す。『般若心経』の有名な「色即是空」という教えも、このような大乗仏教の代表的な表現法の一つにほかならない。

しかし、いうまでもないことであるが、この空の教えは単なる空無、虚無の教えではない。このような縁起・空のことわりにおいて、現象世界は日々に新たに生成し、変化し、消滅してやまないのであり、人はそのような仮象《かしょう》の世界で泣いたり笑ったりして、社会生活を営み、人生を送っている。仮象ではあっても、これも立派に虚仮《こけ》の真実を現しているといわなければならない。したがって、畢竟《ひっきょう》、縁起・空のことわりにおいて、縁起縁滅している仮象の世界の全体を、有（仮）と無（空）の二辺に偏ることなく、あるがままに正しく認識することができるなら、こういう見方は、そのものに最もふさわしい、そのものに中《あた》る見方ということができるであろう。

ものごとは、みな縁起・空のもの（即空）であり、仮のもの（即仮）であり、中のもの（即中）であって、即空即仮即中がものごとの真実を伝える過不足のない最もふさわしい表現であるというのである。

## 四　転機になる心

### ―感応道交して発心を論ず―

どのような世界でも同じと思うが、そこに入るには契機のようなものがあり、動機づけの心がその後の学習の進展に影響を与えるであろうことは想像にかたくない。

仏教でも、まずは「仏道に入る心を発《おこ》す」ことが重要であると教え、このことを「発心《ほっしん》」といい、そういう心を「菩提心」とか、「道心」という。

### 菩提の心を発す

『摩訶止観』は、冒頭で「菩提心」の語義を次のように規定している。

(4a)菩提《ぼだい》(1)とは、天竺《てんじく》(2)の音なり、この方(3)には道《どう》と称す。質多《しった》(4)とは、天竺の音なり、この方には心という、すなわち慮知の心なり。天竺にまた汗栗駄《かりだ》(5)と称す、この方にはこれは草木の心と称するなり。また、矣栗駄《いりだ》(6)と称す、この方にはこれは積聚精要《しゃくじゅうしょうよう》のものを心となすなり。

（「菩提心を発す」ということが「発心」の意であるが、この）菩提という語は、インドの発音であり、中国語では道という意である。質多という語はインドの発音で、中国語では心という意である。すなわちこれは思いはかる心にほかならない。また、インドの発音で汗栗駄《かりだ》という語があるが、これは中国語では草木の心というほどの意に相当する。インドの発音で矣栗駄《いりだ》という語もあるが、これは中国語ではすべてを集約する肝心要《かんじんかなめ》というほどの意にあたる。〔以上、本文の大意〕

この文は後世に種々に引用され有名な説であるが、「発心」は、人間がもっている思慮分別の心によるのであり、その心が「菩提の心」を発すことになるという。最初に『摩訶止観』を研究した湛然は『輔行』で、この一段の文について、「それ発心が僻越《へきおつ》なれば、万行は徒《いたずら》に施す」（大正蔵四六巻一六七頁上。最初の心が間違っていると、いくら修行しても駄目だ）と明言し、仏道修行でも最初の動機づけの心がことの成否を決定することになるのだと注意している。

## 発心は感応道交

それではこのような心はどうして起こるのであろうか。『摩訶止観』はこう問い、こう答える。

(4c)問う。行者はみずから発心《ほっしん》するや、他に教えられて発心するや。
答う。自《じ》・他《た》・共《ぐう》・離《り》はみな不可なり。(7) ただこれ感応道交《かんのうどうきょう》(8)にして発心を論ずるのみ。子が水火に堕ちしとき、父母《ぶも》は騒擾《そうじょう》してこれを救うがごとし。浄名《じょうみょう》にいわく、(9)「その子が病を得れば、父母もまた病む」と。大経《だいきょう》にいわく、(10)「父母は、病める子において、心はすなわち偏《ひと》えに重し」と。

法性《ほっしょう》の山を動かして生死《しょうじ》の海に入る、故に病行・嬰児行《ようにぎょう》あり。(11) これを感応の発心と名づくるなり。

問う。発心は、修行者みずからが発心するのであろうか、それとも他から教えられて発心するのであろうか。

答う。みずから発心するといっても十分でないし、他からそうさせられるのであるといっても十分でないし、考えられる条件が集まって発心するといっても十分でないし、そうかといってこのような条件を離れて偶然に発心するのだといっても正しいいい方ではない。いうならば、衆生のこのような心の動きは仏からのはたらきかけと呼応して生ずるのだというべきであろう。それはたとえば子供が水や火の中に落ちたようなときは、父母はびっくりしてあわててこの子供を救出するようなものである。『維摩経』では、「子供が病気になれば、父母も同じように心を痛める」といい、『涅槃経』では、「父母にとっては病気の子供が一番、心配なものだ」という。仏は不動の真実の立場から出て、生き死にの苦悩の海に入られるので、ここに病を共有する行や、幼い子供の心を共有する行を実践されることになる。感応道交の発心というのは、このようなことである。〔以上、本文の大意〕

仏道における発心は、父母が子供のことを心配するような切実な心配りのようなものとして起こるのだという。菩提心といえば、普通は仏のさとりを求めようとする向上の心と解する傾向があるが、ここでは父母が子供に向かうような心として説明するから、むしろ社会の現場でどのような心で仏の教えを実践すべきかという利他行の意味が強調されている。すなわち仏のさとりの心とは、本来、自覚と覚他、自利と利他を内実とするものであったのであり、仏のさとりを求めようとする向上心は、仏の教えを社会で生かそうとする心と離れていないことになる。いうならば、自分が体験している感動を人にも共有してもらおうとはたらきかける心が、「感応道交」の発心の姿であるといえよう。

## 発心の諸相

それでは、このような「感応道交」の発心はどのような機縁で起こるのであろうか。『摩訶止観』は、この点について次のように示している。

(6a)諸経に種種の発菩提心《ほつぼだいしん》を明かせり。(12)あるいはいわく、種種の理を推して菩提心を発《おこ》す。あるいは仏の種種の相を観《み》て菩提心を発し、あるいは種種の神通《じんずう》を観て、あるいは種種の法を聞き、あるいは種種の土《ど》に遊び、あるいは種種の衆を観て、あるいは種種の行を修するを見て、あるいは種種の法の滅するを見て、あるいは種種の過《とが》を見て、あるいは他の種種の苦を受けるを見て、しかして菩提心を発すと。略して十種をあげて首《はじめ》となして広く説かん。云々。

諸経典では種々の発心の仕方があることを示している。(1)種々の理を推察して発心することがあり、(2)仏の種々の姿を見て発心することがあり、(3)仏の種々の不思議な力を見て発心することがあり、(4)仏の種々の教えを聞いて発心することがあり、(5)仏の種々の国土に遊んで発心することがあり、(6)種々の人々を見て発心することがあり、(7)種々の修行を見て発心することがあり、(8)仏の教えが滅する種々のようすを見て発心することがあり、(9)種々の間違いを見て発心することがあり、(10)人が種々の苦しみを受けるのを見て発心することがある。種々の発心の形があるが、概略、この十種の発心をとり出して、それぞれの発心のようすを細かにみてみよう。〔以上、本文の大意〕

### 誓願の心へ高める

このような種々の機縁で仏道に入ることになった心を、その後、どのようにして上求《じょうぐ》・下化《げけ》（みずからを確立し、人々のためになる）の菩提心として調えていったらいいのかというと、四諦の教えを理解することによって根拠づけられる四種の「誓願の心」へと高めていかなければならないという。これは、苦諦にもとづいて、衆生は無辺であるが誓ってさとりの世界に渡そうと願う（衆生無辺誓願度）、集諦にもとづいて、煩悩は無数にあるが誓って断じようと願う（煩悩無数誓願断）、道諦にもとづいて、法門は無尽であるが誓って知ろうと願う（法門無尽誓願知）、滅諦にもとづいて仏道は無上であるが誓って成じようと願う（仏道無上誓願成）ことである。

『摩訶止観』は、この四弘誓願も、(1)分析的な四諦の理解、(2)直覚的な四諦の理解（以上、自覚）、(3)実践的な面での四諦の理解（覚他）によってその意味内容は異なることを説明した後で、続いて、(4)究極的には四弘誓願は次のような仏教の理解にもとづいて根拠づけられていると説く。

(8c)つぎに、根《こん》・塵《じん》(13)あい対して一念の心が起るに即空《そっくう》・即仮《そっけ》・即中《そくちゅう》(14)なれば、もしは根《こん》、もしは塵《じん》、ならびにこれ法界《ほうかい》、ならびにこれ畢竟空《ひっきょうくう》、ならびにこれ如来蔵《にょらいぞう》(15)、ならびにこれ中道なり。いかんが即空なるや。ならびに縁より生ず、縁《えん》より生《しょう》ずればすなわち主なし、主なければすなわち空なり。いかんが即仮なるや。主なくしてしかも生ず、すなわちこれ仮なり。いかんが即中なるや。法性《ほっしょう》を出でず、ならびにみなすなわち中なり。まさに知るべし、一念は即空・即仮・即中にして、ならびに畢竟空、ならびに如来蔵、ならびに実相なることを。三にあらずしてしかも三、三にしてしかも三にあらず。合にあらず散にあらず、しかも合、しかも散、合にあらざるにあらず、散にあらざるにあらず、一・異なるべからず、しかも一、しかも異なり。たとえば明鏡《みょうきょう》のごとし。明は即空にたとえ、像は即仮にたとえ、鏡は即中にたとう。合せず散ぜず、合・散は宛然《えんねん》たり。一、二、三にあらずして二、三も妨げなし。

この一念の心は縦ならず、横ならず(16)、思議すべからず。ただ己れのみしかるにあらず、仏および衆生もまたまたかくのごとし。華厳《けごん》にいわく(17)、「心も仏もおよび衆生も、この三は差別《しゃべつ》なし」と。まさに知るべし、己れの心に一切の仏法を具すということを。思益《しゃく》にいわく(18)、「陰《おん》・入・界(19)に愚にしてしかも菩提を求めんと欲す。陰・入・界がすなわちこれなり、これを離れて菩提なし」と。浄名《じょうみょう》にいわく(20)、「如来《にょらい》の解脱《げだつ》は、まさに衆生の心行のなかにおいて求むべし」と。衆生はすなわち菩提なれば、また得べからず、衆生はすなわち涅槃《ねはん》なれば、また滅すべからず、一心すでにしかり、諸心もまたしかり、一切の法もまたしかり。普賢観《ふげんかん》にいわく(21)、「毘盧遮那《びるしゃな》(22)は一切処に遍《へん》ず」と。すなわちその義なり。まさに知るべし、一切の法はすなわち仏法なり、如来の法界なるが故なり。

もししからば、いかんがまた「心を法界に遊ばせること虚空《こくう》のごとし」というや。また、「無明《むみょう》と明《みょう》とはすなわち畢竟空なり」というや。これは空を挙げて言の端となすなり。空はすなわち不空なり、またすなわち空にあらず不空にあらず。またいわく、「一微塵《みじん》のなかに大千の経巻あり。心のなかに一切の仏法を具すること地種のごとく香丸のごとし」とは、これは有《う》を挙げて言の端となすなり。有はすなわち不有にして、またすなわち有にあらず不有にあらず。またいわく「一《いっ》色一香《しきいっこう》も中道にあらざるはなし」とは、これは中道を挙げて言の端となすなり。中に即してしかも辺、すなわち辺にもあらず不辺にもあらず、具足して減ずることなし。語を守りて円を害し、聖意を誣罔《ふもう》することなかれ。

もしこの解を得れば、根・塵の一念の心が起るに、根にすなわち八万四千の法蔵を具す、塵もまたしかり。一念の心が起るにまた八万四千の法蔵あり、仏の法界が法界に対して法界を起し、仏法にあらざることなし。「生死《しょうじ》はすなわち涅槃なり」、これを苦諦《くたい》と名づく。一塵に三塵あり、一心に三心あり、一一の塵に八万四千の塵労《じんろう》門あり、一一の心もまたかくのごとし。貪《とん》・瞋《じん》・癡《ち》(23)もまたすなわちこれ菩提なり、煩悩もまたすなわちこれ菩提なり、これを集諦《じったい》と名づく。一一の塵労門を翻ずればすなわちこれ八万四千のもろもろの三昧(24)門なり、またこれ八万四千のもろもろの陀羅尼《だらに》(25)門なり、またこれ八万四千のもろもろの対治《たいじ》門なり、また八万四千のもろもろの波羅《はら》蜜《みつ》(26)を成ず。無明が転ずればすなわち変じて明となる、氷を融かして水となすがごとし。さらに遠きものにあらず、余処より来たらず、ただ一念の心に普《あま》ねくみな具足せり。如意珠《にょいじゅ》(27)の、宝あるにあらず、宝なきにあらず、もしなしといわばすなわち妄語なり、もしありといわばすなわち邪見なり。心をもって知るべからず、言をもって弁ずべからざるがごとし。衆生はこの不思議なる不縛の法のなかにおいて、しかも思想して縛となし、無脱の法のなかにおいて、しかも脱を求む。この故に大慈悲《だいじひ》を起し、四弘誓《しぐぜい》[28]を興し、両の苦[29]を抜き両の楽[30]を与う。故に非縛非脱にして真正《しんしょう》の菩提心を発すと名づく。前の三[31]はみな四諦に約して語をなす、いまは法蔵《ほうぞう》[32]・塵労・三昧・波羅蜜に約す、その義は宛然たり。

次に（「無作《むさ》の四諦《したい》」の理解によって上を求め下を化す菩提心について説き、「四弘誓願《しぐせいがん》」を発すことを説こう）、知覚器官とその対象世界が合致して一瞬の間に相応の心が生ずると、その心は空であり、仮であり、中であるというのは、そういった知覚（作用）も識別された対象世界も、どれもみな仏法の世界であるということであり、いわば、どれもみな畢竟空（空）であり、どれもみな如来蔵（仮）であり、どれもみな中道（中）であるということである。

どうして空であるのかというと、どれもみなしかるべき因があり縁があって生じたものであり、そのようにして生じたものは固有の実体のないものであり、固有の実体がないものは畢竟、空であるわけである。

どうして仮であるのかというと、固有の実体がないのにもかかわらず、どれもみな因があり縁があってそのように生じているのであり、仮象としてそのように生じているから、仮であるわけである。

どうして中であるのかというと、このような空と仮のことわりにおいて、まさしくこれ以外のものではないこのものとしてあるから、どれもみな中であるわけである。

このようなわけで、一瞬の心は空であり仮であり中であり、また、畢竟空であり、如来蔵であり、そのものの真実の姿であるということが知られる。この空と仮と中のことわりはどこまでもこのようなものであるというわけではないが、こうして見ると、ものごとのことわりがよく理解できるので、こう説いたまでである。

したがって、空・仮・中の三がそのようなものとしてあるというわけではないが、このように三として示したまでであり、三として示したからといってこのような三つのものとしてあるというわけではない。一つのもの（合）でもなく、三つのもの（散）でもないが、それを一つのもの（合）といい、三つのもの（散）というのであり、一つのものでないわけでもなく、三つのものでないわけでもないというのである。同じもの（一）でも、別のもの（異）でもないが、それを同じものとして示し、別のものとして示すのである。

たとえば一点の曇りもない鏡のようなもので、一点の曇りもないのは空であり、映し出されたものは仮であり、鏡そのものは中であるといえよう。一つのもの（合・一）とも、別の三つのもの（散・異）ともいえないが、一つと三つのありようが現れているのであり、三つのものであるわけではないが、三つのものとして説くことも不都合はない。

このような一瞬の心は、時間的に、空間的に把握しようとしても、把握することはできない。このことはただ自分一人がそうであるというだけでなく、仏についても、衆生についても、いずれも同様である。

『華厳経《けごんきょう》』は、「心と仏と衆生の三者は、所詮、同じ問題である」というが、己れの心を究明することが、あらゆる仏の教えを学ぶことになることを知らなければいけない。『思益経《しやくきょう》』は、「身心の世界とは別なところに仏のさとりを求めようとしているが、身心の世界こそ究めるべきであり、身心の世界を離れたら仏のさとりなど求めようがない」という。『維摩経《ゆいまきょう》』は、「仏のさとりは、衆生の心の現実のなかで求めるべきである。衆生がそっくり仏のさとりとなるなら、ことさら得なければならないような仏のさとりはなく、衆生がそっくり仏のさとりになれば、滅しなければならないような煩悩はなく、一つの心がそうであるように、いかなる心もみなそうであり、すべての教えについても同様である」という。『普賢観経《ふげんかんきょう》』は、「毘盧遮那《びるしゃな》仏のいのちはあらゆる場所にはたらいている」という。みな同じことを教えるのである。

このように、すべてのものごとが仏の教えであることがわかる。すべては仏の教えの世界であるからである。それなら、どうして心を仏法の世界に遊ばせることは虚空に遊ぶようなものであるというのであろうか、また、無明も明も畢竟空《ひっきょうくう》であるというのであろうか。これは空という面から仏の教えを説き示そうとしているのである。空といっても、文字通り空であるというのではない、だから、空というのでも空でないというのでもないのである。

また、「どんなに小さなものでも沢山の教えが含まれている。心のなかにあらゆる仏の教えが含まれていることは大地がどんな種も育むようなものであり、一粒の香がすべての香りをくゆらせるようなものである」というのは、有の面から仏の教えを説き示そうとするのである。有《ある》といったからといって文字通り有《ある》というわけではない。だから、有《う》というのでも、有《う》でないというのでもないのである。

また、「どの色もどの香も中道でないものはない」というのは、中道の面から仏の教えを説き示そうとするのである。中に即する辺であるから、辺は文字通りの辺であるのでも辺でないのでもなく、その辺はすべてを含み欠けるところがない。だから、空・仮・中の言葉を皮相に解して真意を汲もうとせず、空・仮・中の教えをつまらないものとして批判するようなことがあってはならない。

もしもこのように理解するなら、知覚器官が対象世界を識別して一瞬の心が生じたときに、その知覚は八万四千の教えをそなえ、識別した世界も同様のことになり、一瞬にきざした心も八万四千の教えをそなえるので、仏法の世界が仏法の世界に対して仏法の世界を起こすというようなことになり、すべては仏法でないものはないということになる。生き死にの現実がそっくりそのまま仏のさとりであるということが、苦の真実（苦諦《くたい》）なのであり、一塵も空仮中、一心も空仮中ということで、どんなものごともそのような煩わしさの種々相を現しているのであり、同様の心がそこに現れることになる。むさぼること、いかること、おろかしさがそっくりそのまま仏のさとりであり、煩悩が仏のさとりであるということが、苦の原因は真実である（集諦《じったい》）ということである。

それぞれの煩わしさも転ずればそれが種々の落ち着きどころをみせることになり、また、種々の教えを思い起こして善処することになり、種々の処理ができ、やがては種々の行を成就することになるわけであり、無知を転じて理智とすることになるのである。それはたとえば結氷を融かして水にするのに似ている。

仏のさとりは遥か彼方にあるのではなく、どこかからやって来るようなものではない。ただ私たちのこの一瞬の心が仏のさとりを全部そなえているのである。たとえば、どんな思いもかなうという如《に》意宝珠《いほうじゅ》は、そういう宝があるというのでも、ないというのでもないようなものである。そんなものはないというなら、それは嘘言《うそ》である。そういう宝があるというなら、それは間違った考えである。心で知ることも、言葉で説明することもできないものだからである。人はこの思惟を超えたなんの差しさわりもないもののなかにいて、それをあれこれ思惟しさしさわりのあるものとし、脱け出す必要がないもののなかにいて脱出することばかり考えているのである。

このようなことであるから、大きな慈悲の心を起こし、四弘誓願を立てて、法蔵（苦諦）・塵労（集諦）の苦しみを抜き、三昧（道諦《どうたい》）・波羅蜜（滅諦《めったい》）の楽しみを与えようとするのである。

前述した生滅・無生滅・無量の理にもとづく発心では、四諦の教えで説いたが、この無作の理にもとづく発心では、法蔵・塵労・三昧・波羅蜜の語によって説いたのは、このようなわけだったのである。〔以上、本文の大意〕

人は誰でも夢がある。「どうかこうなりますように」、「きっとこのようでありますように」と私たちは願いごとをする。夢や願いがあるから生きる力が湧くのである。生きる希望が断たれたら、とたんに人生は色あせて、砂をかむようななんともやり切れないものに変わってしまうだろう。

しかし、子供の夢のように、たわいのないものであるなら笑ってすますこともできようが、ないものねだりの欲望は、はた迷惑なばかりか、周囲にいるものまで巻き込んで破滅へと導くような場合さえある。人間の願望は放っておくときりがない、やっかいなものであることも真実である。

したがって、こうありたいという願いは、確かな根拠にもとづく正当な願いでなければならない道理である。

菩薩が発《おこ》す四つの誓願の心は、確かな根拠にもとづいている。仏が説かれた四つの真実の教え（四諦）に拠っているからである。人間生存は思うようにならない、うまくいかないというのが真実である（苦諦）ということわりによって、苦しみ悩んでいるすべての人々を救いたいと願うのである。苦の現実には相応の原因があるという真実（集諦）によって、人々の悩みごとを解決したいと願うのである。仏のさとりにいたる真実の方法によって、一番いい解決の方法をみつけようと願うのである。歴史が証明するように仏のさとりの世界は真実である（滅諦）という根拠にもとづいて、終わりのない仏の世界を実現しようと無限に向上してやまないのである。

このように菩薩の誓願というものは、己れを無（無作）にして人のためにはたらく心であり、まさに「雨ニモマケズ、風ニモマケズ」と宮沢賢治（一八九六―一九三三）が詠んだように、このような心を灯明として生きる人の姿こそ、菩薩行にほかならない。

## 五　発心の行方

### ―六即は凡に始まり聖に終わる―

その人の転機となる心が「菩提心」となって現れ、来し方の間違いを反省し、行く末はこうしたいと考え、改めて今、高い志を立てて「四弘誓願」の心で新しい道に出発しようと覚悟を決めて、態勢を調えたわけであるが、この心を実際にどういう方向に向けて、どのように歩いていったらいいのかということは、おのずから別個の問題となる。おそらくは行く先々には新手の問題が待ちうけているであろうし、先々で直面するであろう諸種の課題をあらかじめ大枠で予想しておくことは、そのような場面に出会ったときに、冷静に対処することができ心の余裕をもたらすはずである。

#### 六即の正しい菩提心

このような心の行方を見とどける意味において、智顗は次に「六即」ということを説く。いかなる場面でも仏道修行として一貫性をもっている面を「即」の字にあて、修行が深まるにつれて新しく現れる課題を「六」種に分けて示している。

(10b)六即に約して是《ぜ》を顕《あら》わせば、初心を是とせんや、後心《ごしん》を是とせんや。
答う。論の焦炷《しょうしゅ》(1)のごとく、「初めにあらずして初めを離れず、後にあらずして後を離れず」。もし智と信と具足して、一念すなわち是なりと聞けば、信の故に謗《そし》らず、智の故に懼《おそ》れず、初めも後もみな是なり。もし信なければ、高く聖境を推して己れの智分にあらずとし、もし智なければ、増上慢《ぞうじょうまん》を起して、己れは仏に均《ひと》しとおもう、初めも後もともに非なり。

このことのための故に、すべからく六即を知るべし。いわく、理即・名字即・観行即・相似即・分真即・究竟《くきょう》即なり。この六即は凡に始まり聖に終わる、凡に始まるが故に疑怯《ぎこ》を除き、聖に終わるが故に慢大を除く、云云。

理即とは、一念の心はすなわち如来蔵(2)の理なり。如の故に即空《そっくう》、蔵の故に即仮《そっけ》、理の故に即中なり。三智(3)は一心のなかに具わり、不可思議なり。上に説くがごとし。三諦《だい》は一諦《たい》にして三にあらず一にあらず。一色《いっしき》も一香《いっこう》も一切の法を具え、一切の心もまたかくのごとし。これを理即《りそく》の是《ぜ》の菩提心と名づく。またこれ理即の止観なり。即寂を止《し》と名づけ、即照を観《かん》と名づく。

名字即とは、理はすなわち是《ぜ》なりといえども、日に用いて知らず、いまだ三諦《だい》を聞かざるをもって全く仏法を識らず、牛羊の眼が方隅を解せざるがごとし。あるいは知識にしたがい、あるいは経巻にしたがって(4)、上に説くところの一実の菩提を聞き、名字のなかにおいて通達し解了して、一切の法はみなこれ仏法なりと知る。これを名字即の菩提となす。またこれは名字の止観《しかん》なり。もしいまだ聞かざるときは処処に馳せ求むるも、すでに聞くことを得おわれば攀覓《はんみゃく》(5)の心が息《や》むを止と名づけ、ただ法性《ほっしょう》を信じてその諸を信ぜざるを名づけて観となす。

観行即の是とは、もしただ名を聞き口に説くは、「虫が木を食べてたまたま字を成すことを得るも、この虫はこれ字なるか字にあらざるかを知らざるがごとし。すでに通達せず(6)」、なんぞこれ菩提ならんや。必ずすべからく心の観を明了にして理と慧(7)と相応し、行うところは言うところのごとくし、言うところは行うところのごとくすべし。華首《けしゅ》にいわく(8)、「言説《ごんぜつ》の多きは行ぜず。われは言説をもってせず、ただ心に菩提を行ずるのみ」と。この心と口の相応するはこれ観行の菩提なり。釈論《しゃくろん》(9)に四句をもって聞慧の具足するを評せり。眼は日を得れば照了するに僻なきがごとく、観行もまたこのごとし。いまだ理に契《かな》わずといえども観心を息めず、首楞厳《しゅりょうごん》(10)のなかの射的の喩のごとくするは、これを観行の菩提と名づけ、また観行の止観と名づく。恒《つね》にこの想をなすを観と名づけ、余の想の息むを止と名づく。云云。

相似即の是の菩提は、それのいよいよ観じいよいよ明らかに、いよいよ止《や》めいよいよ寂なるをもって、射を勤めるに的に鄰《ちか》きがごとくなるを、相似の観慧と名づく。「一切の世間の治生《ちしょう》や産業もあい違背せず」、あらゆる思想や籌量《ちゅうりょう》もみなこれ先仏の経のなかに説くところにして、六根清《ろっこんしょう》浄《じょう》(11)のなかに説くがごとし。円《まど》かに無明を伏するを止と名づけ、似たる中道の慧を観と名づく。云云。

分真即とは、相似《そうじ》の観力によって銅輪の位(12)に入る。初めて無明を破して仏性を見、宝蔵を開いて真如《しんにょ》を顕わすを発心住《ほっしんじゅう》と名づく。ないし等覚《とうがく》(13)は無明は微薄にして智慧はうたた著《あら》わる。「初日より十四日にいたりて、月の光が円かになんなんとし、闇が尽くるになんなんとする」がごとし。「もし人のまさに仏身をもって得度すべき者には、すなわち八相成道(14)し、まさに九法界の身(15)をもって得度すべき者には、普門をもって示現す」。経に広く説くがごとし。これを分真即の菩提と名づけ、また分真の止観とも、分真の智断とも名づく。

究竟即の菩提は、等覚《とうがく》ひとたび転じて妙覚《みょうがく》(16)に入る。智光が円満してまた増すべからざるを、菩提の果と名づけ、大涅槃の断にしてさらに断ずべきもののなきを果果《かか》と名づく。等覚は通ぜず、ただ仏のみよく通ず。荼《だ》を過ぎて道の説くべきもののなきが(17)故に究竟の菩提と名づけ、また究竟の止観と名づく。

総じて譬《たとえ》をもってこれを譬うれば、「たとえば貧人の家に宝蔵ありてしかも知る者なく、知識がこれを示すにすなわち知ることを得て、草穢《そうえ》を耘除《うんじょ》してこれを掘り出し、漸漸に近づくことを得て、近づきおわって蔵を開いて、ことごとくこれを取りて用いるがごとし(18)」。六《ろく》の喩《ゆ》に合わせて解すべし。云云。


六の即について正しい発心のあり方を示すと、初めの発心を正しい発心とするのであろうか、後の発心を正しい発心とするのであろうか。

答う。『大智度論』で燃える灯芯のたとえで説明するように、初めの発心は後の発心に通底しているが、初めの発心と後の発心との違いもある。正しく知り、正しく信ずれば、一瞬一瞬の心が正しい発心であるという言葉を聞いて、信ずるがゆえに疑うことはなく、知るがゆえに恐れることはなく、初めも後もみな正しい菩提心を発すこととなる。正しく信じることがないと聖人の境界はあまりに高く、自分のようなものが知ることなどとうていできないものであると考えるに違いないし、正しく知ることがないと分不相応な高慢な心を起こして、自分はもう仏と同じであると考えるに違いなく、そうすれば初めも後もみな誤った菩提心を発すことになる。このようなことがあるから、六即ということを知らなければならない。

六即とは、理即と、名字即と、観行即と、相似即と、分真即と、究竟即のことである。この六即は、凡夫から始め聖人に終わるので、凡夫から始めるのであれこれ疑い卑下し逡巡するようなことはなく、聖人に終わるので慢心して尊大になるようなことも妨げるのである。

(1)理即は、理として仏道に即しているという意で、一瞬の心は如来蔵の理にほかならない。如である辺が空、蔵の辺が仮、理の辺が中であり、空・仮・中を知る三つの智慧はこの心にそなわっていて、思惟を超えたものであることは上述の通りである。空・仮・中の三つの理は一つの理であるといっても、三つの理、一つの理があるわけではなく、どんな色にもどんな香にも、すべての仏の教えがそなわっているのであり、このことはあらゆる心についても同様である。これを理即の正しい菩提心という。また、理即の止観ともいう。寂の辺が止であり、照の辺が観である。

(2)名字即は、たとえ理において正しい菩提心であったとしても、日常それを使っていながら知ることがなく、まだ空・仮・中の理を聞いたことがないから仏の教えがどういうものか、なにも知らないわけで、それはちょうど牛や羊の目ではどっちに行ったらいいのかわからないようなものである。あるときは優れた人から聞き、あるときは経典を読んで、このような真実の仏のさとりについて聞き、仏の教えをよく理解して、あらゆるものごとがみな仏の教えであることを知るのである。これが仏の教えに即した、名字即の菩提心である。

これはまた名字即の止観ともいえる。まだ仏の教えを聞かなかったときは、あっちこっちに走り求めていたが、このように聞いてこれまで強くこだわりもとめていた心が止み、ただ真実のことわりを信じその他のものを信じないのが観である。

⑶観行即の正しい菩提心は、仏の言葉を聞き、口でその言葉を説くだけであれば、それはあたかも虫が木を食べてその跡がたまたま字になったようなもので、虫にはそれが字であるのかどうかわからないようなものである。それが何なのかわからないのでは、どうしてそれを仏のさとりの心などといえよう。だから修行者は必ず、心を明らかに観じ、真実の理に智慧が合致するようにし、言っていることと、行うことが一つになるようにしないといけない。『華首経《けしゅきょう》』は、「言説が多い人は行じないものである。私は言説ではなく、心に秘して仏のさとりの心を行じたい」というが、これが心と言葉が一致している姿であり、これが観行に即する菩提心の様子である。

『大智度論』で、四句で聞慧が具足するようすを示し批評している通りである。眼は日の光があれば誤りなく識別できるように、観行も事態は同じである。たとえ考えているような結果が現れないからといって、仏のさとりの心を観ずることをやめてはいけない。『首楞厳経《しゅりょうごんきょう》』が説く、的を射る練習のたとえのように続けることである。これが観行に即する仏のさとりの心である。また、観行に即する止観ということができる。いつもこのように思うのが観であり、それ以外の思いがやむのが止である。

⑷相似即の正しい菩提心は、観ずれば観ずるほど明らかになり、止めれば止めるほど平静になるのであり、的を射る練習を一所懸命にしているうちにだんだん的に近いところに当たるようになってくるのを、相似に即する智慧という。あらゆる世の中の政治や経済、産業なども仏の教えにそむくよう

なことはなく、すべての思想や創案などもみな仏の教えが説いていることとして解される。これは六根が清浄になる十信の位で説くようなことである。根本の無知の煩悩を押さえつけて勝手にさせないのが止であり、中道の智慧に似たものが現れるのが観である。

(5)分真即の菩提心は、仏のさとりに似た智慧の力によって、銅輪の十住の位に入り、ここで初めて一分の根本の無知を断じて仏の真実のさとりを見ることになる。宝の蔵を開いて真実を顕《あき》らかにするのが初めて発心が確立する初発心住の位であり、その後は、等覚《とうがく》まで至ると、根本の無知はますます小さく弱くなり、その分ますます智慧が顕《あき》らかになる。それはちょうど最初の夜から十四日の夜までは、月の光がしだいに満月に近づいて、闇が尽きるかと思われるほどに照らすようなものである。

ここまで来ると、仏の体を示して救うのが適当な人には仏と同じ一生を示して救済し、その他の仏法の世界の姿を示して救う方が適当な人には、あらゆる世界の姿を示して救済することができる。このことは『観音経』で三十三身について広く示している通りである。これが一分の真実に即する分真即の菩提心である。また、分真即の止観であり、分真即の智断でもある。

(6)究竟即の菩提心は、等覚から一転して妙覚《みょうがく》に入ると、智慧の光はもうこれ以上がないように円かに満ちるので、これを仏のさとりそのものというのである。偉大な仏のさとりはすべてを断ち切り他になにも断つものはないから究極のさとりという。等覚の位のものでもこの位をうかがうことはできず、仏だけが知る位である。荼の字の後は説くべき字はないというように、これを究竟に即する菩提心といい、究竟に即する止観という。

以上の六即の正しい菩提心の説をたとえでくくってみると、たとえば貧しい人の家に宝の蔵があるのに誰も知る人がなく（理即）、これを知る人が宝の蔵のあり場所を教えて初めてそのことを知り（名字即）、草むらを刈りとってこれを掘り出し（観行即）、だんだんと宝の蔵に近づいて（相似即）、とうとう掘り当てて蔵を開けてそのなかの宝を取り出して自由に使う（分真即・究竟即）ようなものである。六即の菩提心の意義はこのたとえに重ねて理解することができよう。〔以上、本文の大意〕

智顗が創案したこの六即の修行論は、種々に応用ができると思う。たとえば私どもの人生一般の問題に置きかえてみることもできよう。その人がその人の人生ということを考えるようになったとき、初めてその人の人生の問題が成立するわけであるが、その人が真実、その人の人生にめざめるとき、すでにその人には無自覚のままに過ぎて来たとり返すことのできない過ぎ去った時間も現れるわけである。

しかし、もはや償いようのないそういう過去の時間があればこそ、今の自分があるということも真実であろう。失われた時間を縁として、めざめるべくしてめざめたのである。道理としてそのようになっていた（理即）というわけである。

その人がその人の人生というものにめざめたときは、転機になるような素晴らしい言葉に出会ったとか、周りの人がやっていることを見て気がついたとか、めざめるような契機があったわけであるから、己れを知る契機になったものは、名字即にあたるであろう。

己れを知ったその人は己れを知ったもののように新たな決意で新しい生活を始めることになるであろうから、これは観行即にあたる。

目標に向かっていろいろ試行錯誤を重ねながらこつこつ努力しているうちに、自分でもいい感じがわかるようになってくる。これは相似即にあたろう。

こういういい感じを忘れないようにして、さらに工夫を積むとやがては独創的な発見をするようなことになり、周囲の人から評価されるような活動となるわけである。これは分真即にあたろう。

このようにして揺るぎない信念をもって、一筋に已れの道を歩く構えが確立するわけであり、究竟即といえるようなその人独自の人生が実現することになる。

以上のようにそれぞれの人生は、他のものでは償うことのできないものとして、かけがえのないものであり、そういうものとして、それぞれの人生は、春の景色、夏の景色、秋の景色、冬の景色となって、その折々の光彩を放つことが知られる。いわば、天台の六即の説は、「即」において、最初から最後まで離れることがない仏道と人生の問題を、「六」において、成長の過程における現実の場面場面をどう乗り越えていくかということを示しているとも解されよう。

# 六　坐禅の一行

## ―ただ専ら縁を法界に繫け―

### 心を調える四種の三昧法

確かな菩提心を発すことができたら、いよいよ仏道を修行する段階になる。修行の仕方はそれこそ種々考えうるが、『摩訶止観』はそれを「四種三昧《ざんまい》」として整理している。三昧《さんまい》はサマーディの音訳語であるが、この語の意味を智顗は「調直定《ちょうじきじょう》」の意と規定し、心を調え、曲がった心を直し、散乱している心を定める（調い、直り、定まる）という意味に解している。

四種三昧とは、⑴常坐三昧、⑵常行三昧、⑶半行半坐三昧、⑷非行非坐三昧からなる、四種の三昧である。このような四種の修行法によって、散々に乱れていた心をあるべき姿に調え、仏道の真っただ中に坐ることになる。

四種三昧の呼び方は、人の行動様式からつけられていて、常坐は、いつも坐る行法という意であり、常行は、常に歩く行法、半行半坐は、歩くことと坐ることを折衷した行法、非行非坐は、その他の行法で、日常生活における言語や種々の仕事や労働までも仏道修行として位置づけようとしている。具体的にいうと、(1)常坐三昧は、坐禅の一行を行ずることで「一行三昧」、(2)常行三昧は、阿弥陀仏のまわりを歩きながら阿弥陀仏の名号を口で唱え、阿弥陀仏の姿を心に念ずる「仏立《ぶつりゅう》三昧」、(3)半行半坐三昧は、『方等《ほうどう》三昧』『法華三昧』（共に智顗の著）で示されるような行法、(4)非行非坐三昧は、『請《しょう》観音懺法《かんのんせんぼう》』（智顗の著）や、『随自意三昧』（慧思の著）、『覚意三昧』（智顗の著）などで示されているような修行方法のことである。

『摩訶止観』では、このような四種三昧で組織されるすべての修行法に適用される止・観の理論を展開しているとみるべきであろうが、この後の方便章で示される二十五方便において、調和五事のなかで、調身・調息・調心という坐禅の作法が説かれているし、さらに正修行章では、まず、端坐正身の坐禅において、十境・十乗の観法が示され、その後に、坐禅以外の行・住・臥・言語・作務などに応用されることを略説するので、『摩訶止観』はなんといっても、常坐三昧を中心にすえて、坐禅の理論を展開した書物としてみるのが穏当であろう。

### 常に坐る修行法

そこでここでは、常坐三昧の文章をとり出して読んでみたい。

(11a)一つに常坐《じょうざ》とは、文殊説《もんじゅせつ》・文殊問《もん》の両つの般若《はんにゃ》(1)に出ず。名づけて一行三昧《いちぎょうざんまい》となす。いま初めに方法を明かし、つぎに勧修《かんしゅ》を明かす。方法は、身に開《かい》・遮《しゃ》を論じ、口に説・黙を論じ、意に止・

観を論ず。

身は、常に坐を開き、行・住・臥を遮す。あるいは衆と処《お》るも、独りならばすなわちいよいよ善し。一つの静室、あるいは空閑の地に居て、もろもろの喧閙《けんどう》を離れ、一つの縄牀《じょうしょう》(2)を安んじて、傍らに余坐なく、九十日を一期となして結跏正坐《けっかしょうざ》(3)す。項《うなじ》・脊《せぼね》を端直にして、動かず揺るがず、萎《ちぢ》まらず倚《よ》らず、坐をもってみずから誓い、肋《ろく》を牀《しょう》に拄《ささ》えず、いわんやまた屍《し》臥《が》し、遊戯《ゆげ》し、住立せんをや。経行《きょうぎょう》(4)と食《じき》と便利《べんり》(5)とを除く。一仏の方面にしたがい(6)、端坐して正しく向かい、時刻を相続して須臾《しゅゆ》も廃することなかれ。開くところは専ら坐なり。遮するところは犯すことなかれ。仏を欺かず、心に負《そむ》かず、衆生を誑《たぶら》かさざれ。

口の説・黙は、もしは坐して疲れ極まり、あるいは疾病に困《くる》しめられ、あるいは睡蓋に覆われ、内外の障が侵して、正念の心を奪い、遣却すること能わずんば、まさに専ら一仏の名字を称《とな》え(7)、慚愧《ざんぎ》し懺悔して、命をもってみずから帰すべし。十方の仏の名字を称うると功徳は正しく等し。所以《ゆえ》はいかん、人の憂・喜・鬱《うつ》・怫《ふつ》たるに、声をあげて歌い哭き悲しみ笑えば、すなわち暢《の》ぶるがごとし。行人もまたしかなり。風は七処(8)に触るれば身業を成じ、声の響は脣《くちびる》を出でれば口業《くごう》を成じ、この二よく意を助けて機を成じ仏の俯降《ふこう》を感ず。人の重きを引くとき、自力にして前《すす》まざれば、傍らの救助を仮らばすなわち軽く挙ぐることを蒙《こう》むるがごとし。行人もまたしかり。心が弱くして障を排すること能わざれば、名を称えて護りを請《こ》えば、悪縁も壊《え》すること能わず。もし法門においていまだ了せざれば、まさに般若を解する者に親近《しんごん》して、聞くがごとく修学すべし。よく一行三昧に入らば、面《まのあたり》に諸仏を見たてまつり、菩薩の位に上《のぼ》らん。経を誦《じゅ》し、呪《じゅ》を誦するは、なお静において喧《かまびす》し、いわんや世俗の言語をや。意の止観は、端坐して正念す。悪党を蠲《けん》除し、もろもろの乱想を捨て、思惟を雑《まじ》えることなく、相貌《そうみょう》を取らず。ただ専ら縁を法界に繫《か》け、念を法界に一《ひと》つにす。繫縁《けえん》はこれ止、一念はこれ観なり。一切の法はみなこれ仏法なりと信じて、前なく後なく、また際畔なく、知る者なく、説く者なし。もし知ることなく説くことなければ、すなわち有《う》にあらず無にあらず、知る者にあらず知らざる者にあらず、この二辺を離れて無所住に住し、諸仏の住するがごとく、寂滅の法界に安処す。この深法を聞いて驚怖を生ずることなかれ。この法界をまた菩提と名づけ、また不可思議の境界《きょうがい》と名づけ、また般若と名づけ、また不生不滅《ふしょうふめつ》と名づく。かくのごとき等の一切の法は法界とは二なく別なし。二なく別なしと聞いて疑惑を生ずることなかれ。

第一の常に坐る修行法は、『文殊説般若経』と『文殊問般若経』の二種の般若経典に出る方法であり、この方法は、「一行三昧」ともいわれる。

最初に、常に坐る修行法を、身と口と意《こころ》の三面で説明し、次いで、この修行法がどうしてよいのか説明しよう。

身体は常に坐り、歩いたり、立ったり、横になったりしない。多くの人たちと一緒にするのもいいが、一人の方がよい。どこか静かな部屋か、なにもない閑静な場所を選び、喧騒なところを離れ、坐禅専用の椅子を一つ用意し、それ以外のものは置かず、九十日間を期限にして結跏趺坐の坐禅を行ずる。頭と背骨を真っ直ぐにのばし、動いたり、揺らいだり、くぐまったり、かたよったりしないように注意し、坐り続ける決意を新たにして、横になるようなことは勿論、死んだように眠り込んだり、遊び回ったり、立ったりするようなことはしない。

ただし、坐禅の間の経行や食事や大小便などはこの限りではない。一仏の方に向かって坐禅をし、時刻を継続させ、坐禅をやめるようなことがないようにする。ただ一心に坐禅をするのであり、坐禅以外のことはしないようにする。仏を欺くようなことがないように、みずからの心に反するようなことがないように、人々の心を裏切らないようにしなければならない。

口の方は、坐禅が長くなり疲れが極まったようなとき、あるいは持病に苦しめられたり、眠気に襲われたりして、内外の障害が正念の心を乱してなかなか除くことができないようなときは、一心に一仏の名号を唱え、心から恥じて懺悔し、命を仏にさしあげるようにする。そうすれば十方の仏たちの名号を唱えるのと同じような効果がある。そのわけは、とても嬉しかったり心配でしょうがなかったりするときに、声を出して歌ったり笑ったり泣いたり悲しんだりすれば、心が晴ればれするようなものである。

修行者の場合も状況は同じである。息は体の各部位に触れて声となり、声の響きは口唇から発するから、それがこころを刺激してその影響によって仏のはたらきを感得することになるのである。それはたとえてみれば、重い荷物を運んでいて、自分の力だけではどうしても前に進まないようなときに、そばにいる人の援助が得られれば楽に重い荷もあげることができるようなものである。

修行者もこれと同じで、心が弱く障害を除くことができないときは、仏の名号を唱えて援助を願えば、どんなに悪い状況も修行を妨害するようなことはない。この修行法について理解できないような点があれば、その場合はよく理解している人に尋ね、その指示にしたがって坐禅をするといい。この一行三昧に入ると、目の当たりに仏たちを見ることができ、菩薩の位にいたることができる。経典を読誦したり、呪文《じゅもん》を読誦したりするようなことは坐禅の静寂をこわすことになるからしない。世俗の言語を口にしないことはいうまでもない。

意《こころ》は、坐禅のなかで、止観によって正念するのである。悪い知覚を除き、散乱する想念を捨て、あれこれと想いめぐらすようなことをせず、心に浮かんだことにとらわれないことである。ただひたすら意《こころ》に生じるものを仏法の世界に結び、そのこころを仏法の世界と一つにするようにする。こころに生じるものを仏法の世界に結ぶのは止であり、そのこころを仏法の世界と一つにするのは観である。あらゆるものごとがみな仏の教えであるということが信じられれば、前も後も、これだけということもなく、知る者も、説く者もいないということになる。知ることも、説くこともできないのであれば、有《ある》とも、無《ない》ともいえないわけであり、知る者がいるのでも知る者がいないのでもないことになり、有と無の二辺の想いを離れて、二辺の想いにとらわれることのない、想念が静かにやんだ仏法の世界に安らかに落ち着くことになる。

このような深い教えを聞いて驚いたり怖れたりしてはいけない。こういう仏法の世界を、仏のさとりといい、人の思いを超えた境界といい、智慧といい、生ずることも滅することもないというのである。これらのすべての教えは、仏法の世界と異なるものではない。みな同じ教えであるということを聞いて疑惑を生ずるようなことがないようにしないといけない。〔以上、本文の大意〕

以上のように常坐三昧の説明は、身と口と意の三点について、坐禅がどのような修行方法なのか要約している。それでは結跏趺坐の坐法は実際にどのようにするのかというような問題については、ここでは踏み込んだ解説をしていない。これは常坐以外の三種の三昧の行法についても同様のことがいえる。この点は、重ねて、二十五方便の調和五事で解説しているので、坐法の問題はそこでまとめて考えたい。

## 坐禅のすすめ

坐禅における身体と口と心の処理方法を示した後で、続いて坐禅の修行方法が、仏道修行においていかに理にかなったものであるかを示し、その実修を勧める。

(12a) 勧修《かんしゅ》とは、実の功徳を称《たた》えて、行者に奨《すす》むるなり。法界《ほうかい》の法がこれ仏の真法なり、これ菩薩の印《いん》なり。この法を聞いて驚かず畏《おそ》れざれば、すなわち百千万億の仏のみもとにしたがって久しく徳本を植ゆ。譬《たと》えば、長者が摩尼珠《まにしゅ》(9)を失い、後にかえってこれを得るとき心がはなはだ歓喜するがごとし。四衆《しゅう》(10)はこの法を聞かざれば心はすなわち苦悩するも、もし聞いて信解《しんげ》すれば歓喜することまたしかり。まさに知るべし、この人はすなわちこれ仏を見るなり。すでにかつて文殊《もんじゅ》よりこの法を聞けり。身子《しんじ》(11)のいわく、「この義を諦了《たいりょう》するを、これを菩薩摩訶薩《ぼさつまかさつ》(12)と名づく」と。弥《み》勒《ろく》のいわく、「この人は仏座に近し、仏はこの法を覚《さと》るが故なり」と。故に文殊のいわく、「この法を聞いて驚かざれば、すなわちこれ仏を見たてまつるなり」と。仏ののたまわく、「すなわち不退の地に住し、六波羅蜜《はらみつ》を具し、一切の仏法を具す」と。

もし人ありて、一切の仏法、相好《そうごう》、威儀、説法、音声《おんじょう》、十力《じゅうりき》(13)、無畏《むい》(14)を得んと欲せば、まさにこの一行三昧を行ずべし。勤行《ごんぎょう》して懈《おこた》らざればすなわちよく入ることを得ん。摩尼珠を治するに、磨くにしたがって光るがごとく、不可思議の功徳を得る。菩薩《ぼさつ》のよく知れるは速やかに菩提《ぼだい》を得、比丘《びく》、比丘尼《びくに》の聞いて驚かざるは、すなわち仏にしたがって出家し、信士信女《しんじしんにょ》の聞いて驚かざるは、すなわち真に帰依《きえ》するなり。この称誉はかの両経《きょう》に出でたり。云云。

常坐三昧を修行するよう勧めるのは、常坐三昧の修行の力をたたえ修行者に推奨したいがためである。仏法の世界の教えは仏の真実の教えであり、菩薩が証明するものである。この教えを聞いてびっくりするようなことも恐れるようなこともないなら、この人は仏たちの下で長い間修行を積んだのに等しい人といえよう。それはちょうど、長者が摩尼宝珠《まにほうじゅ》をなくした後で、それを見つけ出して小躍りせんばかりに喜ぶようなものである。

仏の教えを信じ行ずる者たちも、このような教えを聞かないうちは心は苦しみ悩んでいるが、この教えを聞いて心から理解することができれば同じように歓喜の声をあげることになる。この人は仏を見ているのにほかならないことが知られよう。

顧みればかつて文殊菩薩からこの教えを聞いたことがあった。舎利弗《しゃりほつ》は、「この意味を明らかに理解する人は、菩薩と呼ばれるにふさわしい偉大な人である」といい、弥勒菩薩は、「この人は仏の坐っておられる場所の近くにいる。なぜなら仏はこの教えをさとられたからである」といい、文殊菩薩は、「この教えを聞いてびっくりするようなことがなければ、仏を見たてまつることになる」といい、仏は、「二度と後退することがない境地に立って、六波羅蜜を成就し、あらゆる仏の教えをそなえることになる」といわれる。

もしも、あらゆる仏の教えや、身体的特徴や、立ち居振る舞いや、教えを説くことや、音声や、十種の智慧や、なにものにもたじろがない信念などを得たいと思う人は、なによりも一行三昧を行ずるがいい。この修行に励んで怠けるようなことがなければ、その境地に至ることができるであろう。摩尼宝珠が磨けば磨くほど光を増し、思いも及ばぬ功徳を得るようなものである。菩薩はこのことをよく知っているので、仏のさとりを得ることができるのである。比丘や比丘尼も、この教えを聞いてびっくりするようなことがない人たちは、仏の下で出家することになるのであり、信士や信女も、この教えを聞いて驚くようなことがない人たちは、心から仏の教えに帰依することになるのである。この坐禅三昧をほめ称えることは、『文殊説般若経』と『文殊問般若経』の二経で説いているとおりである。〔以上、本文の大意〕

### 天台山衆の面目

ところで、坐禅は、智顗が指導した天台山の教団では日常的な修行として行われており、智顗が最晩年に制定した御衆制法十条（「立制法」）のなかでは、「四時の坐禅」が「六時の礼仏」と合わせて決められており、一日に四回、天台山の大衆は一堂に会して坐禅を行っていたことが知られる。

『国清百録』のなかには、智顗が亡くなってから四年目がすぎた十一月三日の日に、天台山から僧使として長安におもむいた灌頂と智璪（五五六―六三八）の二人が、皇太子の広（後の煬帝）に問われて、次のように答えたことを記している。

「先師亡き後、何か霊異がありましたか」

答えていった。「先師は、開皇十七年（五九七）十一月二十四日に、結跏趺坐して神《いのち》を遷され入滅されました。翌十八年四月十六日に至り、大衆が初夜に各々縄床に就いて、まさに念を摂めようとしていた時に、道修という僧が、先師のお姿を見ました。先師は生前の衣装を服《き》て、手には竹杖を提げ、西側の戸から入って倚望し、少時《しばらく》して東側の戸から出ていかれました。道修は驚いて起《た》ち上がり拝し奉りましたが、拝し訖《おわ》るや形を隠されました。闔《すべて》の衆は道修に『掻擾《そうじょう》して、一体何ごとか』と問いただしましたところ、道修は具《つぶさ》にこのような因縁を説きましたので、一同共に悲嘆したことでした」（大正蔵四六巻八一二頁下）

この問答によって、智顗が亡くなってから数か月がたっても、弟子たちにとっては智顗は現にいますがごとく感じられていたことが知られるが、それを語る弟子の言葉は、みごとに生前の智顗の立居振舞いを描き出してみせるのである。すなわち、天台山では初夜の坐禅（夜坐）が行われ、大衆は一堂に会して坐禅を行じていた。この堂の中には縄床《じょうしょう》が置かれていて、西の戸と東の戸があったことが確認されるから堂塔の配置はわからないが、今日の坐禅堂のように前門と後門のような形になっていたらしい。また、手に竹杖を提げた智顗の姿は弟子たちが見慣れた師の姿であったろうことが想像でき、この堂の中で行う坐禅では、おそらく警策《きょうさく》のような竹杖が用いられていたことが知られる。坐禅衆として世に知られていた天台山の日常行事であった四時の坐禅の実修の状況は、このような形のものではなかったかと考えられる。

このようにみると、大衆が共に行ずる四時の坐禅は、『摩訶止観』が説く常坐三昧の坐禅とは少し性格が異なるように感じられる。なぜなら、常坐三昧の坐禅は、衆と共に行うことも許されるが、独りであればもっといいと規定し、静かな場所で縄床を一つだけ準備して、一仏に向きあって端坐する、そういう行法だからである。湛然が「衆と行じてもいいというのは、坐禅堂の中の坐禅のことであり、格別な場所では独りならもっといいという意味である」（『輔行』大正蔵四六巻一八二頁中）と注釈をつけているように、この常坐三昧の坐禅は、坐禅堂で行う坐禅とは異なる、別の場所（懺悔道場）で独りで行う坐禅という意味であろう。

天台智顗の修行論としては、このように坐禅堂で大衆が共に行う坐禅と、別の場所で独りで行う坐禅が共に認められていたと解するのが穏当であろうと思う。

# 七　修行の機縁

## ―悪は仏道を妨げず―

坐禅の一行に関する記述を終えた後で、『摩訶止観』は続けて、常行三昧、半行半坐三昧、非行非坐三昧のそれぞれについて、同様に身と口と意の処置の仕方を解説し、なぜこのような修行方法を勧めるのか、その理由を明示していく。

四種三昧の最後に位置づけられる非行非坐三昧は、前記の三種の行法に含まれない他の修行法を示すという意味と、坐ると歩く以外のすべての行動様式が、みな仏道修行になるということを示そうとする両面の意味がある。すなわち、前記以外の修行法としては、『請観音経』にもとづく行法を説いており、智顗が作った『請観音懺法《しょうかんのんせんぼう》』と重なるものである。坐ることと歩くこと以外の行動様式もみな仏道修行の契機になるという点は、別に慧思が作った『随自意三昧』や、智顗が作った『覚意三昧』などの修行論があるが、『摩訶止観』では、(1)諸種の善において仏道を行ずること、(2)諸種の悪について仏道を行ずること、(3)善とも悪ともいえないことについて仏道を行ずること、の三点から総括的に示している。

### 悪は仏道を妨げず、仏道は悪を妨げず

なかでも諸悪が仏道修行の機縁になることを、力強く説き示している点は注目していいであろう。たとえどんなに悪い事態であったとしても、それが仏道修行の妨げになるようなことはないのであり、また仏道修行がどんなに進んだとしても悪とは無縁というようなことにはならないから、どんなときも一筋に仏道に向けて調えなければならないと訴える。

(17c)出家して世を離れたるも、行なお備わらず、白衣《びゃくえ》(1)の欲を受くるは、行道の人にあらず。悪はこれその分なり。羅漢《らかん》(2)すら残習あり、いかにいわんや凡夫をや。凡夫がもし悪蔽《へい》を縦《ほしいまま》にせば、摧《さい》折《しゃく》し俯墜《ふつい》して永く出ずる期《とき》なし。まさに悪のなかにおいてしかも観慧を修すべし。

仏の世のときのごときは、在家の人は妻を帯し子を挟み、官方や俗務あってみなよく道を得たり。央掘摩羅《おうくつまら》(3)はいよいよ殺しいよいよ慈あり。祇陀《ぎだ》(4)や末利《まつり》(5)はただ酒をのみただ戒をたもち、和須蜜《わしゅみっ》多《た》(6)は婬にして梵行《ぼんぎょう》(7)あり、提婆達多《だいばだった》(8)は邪見にしてすなわち正なり。もしもろもろの悪のなかに、一向にこれ悪にして道を修することを得ずんば、かくのごときの諸人は永く凡夫とならん。悪のなかに道あるをもっての故に、衆蔽を行ずといえどもしかも聖となることを得るなり。故に知んぬ、悪は道を妨げざることを。

また、道は悪を妨げず。須陀洹《しゅだおん》(9)の人が婬欲うたた盛んなりしも、畢陵《ひつりょう》(10)がなお慢なりしも、身子《しんじ》(11)が瞋を生ぜしも、その無漏《むろ》においてなんの損益かあらん。たとえば虚空のなかにおいて明・暗があい除かざるがごとく、仏が菩提を顕出するはすなわちこの意なり。もし人、性が貪欲多く、

穢濁《えじょく》なること熾盛《しじょう》にして、対治《たいじ》し折伏《しゃくぶく》すといえどもいよいよさらに増劇すれば、ただ趣向を恣《ほしいまま》にせよ。なにをもっての故ぞ、蔽もし起らずんば観を修することを得ざればなり。たとえば綸釣《いとづり》するに、魚が強く縄《いと》が弱いときは争い牽《ひ》くべからず、ただ鉤餌《つりえ》を口に入れしめて、その遠近にしたがって縦《ほしいまま》に浮沈するに任せれば、久しからずして収獲するがごとし。蔽において観を修することもまたかくのごとし。蔽はすなわち悪魚、観はすなわち鉤餌なり。もし魚なければ鉤餌も用なからん。ただ魚の多大なるをあらしむれば佳《よき》なり。みな鉤餌をもってこれにしたがい捨てざれば、この蔽は久しからずして乗御《じょうぎょ》に堪任《かんにん》せん。

出家して世の中を離れても、出家者らしい修行もできず在家の人と変わらない生活をするなら、仏道を修行する人とはいえない、これは相当の悪い人といわなければならない。人の供養を受けるにふさわしい人でもまだ煩悩が残っているのであるから、凡夫はなおさらであろう。凡夫が悪いことを勝手にやるなら、修行は挫折し堕落しきって永久に悪から脱出することはできないだろう。だから、このような悪について観察し智慧を修めなければいけない。

釈尊の在世の当時も、在家の人は妻子を養い、公私の仕事をこなしながら、みなさとりを得たのである。央掘摩羅《おうくつまら》は沢山の人を殺したが、いっそう慈悲深い弟子となった。祇陀《ぎだ》や末利《まつり》は酒を嗜《たしな》んだがひたすら仏の教えを行じた。和須蜜多《わしゅみった》は、間違った異性関係に堕ちたが清浄な修行をした。提婆達多《だいばだった》は間違った考えを抱いたが、もとは正しい考えの人であったのである。もしもこのような悪がどこまでも悪のままで仏道を修行することができなかったなら、このような人たちはずっと凡夫のままで終わったであろう。悪のなかにも仏道があるから、諸悪を行じたがあのような聖人になることができたのである。だから、いかなる悪も仏道を妨げるようなことはないといわなければならない。

また、仏道も悪を妨げるようなことはない。須陀洹《しゅだおん》のさとりを得た人なのに欲情が盛んな人もいたし、畢陵《ひつりょう》などは高慢な心を捨て切れなかったし、身子《しんじ》でも怒りの心を生ずるようなことがあったが、そのさとりにはなんの影響もなかったのである。それはたとえば、虚空の中に明と暗が同居しているようなものである。仏がさとりを顕現するのも、このような意味にほかならない。

したがって、貪欲な性格の人は、貪欲が盛んで汚れ切っているわけであるから、これを押さえつけ治そうとすればますます激しくなるので、こういう場合は貪欲がおもむくままにさせておく。なぜなら、そのような悪蔽が起こらなかったら、この人は止観を修めることができないからにほかならない。

それはたとえば、釣糸を垂れて釣りをするとき、魚が強く引き、糸がたえられないようなときは無理をして引かず、釣餌を口に入れさせたまま、魚が遠く近く浮いたり沈んだりするままにして、しばらくしてから捕獲するようなものである。悪蔽について止観を修めることもこれと同様である。悪蔽は魚であり、止観は釣餌であるが、もし魚がいなかったら、釣餌も使いようがないわけで、魚がいればいるほどよいということになる。そこに釣餌を下ろして、かかった魚を捨てることがなければ、その悪蔽も間もなく思いのままに処理することができるわけである。〔以上、本文の大意〕

俗諺でも「急《せ》いては事を仕損じる」という言葉があるが、何事も、即《つ》かず離れず、間合いをはかりながら、最後のつめが大切である。ことに事態が最悪な状況であると、正しい判断が下せず、手をこまねいて見ているか、思い切りすべてを投げ捨ててしまうかするものであるが、それではせっかくの素材も台無しということになろう。事態をよく見極めて、時と場所と状況に応じた智慧をはたらかせなければいけないことが知られる。

## 仏道のみが尊い

そこで次に、最悪の状況の中でもすてばちにならず、その人相応の修行の道を切り開かなければならないということを、四つの類型について論ずる。

(19c)問う。善は理を扶《たす》くれば止観を修すべし。悪は理に乖《そむ》く、いかんぞ止観を修せん。

答う。大論《だいろん》(12)に「根《こん》・遮《しゃ》(13)を明かすに四あり、一つには根《こん》が利にして遮《しゃ》なく、二つには根が利にして遮あり、三つには根が鈍にして遮なく、四つには根が鈍にして遮あり」と。はじめの句は、上品《じょうぼん》にして、仏世のときの身子《しんじ》等、これその人なり。行人が善法のなかにおいて止観を修すれば、善法を勤修するをもって、未来に遮なく、常に止観を習ってその根をして利ならしむ。もし過去にこの二義を具するは、今生《こんじょう》に薄く修してすなわち相応することを得て、観《かん》行《ぎょう》の位より、相似《そうじ》・真実に入る。(14)今生に入ることを得ざる者は、昔に二義なきも、いま善に約して修し、未来に疾《と》く入らしむ。つぎの句は、得道の根が利にして、罪を積み障の重きは、仏世のときの闍王《じゃおう》(15)や央掘《おうくつ》がその人なることを示す。逆罪(16)の遮《しゃ》は重く、まさに地獄に入るべきも、仏に見《まみ》え法を聞き、豁爾《かつに》として聖となる。根が利なるをもっての故に遮も障《さ》うること能わず。今時の行人が悪法のなかにおいて止観を修するは、すなわちこの意なり。悪を起すをもっての故に未来に遮があるも、止観を修するが故に後世には根は利なり。もし知識に遇えば輒《むちう》って正道に入る。いかんぞ悪法は理に乖《そむ》くといって肯《あ》えて止観を修せざらんや。

つぎに、根は鈍にして遮なしとは、仏世のときの周利槃特《しゅりはんどく》(17)がこれその人なり。三業《ごう》(18)に過なしといえども、根性はきわめて鈍く、九十日、鳩摩羅《くまら》の偈(19)を誦す。智者は身《しん》・口《く》・意《い》に諸悪をつくらず、念を繫げつねに現前して諸欲を楽著《ぎょうじゃく》せず、また世間の無益の苦行を受けず、今時は戒を持《たも》ち善を行ずといえども止観を学ばざれば、未来に遮はなきも、しかも道をさとることははなはだ難《かた》からん。

後の句は、すなわち一切の行悪の人なり。また止観を修せざる者がこれなり。止観を修せざるが故に道を得ず。根は鈍にして千遍ために説くとも兀然《ごつねん》として解せず、多く衆悪を造って遮障は万端なり。

(中略)

この義をもっての故に、善は理を扶《たす》くといえども道は止観に由り、悪は理に乖《そむ》くといえども根が利なれば遮を破す。ただ道のみこれ尊し、あに悪のためにしかも止観を廃すべけんや。

問う。善は道理に合うから止観を修めることができるが、悪は道理に合わないから止観を修めることはできないのではなかろうか。

答う。『大智度論』はこういっている。「宗教的な理解能力(根)と修行の障害となるもの(遮)との関係には次のような四種類がある。一つは、根も鋭く遮もない人、二つは、根が鋭いが遮がある人、三つは、根は鈍いが遮がない人、四つは根も鈍く遮もある人である」と。

最初の根も鋭く遮もない人は、すぐれた人で、釈尊が在世されたときの舎利弗《しゃりほつ》などはこのような人である。修行者が善い教えについて止観を修めれば、善い教えを行うことに努めるので、未来に修行の障害はなくなり、いつも止観を修めてその理解力を鋭利にすることができる。過去にこのようなことをしてきた人は、今ここで少し修行すれば相応の結果が現れて、観行の位から、相似の位・真実を知る位へといたることになる。今ここで実現しなかったとしても、また過去にこのような根・遮の義がなかったとしても、今、善について止観を修めるので、すぐ未来で実現することになる。

二番目の、根は鋭いが遮がある人は、さとりを得る能力は鋭いが、罪障を積み重ねている人であり、釈尊の在世時の阿闍世《あじゃせ》王や、央掘摩羅《おうくつまら》のような人のことである。五逆罪にふれるような罪悪が重い人で、地獄の世界に入るのが相応な人であるが、仏に出会い仏の教えを聞いて、来し方の過誤を知り、聖人になったのである。理解力が鋭いから障害になるようなものも修行を妨げることはできない。今、修行者が悪について止観を修めるのは正しくこのようなことである。悪を起こせば未来に障害となるが、止観を修めるから未来に理解力が鋭くなって、良友に出会えばみずからに鞭打って正しい道に入ることになるわけである。だから、悪は道理に合わないからといって止観を修めないようなことがあってはならない。

三番目の、根は鈍いが遮のない人は、釈尊当時の周利槃特《しゅりはんどく》のような人のことである。彼の行いは罪のないものであるけれども、その理解力は極めて鈍く、九十日が過ぎ鳩摩羅《くまら》の偈を唱えてやっとさとることができた。智慧がある人は己れの言動や心に悪いことをせず、いつも心を正して生活し、欲望を遂げようとしたりとらわれたりせず、また、世の中の意味のない苦行などはやらず、今、仏の教えを忘れず、善を行ったとしても、止観を学ぶことがなければ、未来に罪を犯すことはなくても、仏道をさとることは大変にむずかしいわけである。

最後の、根も鈍く遮もある人とは、悪をなすすべての人のことであり、また、止観を修めることがない人のことである。理解力が鈍く、たとえ千遍説いて聞かせてもかたくなに理解することができず、多くの罪悪をなして、無量の障害を生むことになる。（中略）このような意味で、善は道理にかなっていたとしても、仏道は止観によるのであり、悪は道理にかなわないとしても、止観による理解力が鋭くなれば仏道の障害は除かれることになる。尊ぶべきは仏道なのであり、罪悪のために止観の修行を捨てるようなことがあっては断じてならない。〔以上、本文の大意〕

二つの文章のなかで見るように、どんな悪も仏道を妨げるようなことはないといい、反面で、仏道はどのような悪も妨げるようなことはないとして、仏弟子たちの例を引きながら具体的に説明している。それは、人生のすべてが仏道において調う、否、仏道において調えなければならない、という智顗の強い信念を吐露したものとして注目される。

こういうふうに説くと、もしそういうことがあれば諸悪をなす方がむしろ仏道修行の近道であるということになりはしないかと考えて、悪の限りを尽くすというような例も生ずるはずである。

そのことを予想して、『摩訶止観』は、前でみた二つの文章の間に天和二年（五六七）に北周の廃仏政策を立案した衛元嵩《えいげんすう》の言動を非難し、それは悪魔の仕業であり、これは「仏法が滅するときの妖怪」であり、「時代の妖怪」であると言を極めて論断している。すなわち、悪は仏道を妨げることはないと説くのは、ひとえに仏の慈悲の教説なのであり、それは人間の欲望を手放しにすることではないという。

(19a)仏が貪欲すなわちこれ道と説きたもうは、仏は機の宜しきを見て、一種の衆生は底下、薄福にして、決《さだ》んで善のなかにおいて道を修すること能わず、もしその罪に任《まか》せば、流転してやむことなからんことを知り、貪欲において止観を修習せしむ。きわめて止むを得ざるが故にこの説をなしたもうなり。たとえば父母が子が病を得たるを見て、余の薬が宜しからざれば黄龍湯《おうりゅうとう》をもちい、歯を鑿《うが》ってこれを瀉《そそ》ぐに、服しおわって病が癒《い》ゆるがごとし。仏もまたかくのごとく、説けばその機に当たる。快馬は鞭の影を見てすなわち正路に到る。貪欲はすなわちこれ道なりとは、仏意かくのごとし。

仏が貪欲こそ仏道にほかならないと説かれるのは、仏が相手になにが一番いいかを考えてされたことである。一類の人は底下の幸い薄い人であることを知って、こういう人は絶対に善行によって仏道を修行することなどできないから、もしもそのように罪悪にまかせておけば、そこから脱出することは永久にできないだろうと考えて、その貪欲について止観を修行させるのである。やむを得ずにこのような説き方をしたのである。それはちょうど子供が病気になったのを見て、親が他の薬では救えないことを知って劇薬を使い、無理に歯をこじ開けて飲ませると、子供はこの薬を飲み下して病が治るようなものであり、仏がされたのもこれと同様のことである。そのように説けばこの人を救うことができるからにほかならない。駿馬は鞭の影を見ただけで正しい進路に向かうという。貪欲こそ仏道にほかならないと説く仏の真意はこのようなものだと知らなければならない。〔以上、本文の大意〕

仏が「貪欲がそっくりそのまま仏道となる」というのは、底下の幸い薄い一類の人々をそのまま放っておくことができず、どうにか一人だちさせようとして、緊急に与えた特効薬のようなもので、この教えを聞いて初めて正気に返ることができると説いている。

したがって貪欲が仏道であるという説は、断じて悪を勧めるのではなく、悪をどのように仏道に導くか、という課題に答えようとしたものであることが知られる。

# 八　修行のねらい

## ―菩薩の大果報を明かさん―

これまでのところは、十大章の第一大意章について、発心の段の文と、修行の段の文を読んだわけであるが、次にこのような修行が、何をねらい、どのようなところに行き着くのか考えてみたい。すなわち、大意章を構成する五略のうち、発心・修行に続く、感果・裂網・帰処の文がこの課題を解明する。

### 清浄の大果報

まず修行によって得られる果報について、『摩訶止観』はこう述べる。

(20a)第三に、菩薩の清浄の大果報を明かさんがための故にこの止観を説くとは、もし行が中道に違えば、すなわち二辺の果報あり、もし行が中道に順ずれば、すなわち勝妙の果報あり。たとえいまだ分段《ぶんだん》(1)を出でざるも、獲《う》るところの果報は、また七種の方便(2)と異なる。いわんや真の果報をや。

香城は七重にして橋津《きょうしん》は画のごとしとは、すなわちその相なり。この義は、後の第八重(3)のなかにありてまさに広く分別すべし。

問う。次第禅門《しだいぜんもん》(4)に明かす修証《しゅしょう》とこの果報とは、いかんが同異あるや。

答う。修は習行に名づけ、証は発得《ほっとく》に名づく。また修は習因に名づけ、証は習果に名づく。みな即生に獲べし。いま果報を論ずるは、隔てて来世にあり、これをもって異なりとなす。二乗はただ習果のみありて報果あることなし。大乗はともにあり。云々。


第三に、菩薩の清浄な大きな果報を示そうとして、『摩訶止観』を説くのである。止観の行が中道にしたがうと、空か仮のいずれかの果報ということになるが、止観の行が中道にかなうときは、まさに勝妙の果報を得ることになる。この世の寿命と身体に限定されている生き死にをまぬがれぬ生存であっても、止観の行によって得られる果報は、小乗のかりに説かれたさとりとは異なる。ましてや真実の果報は、さながら五百由旬のかなたにある衆香城のようで、七重に荘厳され、その園林浴池の光景は絵のように美しい。この点については、大章第八の果報章で委細に説くであろう。

問う。『次第禅門』では、相当個所で修証を示しているが、ここでは果報を示す。両者の間でなにか違いはあるのであろうか。

答う。修証の修は習い行う意であり、証はさとりを発得するという意である。また、修は習う因の意であり、証は習う果の意である。いずれの意味でも今生のこのいのちで得るものである。しかし、果報というのは、ずっと時間の観念が広く、来世にまで及ぶものである。この点が修証と果報という二語の相違するところである。小乗の修行は今生の証果を説くだけで、来世の果報を説くことはないが、大乗の修行では、今生の証果と同時に来世の果報を説くのである。〔以上、本文の大意〕

すでに文中で明らかなように、『摩訶止観』が説いているような仏道修行を実践する人は、それこそ大きな果報が手に入るのだという。俗諺では、「果報は寝て待て」などというけれど、『摩訶止観』が説くところにしたがえば、寝ていてはせっかくの果報も素通りしてしまう道理であるといわなければならないだろう。大きな果報は、発心・修行、発心・修行というふうに、日々にたゆみなく行われている修行のただ中で、たくまずに現れる、そういうものなのだといわなければならない。

はたして果報とはどのようなことなのか。それは中道のことわりが身につくということだと明言している。この中道のことわりは、言葉で説明しようとすれば、有と無の、空と仮の、いずれか一方に偏るようなことがない、空と仮の平衡がとれたことわりというほどのことになり、そのような中道のことわりに身心をまかせることが仏道修行にほかならないということになろう。『摩訶止観』はこれこそが大果報なのだというわけであるが、こういうものが果報なら、私たちがこれまで右往左往して探し求めていたものは、一体、何だったのであろうか。

一般的には、修行によって証果《さとり》を得るというふうに説いてあやしまないが、ここではそういう短いものさしを当てて考えてはいけないと念を押している。このことをいいかえれば、中道のさとりとはそのような中道の真実のことわりに促されて、どこまでも続けられていく修行のことなのであり、この修行に終わりはないということであろう。

天台教学では、「涅槃」と「大涅槃」の意味を分けて説く。すなわち、いわゆる「涅槃」は、歴史的な時間のなかで現れる仏のさとりであるが、「大涅槃」の方は、『法華経』「如来寿量品」で説かれているような、歴史時間を超えて、永遠に生きてはたらいている仏のさとりのありようを示す。ここでいう大果報とはちょうどこの大涅槃の意味と同じであろう。

永遠に尽きることがない仏のいのちに照らされ促されて、人もそのように終わりのないつとめを日々に行っていくのである。そういう修行のなかで、初めてこのような中道の大果報が感得されるのだといえよう。

## 仏の家の外にいる凡夫

智顗は臨終の枕辺で弟子に問われ、仏教者としての自分の生涯は五品《ごほん》弟子位で終わると告白している。五品弟子位というのは、(1)仏の教えを聞いて喜び（随喜品《ずいきほん》）、(2)仏の教えを読み（読誦品《どくじゅほん》）、(3)仏の教えを人に説き（説法品《せっぽうほん》）、(4)これに合わせて菩薩の布施《ふせ》・持戒《じかい》・忍辱《にんにく》・精進《しょうじん》・禅定《ぜんじょう》・智慧《ちえ》の六種の実践を行い（兼行六度品《けんぎょうろくどほん》）、(5)菩薩の六種の実践を完成させる（正行《しょうぎょう》六度品）という、このような五種の修行に従事するものという意味であり、天台の行位説では、仏の家の外にいる凡夫の位（外凡《げぼん》位《い》）とされている。

ついでにいうと、智顗の師の南岳慧思も生前みずからの仏教者としての境涯を告白して、自分は若いときから修行者たちの指導的な立場に立たされたために、六根清浄の位で終わったと明言している。六根清浄とは、眼根《げんこん》・耳《に》根・鼻《び》根・舌《ぜっ》根・身《しん》根・意《い》根の六つの知覚器官が浄化されたという自覚がある境涯のことで、天台の行位説では仏の家の内に入った凡夫の位（内凡位《ないぼんい》）とされている。六即の説でいえば相似即の位に相当する。

両者は、仏の家の中であるか、仏の家の外であるかの相違はあるが、共に凡夫の位としている点は興味深い。これには深いわけがあるのではないか。

このように智顗も慧思も凡夫の位で終わったといっているから、この人たちには仏のさとりはついに得られなかったのかといえば、それは違うだろう。智顗はむしろ、私たちがぼんやり夢想しているようなさとりなどは、実はさとりでも何でもなくて、単なる妄想でしかないといいたいのではなかろうか。それは後で『摩訶止観』に説かれる教説からも明らかになるであろう。五品弟子の凡夫の位で終わったと告白する智顗の心境は、それ以上でも、それ以下でもなかった己れの仏教者としての生涯に心から満足しているのである。仏の教えに導かれ、仏の教えを実践し、そういうものとして人々に仏の教えを勧めて過ごした智顗の生涯は、まさしく仏の弟子として、『法華経』の行者としてやるべきことをすべてやり終えたという、そういう真情を表現しているわけで、それは智顗の大往生の姿に全現している。

## 広大な教化

前のような果報を得た人が、実際にはどのようにはたらくのか、その効果はどのように現れるのか、ということを第四裂網で明示する。

(20b)第四に、大網《だいもう》を裂《ひら》きもろもろの経論《きょうろん》に通ぜんがための故にこの止観を説くということは、もし人あって善《よ》く止観を用いて心を観ずれば、すなわち内慧《ないえ》は明了にして、頓《とん》・漸《ぜん》の諸教(5)に通達すること、「微塵《みじん》を破して大千の経巻を出す」(6)がごとく、恒沙《ごうじゃ》の仏法を一心のなかに暁《あき》らむ。もし外に衆生を益し、機に逗《とう》じて教を設けんと欲せば、人の堪任《かんにん》するにしたがって彼に称《かな》えて説き、ないし成仏《じょうぶつ》して物《もつ》を化《け》するときは、あるいは法王となって頓漸の法を説き、あるいは菩薩となり、あるいは声聞《しょうもん》・天・魔・人・鬼の十法界(7)の像となって対揚し発起《ほっき》す。あるいは仏のために問われて広く頓漸を答え、あるいは機を扣《たた》いて仏に問い、仏が頓漸の法輪を答えたもう。この義は第九重(8)にいたってまさに広く説くべし。摂法(9)のなかにはまた略して示すのみ。

第四に、大いに自他の疑いを除く種々の仏の教えに通じようとしてこの『摩訶止観』を説くのであるが、人がこの止観を用いよく心を観るなら、内には智慧が明らかになり、仏のあらゆる教えに通ずることができ、小さな塵を破って大千の経典を出すかのように、ガンジス河の砂ほどの無数の仏の教えをこの心のなかで理解することができるようになる。さらに外には、人々を利益《りやく》し、その人に合った教えを説こうとすれば、人が理解できるようにその人に合った教えを示すことができる。

やがて仏のさとりを成就して衆生を教化するときは、仏となって諸種の教えを説き示し、あるいは菩薩となって、あるいは声聞や天上や修羅や人間や餓鬼などの十種の仏法の世界の像となって教えを示して利益する。あるいは仏から質問されて広く諸種の教えを回答するようなことがあり、あるいは縁に応じて仏に問い、仏が種々の教えを説いて答えられるというようなことになる。この点は、大章第九帰教章で詳細に説くつもりである。また、大章第四摂法章でも簡略に示すところがあろう。〔以

上、本文の大意〕

中道の大きな果報が得られれば得られたように、その効果や影響は自然に周囲に及ぶであろう。最初の発心において、仏のさとりの心を発すということは、自利・利他の心を起こすことにほかならないと明示していたように、利他の教化は、この世に出現された釈尊の一生の姿であったわけである。仏があらゆる世界に現れて教えを説き示されたように、大果報を体したものが人々を導いてやまないのは当然のことであろう。

## 修行の最終的なねらい

発心・修行・感果・裂網と説述してきたが、『摩訶止観』の修行論の最終的なねらいはどういうところに落ち着くのかということを、第五帰処として示す。

(20b)第五に、大処《だいしょ》の諸法は畢竟《ひっきょう》して空《くう》に帰するが故にこの止観を説くということは、それ膠手《こうしゅ》は著《つ》き易《やす》く、寐夢《びむ》は醒め難く、文を封じて意を斉《かぎ》り、みずから謂《おも》って是となし、競って瓦礫《がりゃく》を執って瑠《る》璃珠《りじゅ》と謂《おも》うがごとく、近き事も顕らかな語もなお識らず、いわんや遠き理、密の教えは、なんぞ惑わざるべけんや。この意のための故に、すべからく旨帰《しき》を論ずべし。

旨帰とは、文旨の趣くところなり。水が流れ海に趣き、火炎が空に向うがごとく、密を識り遠きに達して、稽滞《けいたい》するところなし。たとえば智臣が王の密語を解するがごとく、説く所あるを聞いてみなことごとく了知して一切智の地に到る。この意を得ればすなわち旨帰を解す。旨とは、みずから三徳⑽に向うなり、帰とは他を引《みちび》いて同じく三徳に入るなり、故に旨帰と名づく。また、みずから三徳に入るを帰と名づけ、他をして三徳に入らしむるを旨と名づく、故に旨帰と名づく。いまさらに総・別に旨帰を明かさば、「諸仏は一大事の因縁《いんねん》のために世に出現⑾」し、種種の像を示したまい、ことごとく衆生をして同じく法身《ほっしん》を見せしめ、法身を見おわって、仏および衆生はともに法身に帰す。また、仏は種種の法を説きたまい、ことごとく衆生をして如来の一切種智を究竟せしめ、種智を具しおわって、仏および衆生はともに般若に帰す。また、仏は種種の方便・神通《じんずう》・変化《へんげ》を現じたまい、もろもろの縛《ばく》をして解脱《げだつ》せしめ、一人をして独り滅度《めつど》を得せしむるのみにあらず、みな如来の滅度をもってこれを滅度せしめ、すでに滅度しおわれば、仏および衆生はともに解脱に帰す。大経《だいきょう》にいわく⑿、「諸子を秘密の蔵のなかに安置し、われもまた久しからずしてみずからそのなかに住せん」と。これを総相《そうそう》の旨帰と名づく。（中略）まさに知るべし、種種の相、種種の説、種種の神力《じんりき》は、一一みな秘密蔵のなかに入る。なん等かこれ旨帰なるや、旨帰はいずれの処ぞ、誰かこれ旨帰するや、「言語《ごんご》の道《どう》は断え、心の行く処は滅し⒀」、永く寂すること空のごとし、これを旨帰と名づく。第十重⒁のなかにいたってまさに広く説くべし。

第五に、大乗のことわりを示す教えはみな畢竟、空に帰着するからこの『摩訶止観』を説くのである。そもそも膠《にかわ》のついた手はベタベタとくっつき、まどろむ夢はさめにくく、文言にとらわれて意味がわからず、自分が考えたことが正しいのだと主張し、われがちに石ころを取ってこれが瑠璃《るり》珠だという始末であるが、近いことでも、明らかな言葉でも正しく知ることができないのであるから、遠い理や密かな教えが理解できるわけがない。

そういうわけで、このように最終的な主旨を明らかにするのである。すなわち「旨帰」というのは、文旨が行き着くところという意である。水の流れはすべて海に入り、火炎は上空に上るように、密かな教えや遠い理を理解し、渋滞するところがないようにするのである。智慧深い大臣が王のどんな密かな語の意味も正しく理解することができるように、仏の教えを聞いてすべてがよくわかり、仏と同じ智慧を共有するところに立つのである。この辺のことがわかれば旨帰の意義も理解できよう。旨とは、みずから仏のさとりに向かうこと、帰とは、他を導いて同じように仏のさとりに入らせることである。また、みずから仏のさとりに入るのを帰といい、他を仏のさとりに入らせるのを旨という。旨帰とはこれほどの意味である。

さらに旨帰について、総体的に、個別的に説明してみよう。総体的にいうと、仏たちはただ一つの大切な願いを実現するためにこの世に出現されたわけで、種々の姿を示され、それによって衆生に同じように仏の不滅の姿を見させ、衆生が仏の不滅の姿を見おわったところで、仏は衆生と一緒にさとりの不滅の姿に帰られる。また、仏は種々の教えを説かれ、すべての衆生に仏の自他を照らす智慧を究めさせ、衆生が仏の智慧をそなえたところで、仏は衆生と一緒にさとりの智慧に帰られる。また、仏は種々の手だてを現し、思いもよらぬ力を使い、千変万化して、すべての煩悩を解き放ち、一人だけにさとりを得させるというようなことはなく、仏のさとりの本当の姿を見せて、衆生がさとったところで、仏は衆生と一緒に仏のさとりに帰られるのである。『涅槃経』は「すべての子供たちを秘密

の蔵に安置し終わって、自分も一緒にそこに住もう」という。これは総体的な旨帰の義である。（中略）

このように、種々の仏の姿、種々の仏の教え、種々の仏の想像を超えたはたらきは、どれもこれも秘密の蔵の中に収まることになる。それなら一体、この旨帰はどのようなものであろうか、この旨帰はどこにあるのであろうか、旨帰とは一体、何であろうか。まさに、言語による表現の道は断たれ、心が及ぶところはなくなり、すべてがやんで空寂である、これほどのところを旨帰という。この点は、大章第十の旨帰章において詳細に説くつもりである。〔以上、本文の大意〕

ここでは、仏道修行が最終的にどのようなところに落ち着くのか、ということを示している。一大事の因縁があってこの世に出現された仏は、人々をみな教化し終わって、その人たちと一緒に、法身《ほっしん》（永遠のいのち）・般若《はんにゃ》（智慧）・解脱《げだつ》（自由）という、仏のさとりにそなわる功徳のなかに帰られたという点が大切であろう。子供たちを安全な場所に導いたら、自分も一緒にそこに住むという点である。これはいいかえると、私たちはいつも仏に見守られて、仏と同じ場所に住んでいるということであり、仏がおられる場所であってみれば、いついかなる時でも、どんな場所でも清朗な仏の風がそよいでいるということになるわけである。

以上で、十広の第一大意章における、発大心、修大行、感大果、裂大網、帰大処の五節の説を読み終える。

# 九　止観の意義

## ―空・仮・中のことわり―

『摩訶止観』十大章の第二釈名章では、「止観」とはどういう意味なのか、「止観」の語義が次のように解説される。

### 止観に三義あり

(21b)相待《そうだい》すれば、止観におのおの三義あり。止の三義は息の義、停《じょう》の義、不止に対する止の義なり。

息の義は、もろもろの悪の覚観《かくかん》、妄念、思想が寂然《じゃくねん》として休息《くそく》するなり。浄名《じょうみょう》にいわく(1)、「なにをか攀縁《はんえん》というや。三界《さんがい》(2)を縁ずるをいう。なにをか攀縁を息《や》むというや。心に所得なきをいう」と。これは所破について名《みょう》を得る。これは止息の義なり。

停の義は、心を諦理《たいり》に縁じ、念を現前に繋げ、停住《ていじゅう》して動かざるなり。仁王《にんのう》にいわく(3)、「入理の般若《はんにゃ》を名づけて住となす」と。大品《だいぼん》にいわく(4)、「不住の法をもって般若波羅蜜のなかに住す」と。

これは能止について名を得る。すなわちこれは停止の義なり。

不止に対してもって止を明かすは、語は上に通ずといえども、意はすなわち永く殊《こと》なれり。なんとなれば、上の両の止は、生死《しょうじ》の流動に対して、涅槃《ねはん》に約して止息を論じ、心を理の外に行じ、般若に約して停止を論ず。これは智・断に約して通じて相待を論ずるなり。いまは別して諦理《たいり》に約して相待を論ず。無明《むみょう》はすなわち法性《ほっしょう》なり、法性はすなわち無明なり。無明はまた止にあらず不止にあらざれどもしかも無明を喚《よ》んで不止となす。法性はまた止にあらず不止にあらざれどもしかも法性を喚んで止となす。これは無明の不止に待して法性を喚んで止となすなり。経《きょう》に[5]、「法性は生にあらず滅にあらざれども、しかも法性は寂滅なり」といい、「法性は垢《く》にあらず浄にあらざれども、しかも法性は清浄なり」というがごとし、これを不止に対して止を明かすとなすなり。

観にもまた三義あり。貫穿《かんせん》の義・観達《かんだつ》の義・不観に対する観の義なり。

貫穿の義は、智慧の利用《りゆう》が煩悩を穿滅するなり。大経《だいきょう》にいわく[6]、「利钁《りかく》をもって地を斲《けず》るに、盤《ばん》石《じゃく》砂礫《しゃりゃく》も、直《じき》に金剛に至る」と。法華《ほっけ》にいわく[7]、「高原を穿鑿《せんさく》して、なお乾燥《かんそう》の土を見るも、功を施すこと已《や》まざれば、ついに漸《ようや》く泥《でい》に至る」と。これは所破について名を得て、貫穿の観を立てるなり。

観達の義は、観智が通達して真如《しんにょ》に契会《かいえ》するなり。瑞応経《ずいおうきょう》にいわく[8]、「心を息めて、本源に達す、故に号《よ》んで沙門《しゃもん》となす」と。大論《だいろん》にいわく[9]、「清浄の心、つねに一なれば、すなわちよく般若を見る」と。これは能観《のうかん》について名を得て、故に観達の観を立てるなり。

不観に対する観は、語は上に通ずといえども、意はすなわち永く殊なる。上《かみ》の両の観はまた通じて生死《しょうじ》の弥密《みみつ》に対して貫穿を論じ、迷惑の昏盲に対して観達を論ず。これは通じて智・断に約して、相待して観を明かすなり。いまは別して諦理に約す。無明はすなわち法性なり、法性はすなわち無明なり。無明は観にあらず不観にあらざれどもしかも無明を喚《よ》んで不観となし、法性もまた観にあらず不観にあらざれどもしかも法性を喚んで観となす。経⑽に、「法性は、明にあらず闇にあらず、しかも法性を喚んで明となす。第一義空は、智にあらず愚にあらず、しかも第一義空を喚んで智となす」というがごとし、これを不観に対してしかも観を明かすとなすなり。この故に、止観はおのおの三義にしたがって名を得るなり。云云。

止と観の意味を相対的に定義すると、それぞれの語に三つの意味がある。

止の語は、⑴息《や》める意、⑵停《とど》める意、⑶不止に対する止の意がある。

⑴息める意は、さまざまな悪い知覚や妄念や思想のようなものをぴたりと止めるということである。『維摩経』は、「対象世界にとらわれるのはどういうことであろうか。それは欲望と物質と精神の三つの世界にとらわれることである。そういうことを止めるにはどうしたらいいのであろうか。それには心がなにものにもとらわれないように解き放つことである」という。これは処理されるものの面から定義するのである。

⑵停める意は、心の真実の道理を思い、現前する心をこの理につなげ、とどめて動かないことである。『仁王般若経』は、「理を知る智慧のことをとどまるというのである」といい、『大品般若経』は、

「文字通りにとどまるわけではないが、智慧の成就にとどまる」という。これは、とどめるもの（智慧）の面から定義するのである。

(3)不止に対する止の意は、その字義は上述したことと通じても、この意は全く違う。なぜなら上述の止の二義は、生き死にに迷う現実に対し、仏のさとりを望んでそれをやめることをいい、また、心の真実のことわりの外にはたらくのを智慧においてとどめることをいうので、いずれも智慧によって断ずべき惑という相対的な意味であった。

しかし、この不止に対する止の意は、真実のことわりそのものについて相対的な意味を明らかにしようとするのである。すなわち、無明がそっくりそのまま法性であり、法性はそっくりそのまま無明なのである。したがって無明は止めるとか止めないとかというようなものではないが、ひとまず無明を止《と》めないものと位置づけるのである。法性も同様に止めるとか止めないとかというようなものではないが、ひとまず法性を止《とど》めるものと位置づけるのである。これは無明の止《と》めないものに対して、法性を止《と》めるものと解するにほかならない。

『経』は、「法性は生じたり滅したりするようなものではないが、法性はすべてが静かに滅しているという」といい、「法性は汚れたものでも清らかなものでもないが、法性は清浄であるという」という。このような意味で、不止に対する止の意を示すわけである。

観の語義についても同様で、(1)貫穿の意、(2)観達の意、(3)不観に対する観の意の三義がある。

(1)貫穿の義は、智慧の鋭利なはたらきが煩悩を穿《うが》ち貫いて消滅させることである。『涅槃経』は、「鋭利な鍬《くわ》で土を掘ると、砂礫《されき》や大きな岩も貫いて、すぐに金剛石を掘り当てることができる」という。『法華経』は、「高原を掘り下げるとき、初めのうちは乾いた土ばかりであるが、掘り続けるうちにやがては湿った泥土に行きあたる」という。これは処理されるものの方から定義するのである。

(2)観達の意は、観《み》る智慧が通達して、真実にかなうことである。『瑞応経』は、「心をとどめて根本のことわりをさとるから、沙門という」という。『大智度論』は、「いつも清浄な心で変わることがなければ、智慧が実現する」という。これは、観る智慧の方から定義するのである。

(3)不観に対する観は、同じ観の語を使っても、その意味はまったく違う。上述した観の二義はいずれも、粗雑な生き死にの現実に対しこれを貫き穿《うが》つといい、迷妄に幻惑されているのに対してよく観て達《さと》るという。しかし、この不観に対する観の意は、上述の二義を前提にして、その上にさらに観の意味を明らかにしようとするわけで、とくにここでは真実のことわりについて示す。すなわち、無明はそっくりそのまま法性であり、法性はそっくりそのまま無明である。したがって無明は、観るとか観ないとかというようなものではないが、無明をひとまず観ないものとするのである。法性も同様に観るとか観ないとかというようなものではないが、法性を観るものとするのである。『経』は、「法性は、明るい暗いといえないものであるが、法性を呼んで明とする。第一義の空は、智《さと》い愚かといえないものであるが、第一義の空を智と呼ぶ」という。このような意味で、不観に対する観という。

こういうわけで、止と観の語義はそれぞれに三義が含まれていることになる。〔以上、本文の大意〕

この文章は、第二釈名章の最初の文章で、止と観の意味をとりあえず「相対的に説明」したものである。この文の後には、続けて、「絶待《ぜつだい》の止観」「異名を会す」「三徳に通ず」などについて説明がされ、「止観」の語義がこのような文字通りの解釈で終わるものではないことを明らかにしている。

しかし、ここでは従来、諸処で説かれていた「止・観」の語義をこのように三止・三観の意味に限定した点を評価しなければいけない。たとえば、第四禅を止観均等の禅定と説き、また、『六妙門』で、数息《すそく》・随意・止息・観息・還息・浄息と示される止観の説や、『楞伽経』や『大乗起信論』などで、禅定（止）と智慧（観）を合わせて「止観」の一行として示す説などの伝統的な「止観」の語義が、『摩訶止観』でこのように示されてみると、従来の暗黙の理解は一新されて、きわめて象徴性の高い、普遍的な意味が付与されていることが知られる。

## 円頓の止観とは何か

さて『摩訶止観』十大章の第三体相章では、『摩訶止観』が説く止観は「円頓の止観」であることが明示され、そのような「円頓の止観」そのもののありようがどういうものであるのか説明している。

(24a)巧度《ぎょうど》の止に三種あり。一つには体真《たいしん》の止、二つには方便随縁《ほうべんずいえん》の止、三つには息二辺分別《そくにへんふんべつ》の止なり。一に体真の止は、「諸法は縁より生ず、因縁は空にして主なし、心を息めて本源に達す、故に号《よ》んで沙門《しゃもん》となす[11]」と。因縁は仮に合し、幻化《げんけ》にして性は虚なりと知るが故に、名づけて体となす。攀縁《はんねん》の妄想は空を得てすなわち息む。空はすなわちこれ真なり。故に体真の止という。二に方便随縁の止は、もし三乗[12]が同じく無言説の道をもって煩悩を断じて真に入るに、真はすなわち異ならざるも、ただ煩悩と習とに尽と不尽ありというのみ。二乗のごときは真を体すれば方便を須《もち》いざるも、菩薩は仮《け》に入りまさに行用《ぎょうゆう》すべし。空は空にあらずと知るが故に方便といい、薬と病を分別《ふんべつ》するが故に随縁といい、心を俗諦《ぞくたい》に安んずるが故に名づけて止となす。経にいわく、[13]「動くも止まるも心は常に一なり」と。またこの意を証することを得るなり。

三に息二辺分別の止は、生死《しょうじ》の流動《るどう》と涅槃《ねはん》の保証は、みなこれ偏行、偏用《ゆう》にして、中道に会《かな》わず、いまは俗は俗にあらずと知れば俗の辺は寂然《じゃくねん》たり、また非俗も得ざれば空の辺も寂然なるを、息二辺の止と名づく。

この三止の名は、いまだ経論に見えずといえども、三観《がん》に映望して義にしたがって名を立つ。釈論にいわく、[14]「菩薩が経教に依《よ》り随《したが》って、ために名字《みょうじ》をつくるを、名づけて法施《ほうせ》となす」と。名を立てるに咎《とが》なし、もしよく経を尋ねて名を得れば、すなわち懸《はるか》にこの義に合せん。（中略）

つぎに観の相を明かせば、観に三種あり。従仮入空《じゅげにっくう》を二諦《にたい》の観と名づけ、従空入仮《じゅぐうにっけ》を平等の観と名づけ、二観を方便道として中道に入り、双《なら》べて二諦を照らすことを得て、心心が寂滅して自然《じねん》に薩婆若《さつばにゃ》[15]海《かい》に流入《るにゅう》するを、中道第一義諦《ぎたい》の観と名づく。この名は瓔珞経《ようらくぎょう》[16]に出ず。

いうところの二諦とは、仮《け》を観ずるを入空《にっくう》の詮となし、空は詮に由って会《え》す、能《のう》・所《じょ》を合わせ論ずるが故に二諦の観という。また空に会するの日は、ただ空を見るのみにあらず、またまた仮を識る。雲が除き、障を発《ひら》けば、上《かみ》顕われ、下《しも》明らかなるがごとし。真に由って仮《け》が顕われ、この二諦の観を得る。いまは仮に由って真に会す。なんの意か二諦の観にあらざらん。また俗はこれ所破、真はこれ所用なり。もし所破にしたがえばまさに俗諦《ぞくたい》観というべく、もし所用にしたがえばまさに真諦《しんたい》観というべし。破と用を合わせ論ずるが故に二諦の観という。（中略）

従空入仮《じゅぐうにっけ》を平等の観と名づけるは、もしこれ空に入らば、なお空のあるべきなし、なんの仮にか入るべきや。まさに知るべし、この観は衆生を化《け》さんがために、真は真にあらずと知って方便して仮に出るが故に従空《じゅぐう》といい、薬と病を分別してしかも差謬《しゃびゅう》なきが故に入仮《にっけ》というなり。平等とは、前に望めて平等と称す。前の観は、仮の病を破すれば仮の法を用いず、ただ真の法を用う、一を破して一を破せざれば、いまだ平等となさず。のちの観は、空の病を破して、かえって仮の法を用い、破と用とすでに均《ひと》しく、異時をあい望むが故に平等というなり。（中略）中道第一義の観は、前に仮の空なることを観ずるは、これは生死《しょうじ》を空じ、のちに空の空なることを観ずるは、これは涅槃を空じ、双べて二辺を遮す。これを二つの空観を方便道となして中道に会することを得ると名づく。故に心心が寂滅して薩婆若海《さつばにゃかい》に流入すという。また、初めの観は空を用い、後の観は仮を用い、これを双べ存して方便とし、中道に入るとき、よく二諦を双べて照らす。

止のすぐれた語義は、⑴体真の止、⑵方便随縁の止、⑶息二辺分別の止の、三義である。

⑴真実を体する止の意は、「すべてのものごとは因縁によって生じている。因縁によって生じたものは空であり、実体のないものである。心を静めて根本のことわりをさとるから、この人を沙門というのである」。因縁が仮りに合わさっているのであり、あると思っているものも夢幻のように実体のないものであると知ることが「体する」意であり、そのようにして、あるものにとらわれる妄想も、これは空であると知ってやむのである。したがって空であるということが「真実」にほかならない。これが真実を体する止の意である。

(2)方便して縁に随《したが》う止の意は、三種の人の仏教理解の立場は、同じように言説を超えた仏道によって煩悩を断じて真実に入るわけであるが、いずれも真実には違いないが習性化した煩悩が尽きたか尽きていないかの違いがあり、また、二乗の人は真実を体するとそれで終わり方便を用いることはないが、菩薩たちは利他行に転じて方便を用い行うことになる。真実の空は空にとどまらないと知るので、この辺を「方便」といい、病と薬をよく理解するから「縁に随う」といい、心が世俗の真実に安んずる辺を「止」という。『経』は、「動いても止まっても心はいつも静かで変わらない」という。この文も同様のことをいうのである。

(3)二辺の分別が息《や》む止の意は、生き死にの流動と、仏のさとりの保証とのいずれかに偏向すれば、中道からはずれてしまう。ここでは、世俗のことは単なる世俗のことではないと知るので、世俗のことで煩わされることがない。また世俗のことではないことにとらわれるようなこともないので、世俗のことを空じようとする心に煩わされることもない。これを有（俗）と空（真）の二辺がやんだ止という。

この三種の止の語義は、経論のなかにはないが、次の三種の観の語義と対照すれば当然成立する意味である。『大智度論』は、「菩薩が仏の教えによって適切な言葉を語るなら、それは仏の教えを説くことになるのである」というから、新しい言葉を使っても責められることはないだろう。仏の教えをたずねて言葉を探してみれば、きっとこのような止の三義になろうと信ずる。

次に、観についてみると、観も止と同様に三種の意味がある。すなわち、(1)従仮入空の二諦の観、(2)従空入仮の平等の観、(3)前の二種の観を方便道として中道に入り、二諦をともに照らし、心がみな静まって自然に大きな仏の智慧に入ることになる、中道第一義諦の観である。これらの語は『瓔珞《ようらく》経《きょう》』に説かれている。

(1)二諦の観の意は、仮を観ずることが空のことわりを知る方法であるので、空のことわりはこの方法によって知ることになる。このように、仮を観ずることと、この方法によって知られる空のことわりを合わせて、二つの真実を観るという。また、空のことわりを真実、知るときは、単に空であるということを知るだけでなく、仮であることを知るので、それはたとえてみれば、雲が除かれ障害物がなくなると、天上が顕われると同時に、天下も明らかになるようなものであって、空の真実を知ることによって、仮の真実も知られることになるわけである。これが二つの真実を観るということである。今ここにいう仮によって空にかなうことは、二つの真実を観ることにほかならないわけである。また、世俗は破されるものであり、空の真実はそれを破すものであるから、破されるものについていうと世俗の真実を観るということができ、破すものの方からいうと空の真実を観るということができるから、この二つの意味を合わせて、二諦を観るという。

(2)空から仮に入るのを平等の観という意は、空に入れば空はなく、したがって入るべき仮もない道理であるが、この観は衆生を教えるために、空ではないことを知り、方便によって仮に出るから「空から」といい、病と薬を正しく知り間違えるようなことがないので「仮に入る」というのである。平等というのは、前の二つの真実を観る意に対している。二つの真実を観る意は、仮の病を破すだけで、仮の教えを用いることはなく、ただ空の真実の教えだけを用いるので、仮を破して空を破さないので平等とはいえなかったが、この観では、空の病を破して、かえって仮の教えを用いるから、破るのと用いるのが同時であり、明らかに前の観と異なるので平等という。

(3)中道の第一義の観の意は、初めに仮が空であることを観て、生き死にの現実は空であると知り、次に、空であるということも空であると観るのは、これは煩悩を滅するということも空じるので、これは生死と涅槃の二辺を離れる。このように仮を空じ、空を空ずることを方法として中道を知ることになるわけで、心はみな静まり大きな仏の智慧に入ることになる。また、初めに空を観て、次いで仮を観て、この二つを観ることによって中道に入れば、ともに空・仮の二つの真実を照らすことになる。

〔以上、本文の大意〕

すなわち、止の三義は、(1)体真の止は空、(2)方便随縁の止は仮、(3)息二辺分別の止は中ということになり、観の三義は、(1)従仮入空の二諦の観が空、(2)従空入仮の平等の観が仮、(3)中道第一義諦の観が中ということになって、止(禅定)観(智慧)がともに、空・仮・中の三諦の理によって成立することが明らかになる。

要するに、『摩訶止観』が説く「円頓の止観」は、空・仮・中のことわりに照らされた三止・三観の意味となり、この三止・三観を実践することによって、空・仮・中のことわりが一層、まぎれもない真実として体認できることになるわけである。

# 十　修行生活の諸要件

## ―一つには五縁を具え―

前五章で「円頓の止観」の正当性とその根拠を理論的に究明した後で、第六方便章からは、いよいよ修行の問題に入る。

第六方便章では、実際に仏道を修行するに際して留意すべき点を、五類型に分類し、都合、二十五種の要件を数え上げるので、一般にはこの段を「二十五方便」などと通称する。

### 遠の方便

仏道修行の場面で実際に問題になることを、ここでは周辺の問題（遠の方便）として、次のように整理している。

(35c)いま、遠《おん》の方便を釈するに、略して五となす。一つには五縁(1)を具《そな》え、二つには五欲(2)を呵《か》し、三つには五蓋《がい》(3)を棄《す》て、四つには五事(4)を調え、五つには五法(5)を行ず。

「それ道は孤《ひと》り運ばず、これを弘《ひろ》むるは人にあり」(6)。人が勝法を弘むるには縁を仮《か》りて道を進む、所以《ゆえ》にすべからく五縁を具うべし。縁力すでに具うれば、まさにもろもろの嗜欲《しよく》を割《さ》くべし。嗜欲を外に屏《のぞ》かば、まさに内にその心を浄《きよ》むべし。その心もし寂すれば、まさに五事を調試すべし。五事を調えおわらば、五法を行じて必ず所在にいたらん。たとえば陶師が、もし器を得んと欲せば、まず良き処を択《えら》び、砂なく鹵《しお》なく、草や水が豊かで便なるところに作る所を立つべし。つぎに余の際務を息む、際務が静かにならざればいずくんぞ功を就《な》すことを得ん。外の縁を息むといえども、身の内に疾《やまい》あらばいかんぞ執作せん。身は康壮なりといえども、泥・輪が調わざれば器物は成らず。上の縁が整うといえども、業を専らにせず、廃して相続せざれば、永く理を弁ずることなきがごとし。

止観の五縁も、またまたこのごとし。有待《うたい》の身は必ず資籍《しじゃく》を仮《か》ること、かの好き処のごとく、塵欲を呵《か》し厭《いと》うは、外の縁を断つごとく、五蓋を棄て絶つは、内の疾《やまい》を治すごとく、五事を調適《じょうじゃく》するは、輪縄《りんじょう》を学ぶごとく、五法を行ずるは、作《な》して廃せざるがごとし。世間の浅事すら縁にあらざれば合《かな》わず、いかにいわんや出世の道をや。もし弄引《ろういん》なくんばなんぞ階《およ》ぶべきこと易《やす》からん。故に二十五法を歴《へ》て、事に約して観をなし、麁《そ》を調えて細に入り、散を検《けん》して静ならしむ。故に止観の遠の方便(7)となすなり。

いま、仏道修行に入るにあたって注意しなければならない諸点を列挙すると、だいたい次の五種である。一つは五縁を具えること、二つは五欲を制御すること、三つは五蓋を除くこと、四つは五事を調えること、五つは五法を行ずることである。

そもそも仏道は自然に成るようなものではない、仏道を弘めるのは人である。人がすぐれた仏の教えを弘めようとすれば、相応の縁によって仏道に入ることになるわけである。だからまず五縁をそなえるようにしなければいけない。五縁の力がそなわると、次には諸種の嗜欲を落とすようにしないといけない。外に向かう欲が除かれると、今度は内に向けて心を清めないといけない（五蓋）。その心が静まれば、今度は五つのことを調えるようにするのである。五つのことが調ったら、次に五つの留意点を行ずると、必ず仏道修行はしかるべく成就するに到るであろう。

上述の二十五種の要点はたとえてみれば、このようなことである。陶芸家が、茶器を作ろうとすれば、まず最適な場所を見つけ、砂や塩分が入っていない良質な土が得られ、燃料になる草木が手に入りやすい場所を選定するはずである。

次に、作陶以外の日常の雑事をやめ、環境を調える。雑事に追われていたら、意匠通りの陶器を作ることなどできないからである。外の条件が調っても、身の内に疾患があったら作陶にかかることはできない。体は健康で丈夫であっても、ろくろの調子や技術がそなわらないと器物に成らない。このような条件が全部満たされたとしても、作陶の仕事に専念できず、途中で投げ出すようなことになれば、永久に事が成就することはないようなものである。

止観を修行するにあたって点検すべき五種の条件もこれと同様である。単独では存在することはできないこの身体は、必ず相応の環境や条件を必要とするが、それはちょうど陶芸家が最適な場所を必要とするようなものである。外界の五種の欲望を制御するのは、外の雑事をやめるようなものである。

五蓋を棄ててしまうのは、内の疾患を治すようなものである。また五事をきちんと調えるのは、ろくろの技術を習うようなものである。五法を行ずるのは、作業に入ったら最後までやりとげるようなものである。世の中の普通の仕事でも条件がそろわなければ成しとげることはできない。ましてや出世間の仏道修行ではなおさらのことであろう。このような条件を点検することがなかったら、仏道修行を進めることなどできない。

そういうわけで、順次、二十五種の教えについて、それぞれについて止観を行じ、大きな問題から小さな問題へと集約して散乱の心を静寂の心へと導くので、これらの二十五種の教えを遠い方便の止観と呼ぶ。〔以上、本文の大意〕

本来は成立背景が異なる五種の教説を、このように作陶の例に重ねて、「二十五方便」の説に組織化した智顗の創見を評価しなければならない。各教説の位置づけとその意義、教説相互の関係なども実に丁寧に綿密に解説されていて遺漏がない。

### 上品の清浄、究竟の持戒

第一類の修行生活にあたって点検すべき五つの要件は、(1)持戒して清浄であること、(2)衣と食をそなえること、(3)静かな処に閑居すること、(4)生活の雑務をやめること、(5)よい友だちを得ることである。

まず、持戒して清浄であることという要件については、「戒とは何か」「持戒とは何か」「犯戒とは何か」「懺悔の仕方」の四項について説明する。ここでは「持戒とは何か」を説明する一文を読んでみよう。

(37a)理観の観心で持戒を論ぜば、つぶさによく上の十戒(8)を持《たも》ち得るなり。まず十戒を束ねて四意となす。前の四戒は、ただこれ「因縁所生《いんねんしょしょう》の法」なれば、通じて観境となす。つぎの二戒は、すなわちこれ「因縁生の法はすなわち空なり」と観ずる空観の持戒なり。つぎの両戒は、「因縁生はすなわちこれ仮《け》なり」と観ずる仮観の持戒なり。つぎの両戒は、「因縁生の法はすなわちこれ中なり」と観ずる中観の持戒なり。

いうところの心は因縁生の法なりと観ずるは、もし一念の心を観ずるに、悪の縁より起るはすなわちよく根本を破し、ないし、不雑戒《ふぞうかい》を破す。善と相違するが故に名づけて悪となす。いまは善に順《したが》う心をもって悪の心を防止し、よく根本、ないし、不雑等の戒をして、善に順い成就して毀《き》損《そん》なきことを得せしむが故に善の心を称して名づけて防止となす。悪の心すでに止めば、身・口もまたしかり。防はすなわちこれ止める善、順はすなわち行う善なり。行う善はすなわちこれ観、止める善はすなわちこれ止なり。これを因縁所生の心を観じて四種の戒を持つと名づけるなり。つぎに善悪の因縁所生の心はすなわち空なりと観ずるは、金剛般若《こんごうはんにゃ》にいうがごとし(9)。「もし法相を見るものは、我・人・衆生・寿者に著《じゃく》すと名づく。もし非法相を見るものは、また我・人・衆生・寿者に著す。法相を見ず非法相を見ず、筏《いかだ》の喩《たとえ》のごとき者なり。法もなおまさに捨つべし、いかにいわんや非法をや」と。故に知んぬ、法と非法の二つはみな空寂なるを、すなわち持戒と名づけるなり。いま法というは、ただ善悪の両心、仮実《けじつ》の法なり。もし善悪の仮名《けみょう》ありと見れば、すなわちこれは我・人・衆生・寿者に著す。もし善悪の実法を見れば、またこれは我・人・衆生・寿者に著す。いうところの非法相とは、もし善悪の仮名はこれ無なりと見れば、またこれは我・人・衆生・寿者に著す。もし善悪の実法はこれ無なりと見れば、また我・人・衆生・寿者に著す。なにをもっての故ぞ、無によって見を起すが故なり。まさに著すべからず。ないし、非有《ひう》非無《ひむ》によって見を起すも、みな我・人・衆生・寿者に著すと名づく。このごとき等の法と非法とは、みなすなわちこれ空なりと観ず。この観によるが故によく無漏に順じて有・無の六十二見(10)を防止す。故に随道戒《ずいどうかい》と名づく。もしこの観を重慮し思惟が純ら熟して、縁に歴《へ》て境に対し、一切の色声においてみなことごとくすなわち空なれば、無著戒《むじゃくかい》と名づく。思惑を防止し、よく真諦《しんたい》に順ず、これを因縁の心はすなわち空なりと観じて二種の戒を持つと名づけるなり。

つぎに、因縁の心はすなわちこれ仮なりと観ずるは、心は心にあらず、法もまた法にあらずと知って、しかも永く非心非法に滞らず、道種の方便をもって無所有のなかに心を立て法を立て、もろもろの心数《しんじゅ》の法《ほう》を抜き出して衆生を導利するを、智所讃《ちしょさん》となす。広く無量の心・法を分別すといえども、ただ名字のみあり、虚空の相のごとく、愛著を生ぜず、惑相に拘《かか》わらざるを、名づけて自在《じざい》となす。このごときの仮観は、無知を防止し、よく俗理に順ず。防の辺に止を論じ、順の辺に観を論ず。すなわちこれ仮観が両戒を持つなり。

つぎに、因縁生の心はすなわち中《ちゅう》なりと観ずるは、心性を観ずるに畢竟《ひっきょう》寂滅なり、心はもと空なるにあらず、またまた仮なるにあらず、仮にあらざるが故に世間《せけん》にあらず、空にあらざるが故に出世間《しゅっせけん》にあらず、賢聖《げんしょう》の法にあらず、凡夫《ぼんぷ》の法にあらず、二辺が寂静なるを名づけて心性となし、よくこのごとく観ずるを名づけて上定《じょうじょう》となす。心がこの定にあらば、すなわち首楞厳《しゅりょうごん》(11)にしてもと寂にして動ぜず、双《なら》べて二諦を照らしてもろもろの威儀を現ず、このごとき定にしたがえば具足せざることなし。このごとき観心は、二辺の無明の諸悪を防止して、よく中道一実の理に順ず。防の辺に止を論じ、順の辺に観を論ず。これはすなわち中にして両戒を持つと名づけるなり。故に梵網《ぼんもう》にいわく、(12)「戒を大乗と名づけ、第一義光と名づく。青《しょう》・黄《おう》・赤《しゃく》・白《びゃく》にあらず。戒を名づけて孝となし、孝を名づけて順となす」と。孝はすなわち止の善、順はすなわち行の善なり。「このごとき戒は、本師の誦《じゅ》するところにして、われもまたこのごとく誦す」と。まさに知るべし、中道の妙観は戒の正体なり。上品《じょうぼん》の清浄、究竟の持戒なり。

理《ことわり》を観ずる観心の立場で戒を持つことについて示すと、観心によって上述した十種の戒を十分にたもつことができるのである。まずこの十種の戒は、次のように四つの意味にまとめることができる。初めの不欠戒と不破戒と不穿戒と不雑戒の四つの戒は、因縁によって生じた戒として観ることができるのである。

次の随道戒と無著戒の二つの戒は、因縁によって生じた戒は空であると観る、空を観る持戒である。さらに次の智所讃戒と自在戒の二つの戒は、因縁によって生じた戒は仮であると観る、仮を観る持戒である。

次の随定戒と具足戒の二つの戒は、因縁によって生じた戒は中であると観る、中を観る持戒である。どういうことかというと、因縁によって生じた戒と観るのは、もし一念の心を観じてみて、それが悪の縁から起こっているなら、それは根本の戒を犯し、ないし不雑の戒を犯しているのである。善に相違しているから悪といい、善に順《したが》う心で悪の心を防ぎ止めれば、根本の戒、ないし不雑などの戒を、善に順って成就させ、損傷がないようにすることができるのである。悪の心が止むと身も口も止むのである。防ぐのは止める善であるし、順うのは行う善である。行う善は観であり、止める善は止にほかならない。これが因縁より生じた心を観て四種の戒を持つということである。

次に、善と悪の因縁によって生じた心は空であると観るのは、『金剛般若経』で説くようなことである。教えの文字面を見る人は、自分とか、他人とか、大衆とか、長命・短命とかにとらわれている人である。教えの文字面にとらわれないで見る人も、同様に自分や他人、大衆、長命短命とかにとらわれている人である。教えの文字面を見ず、また教えの文字面にとらわれないで見るということもなく、必要なときには筏を使うが、不用になったら置いていくように、教えも不用になったら捨てなければならないのであり、教えでないものであれば勿論のことである。だから、教えも教えでないものも、いずれも空であることが知られるのであり、このように知ることが空の持戒である。

いま教えというのは、善悪の心にかりにある教えにすぎない。もし善悪のかりの教えがあると見るなら、それは自分・他人・大衆・寿命の長短などにとらわれることである。また、教えでないものというのは、もし善悪のかりの教えはないものであると見るなら、これも自分・他人・大衆・寿命の長短などにとらわれるものである。また、善悪の実体はないものであると見る人も、同じように、自分・他人・大衆・寿命の長短にとらわれるのである。

なぜかというと、無《ない》ということで間違った考えを起こすことになるからで、このような考えにとらわれてはいけない。ないし、有《ある》のでも無《ない》のでもないということで間違った考えを起こすのも、自分・他人・大衆・寿命の長短にとらわれることである。このような教えと教えでないもののすべてが空であると観るのであり、このように観ることによって仏のさとりの教えに順《したが》うことになり、有《ある》・無《ない》をめぐる六十二種の誤った考えを防ぎ止めることになるので、これを随道戒というのである。もしこのようにあれこれと熟慮して観じ、思惟をこらして、修行の場面場面で、知覚の対象について、すべての色や声などがみな空であると知ることができれば、これは無著戒である。

次に、因縁によって生ずる心は仮であると観れば、その心は文字通り心ではなく、教えも文字通り教えではないと知り、しかも心ではない、教えではないという思いからも自由になって、修行によって明らかになった方法によって、とらわれのない心、とらわれのない教えを示し、さまざまの心を含んだ教えを提示して人々を導き利益するのが、智所讃戒である。広く無量の心と教えを分別したとしても、ただそのような言葉があるだけで虚空のようであり、愛著を生ずるようなことはなく、迷惑するようなことがないから、自在戒という。

このような仮の観は、無知でいることを防ぎ止め、世俗の理に順ずることになる。防ぐ辺は止であり、順う辺は観であって、これが仮の観が二つの戒を持つことになるのである。

さらに、因縁によって生じた心は中であると観るのは、心の本性を観じてみると畢竟、なにもない。心はそのように空であるのでも、仮であるのでもない。仮であるのではないから世間があるのではなく、空であるのではないから出世間があるのでもなく、賢者聖人の教えがあるのでも、凡夫の教えがあるのでもなく、このような二辺がないのが心の本性なのである。こういうふうに観るのをすぐれた禅定《ぜんじょう》という。心がこの禅定にあるなら、それは首楞厳定《しゅりょうごんじょう》が静寂で動ずることがなく、空と仮の二つの真実をともに照らし、種々の言動を現すことになるので、こういう禅定にしたがうときは、どのような戒も具足しないようなことはない。

このような観心は、二辺の根本の無知による諸悪を防ぎ止め、中道の唯一の真実のことわりに順《したが》うことになる。防ぐ辺が止であり、順う辺が観であり、これは中を観じて二つの戒を持つことである。だから『梵網経』は、「戒を大乗といい、第一義の光という。それは青・黄・赤・白などの光ではない。戒を孝といい、孝を順うというのである。孝は止の善にほかならず、順うのは行の善にほかならない。「このような戒を、仏は読誦されたのであり、自分もまたそのように読誦する」という。

以上述べたように、中道の妙を観ずるのが戒の正体であるということがわかる。これが最もすぐれた清浄で究極の持戒である。〔以上、本文の大意〕

一般に、戒とか、戒律などといえば、悪いことはしてはいけない、善いことをしなければいけないというような禁止や奨励の条項に関する教え（律）、あるいはそれを自覚的に理解すること（戒）というふうに解するのが普通であるが、ここで智顗が強調していることは、その戒律を実践する修行者の精神こそが問題だということである。ここでは単に戒律を遵守しているか、違犯しているかというような問題を超えて、どうしたら仏の遺誡を十分に実践することができるかというような問題に踏み込んでいる。そういう問題を、智顗は、『大智度論』で説く十種戒の戒義によって、これにさらに観心の解釈を加え、最終的には「中道の妙理を観ることが戒の根本である」と鮮明に結論づけている。

大いに注目すべき点であろう。後世、わが国の最澄は、このような天台教学の戒律思想にもとづいて、比叡山に大乗の教えを実践する専門道場を開設することになるわけであるが、大乗の教えを実践する菩薩には、大乗の菩薩戒こそがふさわしく、二百五十戒の各条項を守っているかどうかを厳密な意味で反省することのない小乗の戒律はふさわしくない、と判断するにいたった。これが最澄が創唱した単授菩薩戒の理論的な根拠である。

# 十一　懺悔の仕方

## ―十種の心を用いて悪法を翻除すべし―

持戒して清浄であるべき修行生活が、もしも仏の教えに抵触するような事態になったときはどうしたらいいのか。そのような事態を悔い改める方法を、『摩訶止観』は十種の懺悔法として示している。

### 十種の心を用いて懺悔す

(40a)いま懺悔(1)せんと欲せば、まさにこの罪の流に逆らい、十種の心を用いて悪法を翻除《ほんじょ》すべし。まず、正しく因果は決定《けつじょう》して孱然《せんねん》(2)たることを信ず。業種は久しといえども久しく敗亡せず、ついにみずから作《な》して他人が果を受けることなし。精《くわ》しく善悪を識《し》り疑惑を生ぜず。これを深く信じて一闡提《せんだい》(3)の心を翻破《ほんぱ》すとなす。

二つには、みずから愧《は》じて剋責《こくしゃく》す。鄙極《ひごく》の罪人は、羞《はじ》なく耻《はじ》なくして畜生の法を習い、白浄《びゃくじょう》の第一の荘厳を棄捨す、拙《つたな》きかな、鉤《く》なくしてこの重罪を造る。天はわが屏《かく》せし罪を見る、この故に天に慚《は》ず。人はわが顕わなる罪を知る、この故に人に愧《は》ず。これをもって無慚《ざん》無愧《き》の心を翻破す。

三つには、悪道を怖畏す。人の命は無常なり、一息追わざれば千載に長く往《ゆ》く。幽途《ゆうず》(4)は、綿邈《めんみゃく》(5)として、資糧あることなく、苦海は悠深にして、船筏もいずくにか寄らん。賢聖は呵棄《かき》して恃怙《じこ》するところなし。年事はいよいよ去りて風刀も奢《ゆる》からず、あに晏然《あんねん》として坐して酸痛を待つべけんや。譬《たと》えば野干《やかん》(6)が耳や尾や牙を失いつつ詐《いつわ》り眠りて脱《のが》れんことを望みたるも、忽《たちま》ちに頭を断つと聞いて心は大いに驚怖するがごとし。生・老・病に遭うもなお急なりとなさざるも、死の事は奢《ゆる》からず、なんぞ怖れざることを得んや。怖れる心が起るときは、湯や火を履《ふ》むがごとく、五塵や六欲(7)も貪染《とんぜん》するに暇あらず。阿輸柯王《あゆかおう》(8)が旃陀羅《せんだら》が朝な朝なに鈴を振って、「一日がすでに尽きぬ、六日にしてまさに死すべし」というを聞いて、五欲ありといえども、一念の愛もなかりしがごとし。行者《ぎょうじゃ》は怖畏して苦到《ねんごろ》に懺悔し、身命を惜しまざること、かの野干《やかん》の決して絶するがごとく、思念するところなきこと、かの怖れる王のごとくせよ。これをもって悪道を畏《おそ》れざるの心を翻破するなり。

四つには、まさに発露《ほつろ》して瑕疵《かし》を覆うことなかるべし。賊毒の悪草は急にすべからくこれを除くべし。根《ね》が露《あら》われれば條《えだ》は枯《か》れ、源が乾けば流は竭《つ》く。もし罪を覆蔵すればこれ不良の人なり。迦葉《かしょう》の頭陀《ずだ》(9)は大衆《だいしゅう》のなかにして発露せしむ、方等《ほうどう》(10)には一人に向って発露せしむ。その余の行法はただ実の心をもって仏像に向って改革《あらた》めしむ。陰隠に癰《よう》あるに覆い諱《かく》して治さざればすなわち死するがごとし。これをもって罪を覆蔵する心を翻破《ほんぱ》するなり。

五つには、相続の心を断つことは、もし決果を断奠《だんてん》(11)して、故《ふる》きを畢《お》え新しきを造らざれば、すなわちこれ懺悔なり。懺《さん》しおわってさらに作《な》す者は、王法の初めて犯すは原《ゆる》すことを得るも、更《さら》に作すはすなわち重きがごとし。初めて道場に入るは罪はすなわち滅し易《やす》きも、更に作すは除き難し。すでによくこれを吐く、いかんぞさらに噉《くら》わんや。これをもって常に悪事を念ずる心を翻破するなり。

六つには、菩提心を発すことは、昔はみずからを安んじて人を危《あやう》くし、あまねく一切の境を悩ますも、いまは広く兼済《けんさい》[12]を起して、虚空界にあまねく他を利益《りやく》す。これをもって一切処にあまねく悪を起す心を翻破するなり。

七つには、功を修して過《とが》を補うことは、昔は三業[13]に罪を作ること昼夜を計らざるも、いまは身・口・意を善くして策励して休まず、山岳を移すにあらざればいずくんぞ江海を塡《う》めんと。これをもって三業を縦恣《ほしいまま》にする心を翻破するなり。

八つには、正法を守護することは、昔はみずから善を滅し、また他の善を滅し、みずから随喜せず、また他を喜ばさざるも、いまはもろもろの善を守護して、方便をもって増広し断絶せしめざること、たとえば城を全《まっと》うするの勲《いさおし》のごとくす。勝鬘《しょうまん》にいわく[14]、「正法を守護し正法を摂受《しょうじゅ》するを、最も第一となす」と。これは随喜することなき心を翻破するなり。

九つには、十方[15]の仏を念ずることは、昔は悪友に親しみ狎《な》れて、その言を信受するも、いまは十方の仏を念じ、無礙《むげ》の慈を請わざる友に念じ、無礙の智を大導師となすことを念ず。これは悪友に順う心を翻破するなり。

十には、罪の性は空なりと観ずることは、貪《とん》欲・瞋《しん》・癡《ち》の心はみなこれ寂静《じゃくじょう》の門なりと了達す。

なにをもっての故ぞ、貪・瞋もし起ればいずれの処にありてか住する、この貪・瞋は妄念に住し、妄念は顚倒《てんどう》に住し、顚倒は身見に住し、身見[16]は我見[17]に住す。我見はすなわち住する処なく、十方に諦《あきら》かに求むるも我《が》は不可得なりと知る。我の心はおのずから空にして、罪福に主なし。深く罪福の相に達し、あまねく十方を照らし、この空慧をして心と相応せしむ。たとえば日が出るとき朝の露は一時に失《き》ゆるがごとく、一切の諸心もみなこれ寂静の門なり。寂静を示すが故に、これは無明の昏闇を翻破するなり。

これを十種の懺悔となす。涅槃の道に順《したが》い生死の流れに逆《さか》らい、よく四重[18]や五逆[19]の過を滅す。もしこの十心を解せざれば、全く是非を識《し》らず、いかにして懺悔せんや。たとえ道場に入るも徒《いたず》らに苦行をなして、ついに大益なし。涅槃にいわく[20]、「もし勤めて苦行を修するをこれが大涅槃に近き因縁なりといえば、この処《ことわり》あることなし」とは、すなわちこの意なり。これを事のなかの重罪を懺悔すると名づけるなり。

懺悔をしようと思うなら、このような罪悪の流れに身をまかせるようなことをせず、次のような十種の心によって悪行を転換して除去しなければいけない。

まず最初に、因果の道理はくらますようなことはできず、歴然としてあることを心から信じないといけない。ずっと以前になした言動であったとしても、そのようにした言動がなくなるようなことはないのであり、また、自分がしたことを他人が肩代わりするようなことも絶対にないのである。はっきりと事の善し悪しを知って因果のことわりを疑うようなことがないなら、因果のことわりを深く信ずる心は、救いがたい心を転換することになるのである。

次に、みずから恥じてきちっとけじめをつけることである。どうしようもなく罪深い人は、恥も外聞もなく家畜同然の教えにしたがい、大切な仏の教えを身につける機会を失ってしまう。欲望を制御するすべを失ってこのような重罪を犯すのは実に愚かしいことではないか。天はどんな罪も知っているから天に慚《は》じ、人は何が罪かを知っているから人に愧じ、このようにして恥を知らない心を転換するのである。

三つ目は、悪の世界を畏《おそ》れることである。人の命は常なきものであり、一息が切れれば永久にこの世界から去ることになる。あの世ははるかに遠くたのみになるようなものは何もなく、いつ果てるとも知れぬ苦悩の海原は、船や筏《いかだ》の停泊する場所もないのであり、賢者や聖人はこれを唾棄してこのようなものを大切にするようなことはない。年月がたてば免れられるというようなことでは決してないのに、どうして安閑として手をこまねいて悲惨なことになるのを見ていていいであろうか。それはたとえてみれば、野狐がとらえられて、耳や尻尾や牙を失ってしまったのに眠ったふりをして、きっといつかは脱出できると待っているようなものであり、突然、頭を落とされることを知って気が動転するほど驚きあわてるようなものである。

生まれ、老い、病んでも、まだあわてないが、死が迫れば、不安で仕方ないようなものである。死を怖れる心が起こったときは、熱湯や火炎の中を行くようで、どんなに欲望をそそりたてるようなものがあったとしても、そんなものは何も目に入らないものである。アショーカ王（前三〇四―前二三二）が、朝な夕なに鈴を振り、「もう一日が終わった、あと六日したら死ぬんだ」という人の声を聞いて、どんな欲望も起こらず、すべてが空しくつまらなく感じたようなものである。

修行者も、このように畏れて心をこめて懺悔し、野狐が悶絶したのを思って体や命に執著するようなことがないようにし、また、アショーカ王が不安をかこったことを思って、欲望をとげることばかり思うことがないようにしなくてはいけない。このようにして、悪の道を怖れることがない心を転換するのである。

四つ目は、自分がした罪悪を告白して、己れの過失を覆い隠すようなことがないようにすることである。賊や毒や悪い草などは急いで除かないといけない。根を掘り出せば、枝が枯れるし、水源が涸《か》れれば、流れは尽きるものである。もしも罪を覆い隠そうとするなら、この人はよくない人である。摩訶迦葉の頭陀行でも、大衆のなかで告白し懺悔することを教えているし、『方等陀羅尼経《ほうどうだらにきょう》』の行法でも、一人の師に向かって告白し懺悔することを教えている。その他の行法でも、真心をこめて仏像に向かって改心するように教えている。隠し所にふき出ものがあるのに、これを覆い隠したまま治そうとしなければ、必ず死ぬようなものである。このようにして罪を覆い隠そうとする心を転換するのである。

五つ目は、罪の行為を続ける心を断つことである。してしまったことを二度とすまいと決意して過去にけじめをつけ、新たにそういうことをしないのが懺悔にほかならない。懺悔しおわってまた同じことをする人は、たとえば刑法でも初犯はゆるされても再犯は重い刑が科されるようなものである。初めてその罪を懺悔するようなときは容易に除かれても、二度、三度と懺悔するようなときは効果は薄い。一度吐き出したものを、もう一度口にするような愚は犯してはならない。このようにしていつも悪事を思っている心を転換するのである。

六つ目は、菩提心を発《おこ》すことである。昔は自分のことばかり考えて人に心配をかけ、周囲のものに大変な迷惑をかけてきたが、今は改めて広く人々のためになるようなことをしようと心を新たにして、分けへだてなく人の利益を優先させようとする。こうして、あらゆる場所でこのような心で臨み、悪いことをしようとする心を転換させるのである。

七つ目は、少しでもよいことをしてこれまでの過誤《あやまち》をつぐなおうとすることである。昔は昼夜を問わず罪深い言動を重ねてきたが、これからはたえず善行を積むよう努めはげむ。山岳を移すぐらいの努力をしなかったら、江、海の深い溝を埋め尽くすことなどできないであろうからである。このようにしてあらゆる悪行をなす心を転換するのである。

八つ目は、正しい教えを守ろうとすることである。昔は自分の善も他人の善も台なしにし、みずから進んで正しい教えを喜ぶようなことも、他人に正しい教えを喜ばせるようなこともしなかったが、今はどんな善も守って、いろいろ工夫してこの善を大きく育てるようにし断絶することがないようにする。それはちょうど敵の攻撃から城を守る勲功のようなものである。『勝鬘経《しょうまんぎょう》』は、「正しい教えを守り、正しい教えを受け入れることが、最も大切なことである」といっている。これが正しい教えを見聞きして喜ぶことがない心を転換することになる。

九つ目は、十方の仏たちを念ずることである。昔は悪友と親しくしてその言葉を信じ込んでいたが、今は十方の仏たちのことを思い、なにものにも負けることのない仏たちの大きな慈愛の心に親しむことを願い、なにものも妨げることのない仏たちの智慧を友とすることを願う。こうして悪友に順《したが》う心を転換するのである。

十には、罪悪の本性は空であると観ずることである。むさぼる心、いかる心、おろかしい心の本性はどれもみな静寂な心であるとはっきりわきまえる。どういうことかというと、もしむさぼる心、いかる心が起こった場合、それはどんなふうに生じたのであろうか、と考えてみることである。このむさぼる心やいかる心は迷妄によっており、この迷妄の心は間違った考えによっており、この間違った考えは自分のものだという間違った考えによっており、自分のものだという考えは、自己中心的な間違った考えによっている。自己中心的な考えはなんの根拠もない間違った考えであり、どんなにその根拠を探そうとしても、そのような絶対的な自我は得ることはできないことが知られる。

このような自我の心がないことを知れば、自我の心によって生ずる罪悪や幸福なども実体のないものであることがわかる。こうして深く罪悪や幸福のすがたを理解して広く世界を見るのであり、このような空の智慧を心に銘記するのである。それはちょうど、太陽が昇ると、朝の露は一瞬にして消えてしまうようなものである。あらゆる心もこれと同じで、本来、静寂のうちにある。この静寂な心を示すことによって、根本の無知の心の黒闇を転換するのである。

以上が十種の心で懺悔する方法である。仏のさとりの道に順《したが》い、いつ終わるとも知れぬ苦悩の流れに逆らい、重罪を犯す過失《あやまち》を除くことになるわけである。

もしもこのような十種の心を理解することがないなら、ものごとの是非善悪を知ることができないわけであるから、懺悔のしようもない。たとえ仏道の修行に入り、わけもわからず苦行を積んだとしても、最後まで大きな利益を得るようなことはない。『涅槃経』が、「もしも苦行に勤め励むことが大きな仏のさとりにいたる一番の近道であるというようなことをいう人がいるなら、それはまったく根拠のないことである」といっているのはこういう意味である。これが日常的な事柄について重罪を懺悔する方法である。〔以上、本文の大意〕

これは天台の懺悔法として有名で、後世に広く影響を与えた。

この文章では、罪の流れに逆らって悔い改める心の順序（これを「逆流の十心」という）を示していたが、この十種の懺悔の心は、もとは罪の流れに順《したが》って生ずる十種の心（順流《じゅんる》の心）と対応しており、その心に対する内省にもとづいて成立したものである。

## 悪を造る順流の心

罪悪が形成されていく「順流の十心」については、次のように説く。

(39c) 一つには、無始《むし》より闇識《あんしき》の昏迷にして、煩悩に酔わされ、妄《みだ》りに人我《にんが》を計《け》し、人我を計するが故に身見《しんけん》を起し、身見の故に妄想し、顛倒《てんどう》し、顛倒の故に貪瞋癡《とんじんち》を起し、癡の故に広くもろもろの業《ごう》を造り、業あればすなわち生死《しょうじ》に流転《るてん》す。

二つには、内に煩悩を具し、外に悪友に値い、邪法を扇動《せんどう》し、わが心を勧惑し、倍加して隆盛なり。

三つには、内外《ないげ》の悪縁すでに具《そな》わり、よく内に善心を滅し、外に善事を滅し、また他の善においてすべて随喜することなし。

四つには、三業を縦恣《ほしいまま》にして、悪としてなさざることなし。

五つには、事は広からずといえども悪心は遍布す。

六つには、悪心が相続して、昼夜に断えず。

七つには、過失を覆い諱《かく》して、人に知られることを欲せず。

八つには、魯扈底突《ろこていとつ》(21)して、悪道を畏れず。

九つには、慚《ざん》なく愧《ぎ》なし。

十には、因果を撥無《はつむ》して一闡提《いっせんだい》となる。

これを十種の生死の流に順じて昏倒して悪を造るとなす。厠虫《しちゅう》が厠《かわや》を楽しんで、覚《さと》らず知らず、積集し重累して称計すべからざるがごとく、四重・五逆が極まって闡提にいたり、生死は浩然としてしかも際畔なし。


一つは、初めから無知にくらまされ、煩悩に酔い、わけもなく自我を振りまわし、自分のものだという考えにとらわれ、妄想して迷い、むさぼり、いかり、おろかしく、そうやってあらゆる言動をなし、かくしてこのような苦悩の現実に生存することとなった。

二つは、心の中は煩悩ばかりだというのに、おまけに悪い友に出会って間違ったことをあおりたてられ、心を乱して、ますます苦悩にはまった。

三つには、内も外も悪いことばかりで、とうとう善の心はなくなり、善いこともなくなり、人の善いことに共鳴する心さえ失った。

四つは、あらゆる悪の言動を勝手放題にやって、やっていない悪は一つもないということになった。

五つは、現実に悪いことをしなくても、すべてに悪い心をはたらかせているというようなことになった。

六つには、悪い心が昼夜をおかず連続して起こっている。

七つには、間違いを覆い隠し、人に知られないようにしている。

八つには、愚かにもみずからをたのんで手当たりしだいに悪いことをして、少しもはばかることがない。

九には、みずからに顧みて恥じることがなく、人に対して申しわけないと思うこともない。

十には、因果のことわりを否定して、どうしようもない救いがたいものとなっている。

これら十種の心が生き死にの苦悩の流れをつくることになり、このような心に順《したが》って諸悪を造ることになる。それはちょうど、便所のうじ虫が肥えだめにいるのを楽しんで、その醜悪さに気づかず、あらゆる罪悪を集めたり重ねたりしていつ果てるとも知らないようなものであり、また四重罪や五逆罪のような罪悪を重ねて救いがたいものとなる。かくして生き死にの苦悩は終わることがなく、さらに広がることになる。〔以上、本文の大意〕

罪悪の世界を出現する順流の十心が、最終的には「撥無因果」（因果のことわりを無視したり否定すること）に収束し、罪悪の世界を変換し更生する逆流の十心が、「深信因果」（心から因果のことわりを信ずること）に始まる点が注目される。ここでいう因果のことわりとは、四諦（世間の因果すなわち集諦と苦諦と、出世間の因果すなわち道諦と滅諦）の教えに代表される、仏が説かれた教えを指している。

したがって、因果のことわりを否定することは、仏が説かれた教えを否定することにほかならず、因果のことわりを信ずることは、仏が説かれた教えを深く信ずるということにほかならないのである。

## 十二　衣食住の戒め

――柔和忍辱の心これなり――

以上で、五縁を具《そな》えるなかの、⑴持戒して清浄であることについてみたが、続いて、⑵衣食を具えること、⑶静かな処に閑居すること、⑷生活の雑務をやめること、⑸よい友を得ることとの、修行に入るにあたって必要な諸要件が示されている。

⑵と⑶の衣食住については、いずれも上・中・下に三等分して示すが、たとえ下等のものであっても仏道修行には支障をきたさないということを示している。ここでは、衣食住それぞれの観心釈《かんじんしゃく》の文について読んでみたい。

衣服について

修行者の衣服についての観心釈は、次のように示されている。

(41c)観行の衣をなせば、大経にいわく、(1)「汝等比丘《びく》よ、袈裟《けさ》(2)を服《き》るといえども、心はなおいまだ大乗の法服に染まず」と。法華《ほっけ》にいうがごとし、(3)「如来の衣を著《ちゃく》す。如来の衣とは柔和忍辱《にんにく》(4)の心これなり」と。これはすなわち寂滅忍《じゃくめつにん》(5)なり。生死《しょうじ》と涅槃の二辺の麁獷《そこう》は、中道の理と二ならず異ならず、故に柔和と名づく。心を中道に安んずるが故に名づけて忍となし、二喧《けん》を離れるが故に寂と名づけ、二死を過ぎるが故に滅と名づく。寂滅忍の心が二辺の悪を覆うを、醜を遮するの衣と名づく。五住(6)を除くが故に熱を障《ふせ》ぐと名づけ、無明《むみょう》の見を破すを名づけて寒を遮すと名づけ、生死の動なく、また空乱の意なく、二つの覚観を捨てるを蚊虻を遮すと名づく。

観心について衣服をみると、『涅槃経』は、「あなた方は、袈裟《けさ》を着けているが、その心はまだ大乗の教えの袈裟に染まっていない」といい、『法華経』は、「如来の衣服を身に着ける。如来の衣服とは柔和な忍辱《にんにく》の心のことだ」というが、これが最終的な理解となる寂滅忍といえる。生き死にの生存の現実と仏のさとりの二辺の相対するものは、中道のことわりと別な異なるものではないから、「柔和」といい、心を中道に安んずるから「忍辱」という。生死の喧噪を離れるから「寂」といい、涅槃の滅を超えるから「滅」という。この寂滅を確認する心が生き死にの現実と仏のさとりという二辺の悪を覆うことになるので、醜悪なものを遮る衣服というのである。

また五種の煩悩を除くから、「熱を障《さえぎ》る」といい、根本的に無知な考えを打ち砕くから「寒を遮《さえぎ》る」という。生き死にに動顛《どうてん》することも、空をふりまわすようなこともなく、このような二種のかたよった見方を捨てるから「蚊《か》や虻《あぶ》を遮る」というのである。〔以上、本文の大意〕

この衣服の解釈は実に直截に心を打つ。単に身体を被《おお》うものとか、身を飾るものというような一般的な衣服の観念を超えて、如来の衣服を被《き》るものは、如来の心も被なければいけないといい、真実、身に染むべき如来の心とは、柔和な心であり、なにごとにもすすんで耐え忍ぶ心であると教える。

### 食事について

次に、食事についてはどうであろうか。

(42a)もし観心《かんじん》(7)について食を明かさば、大経にいわく、(8)「汝等比丘よ、乞食《こつじき》を行ずといえども、しかもいまだかつて大乗の法食《ほうじき》を得ず」と。法食とは、如来の法喜・禅悦なり、(9)この法喜はすなわちこれ平等《びょうどう》の大慧《だいえ》にして、一切の法を観ずるに障礙《しょうげ》あることなし。浄名にいわく、(10)「食において等しき者は、法においてもまた等し。法において等しき者は、食においてもまた等し」と。煩悩を薪《まき》とし智慧を火とし、この因縁をもって涅槃の食を成じ、もろもろの弟子をしてことごとくみな甘《かん》嗜《し》せしむ。この食は法身《ほっしん》を資《たす》け、智慧の命を増す。「乳の糜《かゆ》(11)を食すればさらに須《もち》いるところなき」がごとし。すなわち真の解脱なり。真の解脱とはすなわちこれ如来なり。この法喜・禅悦を用いて一切の法に歴《ふ》るに一味ならざることなく、「一色一香も中道にあらざることなし」。中道の法は一切の法を具す、すなわちこれ飽の義にして、須《もち》いるところなき義なり。かの深山の上の士(12)が一草一果をもって身を資《たす》くるにすなわち足るがごとし。頭陀《ずだ》の乞食《こつじき》は、行人が事《じ》に即してしかも中《ちゅう》なる実相の慧《え》を修すること能《あた》わずんば、まさに次第《しだい》の三観をもって心を調えて中道に入るべし。次第の観の故に名づけて乞食《こつじき》となし、また中道を見るをまた飽の義と名づく。すなわち中の士なり。檀越《だんのつ》(13)が食を送るは、もし人が事《じ》に即して通達すること能わず、また法を歴《へ》て観をなすこと能わざれば、おのずから食の義なし。まさにすべからく善知識のよく般若を説く者に随って善《よ》くために分別すべし。聞くにしたがって解を得て中道を見る。この人の根《こん》は鈍にして、聞くにしたがって解を生ずるを、名づけて食を得るとなす。人が上《かみ》のごとく両事を能くせざるときは、他が食を送ることを聴《ゆる》すがごとし。また僧中の結浄食《けつじょうじき》(14)はすなわちこれ禅定の支林の功徳を証得し、定《じょう》に藉《よ》りて悟を得るを僧中の食と名づけるなり。この故に行者は常にまさに大乗の法食を存念して、余味を念《おも》わざるべきなり。

観心《かんじん》によって食のことを説くと、『涅槃経』は、「あなた方は、乞食を行じていても、まだ大乗の教えの食がどういうものかわかっていない」という。大乗の教えの食というのは仏の教えを学んで喜び、禅定を学んで喜ぶことであり、仏の教えを学んで喜ぶことは、あらゆるものにゆきわたる大きな智慧のことであり、このような智慧ですべての教えを観ればなんの差しさわりもない。『維摩経』は、「食において分けへだてがないように教えも分けへだてがないのであり、教えにおいて分けへだてがないように食も分けへだてがないのである」という。煩悩の薪を智慧の火で燃やし、こうして仏のさとりの食を作って、沢山の弟子たちにおいしく食べてもらい満足させるのである。このような食事が仏の変わることのない身体を養い、智慧の命を増すことになる。それは乳粥を食べたらもう十分であったようなものである。これが本当の自由である。本当の自由を得たものは仏にほかならない。

この教えを学ぶ喜び、禅定を学ぶ喜びはどのような教えについてみても同じであり、どんな色もどんな香りも中道でないものはないのである。中道の教えはすべての教えをそなえるから飽き足りる意であり、もう十分という意である。それは深山で行ずるすぐれた人は草や木の実を食べて十分足りているようなものである。頭陀行で乞食をする人は、目の前にあることについて的中するような真実の智慧を行ずることができなければ、次第に三つの観察法を行じて心を調え、中道に入ればいい。次第に観察するのが「乞食」といえ、それによって中道をみることになれば、「飽き足りる」意になるのであり、これは前に次ぐ人の様子である。

次に、施主が食べ物を運んでくるのは、修行者が、周りにあるもので満足することができず、また、次第に観察するようなこともできなければ、食の本当の意味を知ることはできないことになるが、このようなときは仏の智慧を説くことができるよい人にしたがって、その道理を教えてもらわなくてはいけないということに相当する。その教えを聞いて理解し中道をみることができるのである。この人は理解能力が劣るが、教えを聞くことによって理解することができるのであり、本当の食の意味を知ることになる。それはちょうど、木の実を食べたり、乞食したりすることができない人には、人から食事を供養してもらうことを許すようなものである。

また、僧院のなかで教えに照らしてまかなわれる食事は、ちょうど禅定に付随する種々の功徳をさとることになるようなものである。禅定によって仏のさとりを得るのは、僧院のなかで作った食事に相当する。

このようなわけで修行者は、いつも大乗の教えの食事を忘れないようにし、それ以外の味わいを思うようなことがないようにしないといけない。〔以上、本文の大意〕

仏教ではことに食事の作法は厳しかったように思う。それは中国でも日本でも例外ではなかった。中国唐代の僧道宣《どうせん》（五九六―六六七）が作った「受食五観《じゅじきごかん》」の偈は、禅宗の食事作法などにも受け容られて、有名である。ここではその原形ともいうべき食事の精神が示されている。食事に飽き足りるという意味を、いわゆる腹一杯、飯を食べるというような意味ではなく、仏が説かれた教えを学ぶ喜び、仏がなさった禅定を学ぶ喜びであると解している。深山で一草一木を食べる食事でも、乞食による食事でも、施主から施される食事でも、寺のなかでまかなわれる食事でも、みなそのような喜びに向けて消化しなければいけないという。

## 住処について

修行者が住む場所についての観心釈は、次のように記される。

(42c)観心の処(15)とは、諦理これなり。中道の法は幽遠にして深邃《しんすい》なり。七種の方便(16)は跡を絶して到らず、これを名づけて深となし、高広にして動ぜず、これを名づけて山となし、二辺を遠離《おんり》す、これを称して静となし、不生不起、これを称して閑となす。大品《だいぼん》にいわく、(17)「もし千由旬《ゆじゅん》(18)の外にして、声聞《しょうもん》の心を起さば、この人は身は遠離すといえども心は遠離せず。憒鬧《かいどう》をもって不憒鬧となすは、遠離にあらざるなり。城の傍らに住すといえども、二乗の心を起さざるを遠離と名づく」と。すなわち上品《じょうぼん》の処なり。頭陀(19)の処は、すなわちこれ出仮の観なり。この観は空とあい隣る、蘭若《らんにゃ》(20)と聚落と並ぶがごとし。出仮の観は、心を俗諦《ぞくたい》に安んじて薬と病を分別し、無知を抖《はら》い擻《つく》して道種智を浄《きよ》む。これ次の処なり。閑寺の一房は、すなわち従仮入空《じゅげにっくう》の観なり。寺はもと衆閙《どう》の居《お》る処なり、しかもよく一室に安静す。仮はこれ囂塵《ごうじん》なり、よく仮に即してしかも空なり。まさに知るべし、真諦《しんたい》もまたこの処なりと。三諦《さんだい》の理に安んずるは、これ止観の処なり。実に影を山林に遁《のが》れ、隠密の室を房《ぼう》とするにあらず。云云。

観心によって住む処について説くと、真実のことわりが住む処である。中道の教えは、はるかに遠く深いものであり、種々の教えも道を見失って到り着くことができないから「深い」といい、高く広く不動であるから「山」といい、有と無の二辺を遠く離れているから「静」といい、新たに生起するようなものがないから「閑」という。

『大品般若経』は、「世俗から遠く離れていても自分のことばかりにかまけているような心を起こすなら、この人は体は隔てていても、心は世俗から離れていない。本当は騒がしいのに、騒がしくないといっているにすぎず、これでは世俗を遠く離れたことにはならない。町のそばに住んでいても、自分のことばかりにかまけている心を起こさなければ、世俗を遠く離れているといえる」という。これは最もすぐれた住む処である。

頭陀行における住む処は、仮に出る観といえる。この仮の観は空の観と隣り合わせになっていて、人のいない静かな場所が人が住む集落と隣接しているようなものである。仮に出る観は、心を世俗の真実に置いて、病と薬をよく知り、無知であることを除いて、修行の智慧を深めるわけで、これが前に次ぐ住む処である。

閑静な寺の一室は、仮から空に入る観である。寺は大衆が集まって居る処であるが、寺の一室で安らかに静かに居るのである。仮は種々雑多であるが、この仮に即して空であるから、空の真実がその処であることが知られよう。

このように、空・仮・中の三つの真実のことわりに安んずるのが、止観の住処であり、文字通りに山林に身を隠したり、密室に一人住むという意味ではない。〔以上、本文の大意〕

俗諺は「住めば都」などというけれど、これには少々諦念に似た響きがあって全幅には頂けない。ここではそんな甘さを微塵も残さず、どこにいても仏教者としての自覚とその内実を忘れてはならないと説く。その場所はその人の自覚一つで、浄土にもなり、地獄にもなる道理であるからである。

### 生活について

前述した衣・食・住にもとづいて営まれる生活はどうであろうか。生活・人事・技能・学問に関する観心釈は次のように記されている。

(43a)観心の生活(21)は、愛はこれ業を養う法なり、水が種を潤すごとく、愛によって憂あり、憂によって畏れあり。もしよく愛を断てば生活の縁務を息むと名づく。人事はこれ業なり。業は三界《さんがい》(22)に生じ五道に往来す。愛をもって業を潤し処処に生を受く。もし業なければ愛は潤すところなく、諸業に力ありといえども、作らざる者は逐《お》わず、作らざるが故に生死《しょうじ》はすなわち断ず。技術は、いまだ聖道《しょうどう》を得ざれば通を修することを得ず。虚妄の法は般若を障《さ》う。般若は虚空のごとく戯論《けろん》なく文字なし。もし般若を得れば如意珠(23)を得るがごとし。ただ一心に修すべし、なんぞ遽《にわ》かに忽忽《そうそう》に神通《じんずう》を用いることをせんや。習学は、いまだ無生忍《むしょうにん》(24)を得ずして、しかも世智辨聡《せちべんそう》(25)を修して種々に分別すれば、みなこれ瓦礫草木にして真の宝珠にはあらず。もしよく停住すれば、水はすなわち澄清にして、下に瑠璃《るり》を観て、安徐として宝を取ればよく世間の生滅の法相を知り、種々の行類もなにものか知らざらん。一切種智をもって知り、仏眼をもって見るなり。大道を行ぜんと欲すれば、まさにかの小径のなかにしたがって学ぶべからざるなり。

観心によって生活について説くと、愛著《あいじゃく》の心が諸種の言動を養うもとになるのであり、それはちょうど水が種子を生長させるようなものである。愛著があるから心配が生ずるのであり、心配することによって怖《おそ》れが生ずるわけであるが、もしもこの愛著の心を断つなら、生活のための仕事はやむことになる。

人事交際などは言動をともなうが、このような言動によって苦悩の世界を生じ、五つの苦悩の世界を往き来することになる。愛著の心が言動を生み、いたるところで苦悩を受けることになるのだが、もしも言動がやめば愛著の心がはたらくものはなくなるわけで、言動の力があってもそのようなことをしなければそれを追いかける心も生ずることはないので、このような言動をなさないことによって現実の苦悩のもとは断ち切られることになる。

技術は、仏のさとりを得ないうちは神通を行うことはできないが、技術に関する教えは智慧を妨げることになる。智慧は虚空のようなもので、技術のように言葉でいたずらに論ずるようなものではない。智慧を得るなら如意珠を手に入れたときのように思いのままになる。だから一心にこの仏の智慧を修めなければいけない。軽率にも技術を使おうなどと考えてはいけない。

学問は、まだ仏のさとりを確認することもできていないというのに、世俗的な小賢しい智慧を学んであれこれ分別をたくましくするが、これらは所詮とるに足りないものであり、本当の宝ではない。心を仏道に静めてみれば、水が清むかのように、水底に沈んでいる宝がみえ、それをおもむろに取り出すこともできる。世間の生じては滅するものごとのあり方を知れば、どんなものでもわからないものはなく、あらゆるものの状態を知ることのできる智慧をそなえ、仏の眼で見ることができるのである。大きな仏の道を行こうと考えるなら、これらの片々たる小径にしたがって行ってはならない。

〔以上、本文の大意〕

愛著の心でする生活は一切やめること、愛著の心でする人間関係のすべての言動をやめること、仏のさとりの智慧も得ていないのに小手先の技術を振りまわすようなことはしないこと、大きな仏の道に進まないで片々たる学問の道に甘んじてはならないことを、道理に照らして説く。社会生活に深く根を下ろした諸価値であるだけに、これから完全に自由になるようなことはむずかしいことであろうが、仏道修行の成就という立場でいえば、この辺のけじめはやはり正念場というべきところであろう。

友人について

近づくべきよい友人とはどのような者であるのか、次のように記している。

(43b)観心の知識(26)は、大品《だいぼん》にいわく、(27)「仏、菩薩、羅漢はこれ善知識なり。六波羅蜜(28)、三十七品(29)はこれ善知識なり。法性《ほっしょう》、実際《じつざい》はこれ善知識なり」と。もし仏、菩薩等が、威光を覆育《ふくいく》するは、すなわち外護《げご》なり。六度・道品《どうほん》はこれ入道の門なれば、すなわち同行《どうぎょう》なり。法性・実際は、すなわちこれ諦理《たいり》にして、諸仏の師とするところにして、境はよく智を発すれば、すなわち教授なり。いま、おのおのに三義を具す。一つには仏の威神が覆護するがごときは、すなわちこれ外護なり。二つには諸仏や聖人が、また瓔珞《ようらく》を脱いで弊垢《へいく》の衣を著《つ》け、除糞の器を執《と》り、光を和らげ物を利するは、あに同行《どうぎょう》にあらずや。三つには諸仏や菩薩が、一音をもって法を演《の》べ、開発し化導《けどう》して、おのおのに解を得せしむるは、すなわちこれ教授なり。これすなわち三義を具すなり。六度・道品もまた三義を具す。助道を護助と名づく。助道が正道を発すはすなわちこれ外護なり。正と助と合する故に、すなわちこれ同行なり。この正と助によって規矩《きく》を失わざれば三解脱《げだつ》門(30)に通入す、すなわちこれ教授なり。法性もまた三義を具す。境はこれ師とするところにして、冥に熏《くん》じ密に益すは、すなわちこれ外護なり。境と智とあい応ずるは、すなわちこれ同行なり。いまだ理を見ざるときは盲のごとく、諦法の顕われるときは目のごとく、智《ち》の用《ゆう》は僻《ひがみ》なし。経にいわく、(31)「わが法を修すれば、証してすなわちみずから知る」と。心に実行なければ、何を用いて問うことをなさんや、すなわち教授なり。

観心によってよい友のことを説くと、『大品般若経』は、「仏や菩薩や聖人たちはよい友である。六波羅蜜・三十七品はよい友である。法性・実際はよい友である」という。仏や菩薩などは、その威光で覆い育ててくれるから、外から護《まも》ってくれるよい友である。六波羅蜜や三十七品の教えは、仏道に入る教えであるから、同じく行ずるよい友である。法性や実際は真実のことわりで、仏たちがもとづくところであるから、このことわりによって智慧が成立するので、教えを授けるよい友である。

また、それぞれがこの三義をそなえている。まず、仏が威神力を用い包みこむようにして守ってくれるのは外から護るよい友の意である。次に、仏たちも聖人たちも、まばゆいばかりの装身具をはずし、粗末な汚れた服を着て、糞尿を汲み上げる道具を手にして、光を和らげて人々に利益を与えようとするのは、同じく行ずるよい友であろう。三つ目は、仏たちや菩薩たちが同様の教えを説いて人々を教化し、それぞれの人に理解させるのは、教え授けるよい友といえる。このように仏・菩薩についてもこれらの三義がそなわるわけである。

六波羅蜜や三十七道品についても同じく三義がそなわる。こうした教えは仏道を進めるための助けになるから、護《まも》り助けるものであるが、このような助けによって仏道を修めることになるので外から護るよい友であり、正行に助行が合わさるから同じく行ずるよい友であり、このように正行に助行が合わさって正しく行われるなら仏のさとりにいたる教えとなるから、これは教え授けるよい友ということになる。

法性についても同じように三義がそなわっている。真実のことわりは修行の根拠ともいうべきものであり、目に見えない形ではたらいて利益をもたらすので外から護るよい友であり、真実のことわりと智慧が呼応するのは同じく行ずるよい友であり、この真実のことわりを見ないうちは目がないもののようであるが、真実のことわりが現れるときは目でものを見るかのように、智慧のはたらきに偏りはない。経典は、「この教えを修めると、みずからさとって真実を知ることができるのである。心で実際に行じてみもしないで、どうしてそのようなことを質問することができようか」という。これは教え授けるよい友の意である。〔以上、本文の大意〕

友人の観心釈では、仏と、仏の教えと、教えの真実について、それぞれに外護と同行と教授の、善知識（よい友）の意味があることを説いている。修行者にとっては仏道のすべてが、守り・励まし・導いてくれるものとしてはたらくということであろう。そういう仏道修行の真っただ中にあることを心底うなずけるなら、その人はすでに仏の家の友として許されている人であるということもできよう。その辺の妙が、こういう表現をとらせているのである。

## 十三　修行を乱すもの
### ―五欲は得れども厭くことなし―

以上で、修行生活に必要な環境や諸要件を示す、(1)具五縁についてみたが、このような諸条件が調ったところで修行に入るとき、修行の実際の場面でどのようなことに用心しなければならないかということについて、(2)呵五欲《かごよく》、(3)棄五蓋《きごがい》という二種の要件を示している。呵五欲とは、五つの欲を叱りつけてやめるという意であり、棄五蓋とは、五つの邪悪な覆いを取り除くというほどの意である。

五つの欲

修行を妨害する五つの欲とはどのようなものであろうか。第二の呵五欲については、次のように記されている。

(43c)第二に、五欲《ごよく》を呵《か》すとは、色《しき》・声《しょう》・香《こう》・味《み》・触《そく》なり。十住毘婆沙《じゅうじゅうびばしゃ》にいわく、(1)「六情を禁ずること、狗《いぬ》・鹿・魚・蛇・猿・鳥を繋《つな》ぐがごとし。狗は聚落を楽しみ、鹿は山沢を楽しみ、魚は池沼を楽しみ、蛇は穴居を楽しみ、猿は深林を楽しみ、鳥は空に依るを楽しむ。六根(2)が六塵(3)を楽しむことは、これ凡夫の浅智、弱志のよく降伏するところにあらず。ただ智慧・堅心・正念あるもののみ、すなわちよく降伏《ごうぶく》す」と。総じて六根に喩《たと》う。

いま私(4)にこれを対すれば、眼が色を貪《むさぼ》るは、色に質像があるは聚落のごとく、眼は狗のごとし。耳が声を貪るは、声に質像なきは空沢のごとく、耳は鹿のごときなり。鼻が香を貪るは、魚のごときなり。舌が味を引くは、蛇のごときなり。身が触《そく》に著するは、猿のごときなり。心が法を縁ずるは、鳥のごときなり。

いまは意を除いてただ五塵を明かすは、五塵は欲にあらざれども、しかもそのなかに味ありてよく行人がすべからく欲の心を生ずるが故に五欲というなり。譬《たと》えば陶師が人客に延請されれば功を就《な》すことを得ざるがごとし。五欲もまたしかり、常によく人を牽《ひ》いてもろもろの魔境に入らしめれば、前の縁を具すといえども、心を摂めること立ち難し。この故にすべからく呵《か》すべし。

色欲は、いわゆる赤白・長短・明眸《ぼう》・善睞《らい》・素頸・翠眉・皓歯《こうし》・丹脣、ないし、依報《えほう》の紅・黄・朱・紫のもろもろの珍しき宝物は、人の心を惑動すること、禅門(5)のなかに説けるがごとし。色の害は尤《もっと》も深し、人をして狂酔せしむ。生死の根本なることまことにこれに由るなり。難陀《なんだ》(6)のごときは欲のために、持戒して羅漢を得るといえども、習気《じっけ》なお多し、いわんやまた具縛《ぐばく》の者をや。国王が耽荒《たんこう》にして度なく、宗廟《そうびょう》や社稷《しゃしょく》の重きを顧みず、欲楽のための故に、身を怨国に入れるもあり。この間の上代の国を亡ぼし家を破るものは多く欲より起る。赫赫《かくかく》たる宗周も褒姒《ほうじ》(7)がこれを亡ぼすは、すなわちその事なり。経にいわく、(8)「衆生は財色に貪狼し、これに坐して道を得ず」

と。観経にいわく、(9)「色の使いに使われて恩愛の奴となって、自在なることを得ず」と。もしよく色の過患《かげん》を知れば、すなわちために欺《あざむ》かれず。かくのごとく呵《か》しおわれば、色欲はすなわち息んで、縁想は生ぜず、心を専らにして定《じょう》に入るなり。

声《しょう》欲は、すなわち嬌媚《きょうび》・妖詞《ようし》・婬声《いんせい》・染語《ぜんご》・糸竹の絃管《げんかん》・環釧《かんせん》・鈴珮《れいはい》等の声なり。

香《こう》欲は、すなわちこれ鬱茀《うつぼつ》・氛氳《ふんうん》・蘭馨《らんこう》・麝気《じゃけ》・芬芳《ふんぽう》・酷烈《こくれつ》・郁毓《いくしょ》の物、および男女の身分等の香なり。

味《み》欲は、すなわちこれ酒肉・珍肴《ちんきょう》・肥腴《ひそう》・津膩《しんじ》・甘甜《かんかん》・酸辣《さんしん》・酥油《そゆ》・鮮血等なり。

触欲は、すなわちこれ冷暖・細滑《さいかつ》・軽重《けいちょう》・硬軟・名衣《みょうえ》・上服・男女の身分等なり。

この五つの過患は、色は熱せる金丸の、これを執ればすなわち焼かれるがごとく、声は毒《どく》を塗れる鼓《く》の、これを聞けば必ず死するがごとく、香は憋龍《べつりゅう》の気の、これを嗅げばすなわち病むがごとく、味は沸《たぎ》る蜜湯に舌はすなわち爛《ただ》れるがごとく、蜜を塗れる刀の、これを舐《な》めればすなわち傷つくがごとく、触は臥《ふ》せる獅子《しし》の、これに近づけばすなわち噛《か》まれるがごとし。

この五欲は、これを得ても厭くことなく、悪心がうたた熾《さか》んなること火に薪《たきぎ》を益すがごとく、世世に害をなすこと怨賊より劇《はげ》し。累劫よりこのかた常にあい劫奪して色心を摧折《さいしゃく》す。いままさに禅寂するに、またあい悩乱《のうらん》するも、深くその過を知れば、貪染《とんぜん》することは休息す。事相は具《つぶ》さに禅門(10)のなかのごとし。云云。上代の名僧の詩にいわく、(11)「これを遠ざければ士となること易《やす》く、これを近づければ情をなすこと難し。香・味は高志を頽《くず》し、声・色は躯齢《くれい》を喪《ほろ》ぼす」と。

第二に、叱って止めるべき五つの欲は、色欲・声欲・香欲・味欲・触欲である。『十住毘婆沙論《びばしゃろん》』は、「六つの情欲を禁ずることは、狗《いぬ》・鹿・魚・蛇・猿・鳥をつなぎ止めるようにするのである。狗は人の集落を喜び、鹿は山や沢を喜び、魚は池や沼を喜び、蛇は穴に住むのを喜び、猿は森林を喜び、鳥は空を飛ぶことを喜ぶ。六つの知覚器官が六つの対象を追い求めるのを、凡夫の浅知恵や弱い心で制御するのは難しい。ただ智慧があり、強い心で初心を忘れないものだけがそれを制御することができる」という。これは六つの知覚器官のはたらきをたとえている。

灌頂が注釈を加えると、視覚器官が視覚の対象を貪るようすは、視覚の対象は質量があるから集落のようであり、視覚器官は狗のようである。聴覚器官が聴覚の対象を貪る様子は、聴覚の対象は質量がないから何もない沢のようであり、聴覚器官は鹿のようである。同様に嗅覚器官が嗅覚の対象を貪るようすは、魚のようであり、味覚器官が味覚の対象を引くようすは蛇のようであり、触覚や体感が触覚や体感の対象に執著するようすは猿のようであり、心の意識が種々の意味にまとわりつくようすは鳥のようである。

ここでは意識を除いて、ただ五種の知覚の対象を取り上げ、この五種の知覚の対象自体は欲ではないが、修行者はこの五種の知覚の対象にとらわれて欲の心を生ずることになるので、五つの欲として掲げる。たとえば陶芸家が、誰かに頼まれごとをされて、これに応ずれば、作陶の作業に入れないようなものである。この五つの欲もこれと同じで、いつも人を誘い魔事の境界に入らせることになるので、前述したような修行の条件が調ったとしても、心を摂《おさ》めることはできないから、この五つの欲を叱って止めるわけである。

色欲、すなわち赤い白い、長い短い、くっきりした瞳、流し目、白い首すじ、黒い眉、白い歯、赤い唇、また各地に産する紅・黄・朱・紫などの珍奇な宝物などは、人の心を惑わせ乱す。『次第禅門』のなかで詳説したとおりである。色の害はもっとも深く、人を狂わせ酔わせる。現実の苦悩はみなこの色欲から起こっているともいえよう。難陀などはこの色欲が強かったので、仏の教えにしたがって阿羅漢のさとりを得てからも、色欲の習性に悩まされたというほどである。ましてや、色欲にまとわれた凡夫はなおさらのことである。

国王のなかにも色欲に耽《ふけ》って度を超し、先祖の祀りごとや国の政治をおろそかにしてはばからず、色欲のために敵国に捕らわれてしまったものもいる。中国の昔でも、国を亡ぼし、家をつぶした人は、たいていこの色欲がもとである。あれほど立派な周の王朝でさえ、褒姒《ほうじ》を偏愛したあまりに滅亡したのであり、その例には事欠かない。

経典は、「人々は財産欲や色欲を貪《どん》欲に求めるだけで、ついに仏道を知ることがない」という。また、「色欲に使われ、恩愛の奴隷となって、一生、自由になることができない」という。もしも色欲の間違いを知るなら、これにだまされるようなことはない。このように叱って止めれば、色欲はやみ、色欲についてあれこれ想うこともやみ、心を集中させて禅定に入ることができるはずである。

また声欲は、嬌声、媚声、あやし気な言葉、男女が睦《むつ》み合う声、異性を誘惑する言葉、糸や竹で作った管絃楽器の音、首飾り・腕飾り・腰飾りなどの音を聞こうとする欲である。

香欲は、濃密な匂い、良い香り、蘭の香り、麝香《じゃこう》のような匂い、何ともいえない匂い、強烈な匂い、柔らかないい匂いのもの、あるいは男女の体の香りを楽しむ欲である。

味欲は、酒や肉、珍しい魚、脂《あぶら》がのった肉、こってりした脂、甘いもの、酸っぱく辛いもの、牛や羊の乳で作った油、生血などを味わおうとする欲である。

最後の触欲は、冷たい暖かい、きめがこまやかである、軽い重い、固い柔らかい、銘柄の衣服、上等の衣服、男女の肌の感触などを楽しむ欲である。

このような五つの欲が苦悩のもとになることは、色欲は、熱した金の丸を取ろうとすればそのために焼かれてしまうようなものであり、声欲は、猛毒を塗った鼓の音を聞けば必ず死んでしまうようなものであり、香欲は、悪い龍の臭いをかげば病気になってしまうようなものであり、味欲は、煮えたぎる蜜湯を飲もうとすれば舌は焼けただれてしまうようなものであり、また蜜を塗った刃をねぶれば舌を切ってしまうようなものであり、触欲は、眠っている獅子に近づけばこれにかまれるようなものである。

この五種の欲は、これを得たとしてもこれでいいということがなく、いっそう悪い心が盛んに起こって、ちょうど火の中に薪《たきぎ》を加えるようなものであり、ますます害が大きくなるようすは敵や賊以上である。ずっと長い間、いつもこの五種の欲に侵されて身心を台なしにしてきたのであるが、いま禅定に入ろうとするにあたって改めてこれらの欲が身心を悩ませかき乱すのである。これらの欲の害をよく知れば、これらの欲を追い求めようとする心はやむことになる。そのようすは詳しく『次第禅門』で説いたので参照されたい。

上代の名僧が作った詩のなかに「これらの欲を遠ざけると立派な人間になるのは容易であるが、これらの欲を近づけようとすると情をとげることは難しい。香欲や味欲は高い志をくじき、声欲や色欲

は身命を亡ぼすことになる」といっている。〔以上、本文の大意〕

細かな解説を、智顗は最初期に説いた『次第禅門』の記述に譲っているが、これだけ読んでも、いかに人間が欲深いものであるか、放っておいたらどうにも始末におえないものであるか、実に人間の危うさをよく観察していることに驚く。勿論、ここの呵五欲と次の棄五蓋の説は、『大智度論』に出ている文章を抄出したもので、智顗の創説ではないが、智顗がこういう文章に共感し、その文章をみずからの口で語ったということは、智顗自身にこのような内容に共鳴する同様の反省があったということにほかならない。仏教の課題は常にこういう身近な問題に始まり、この問題の解決に終わるといってもいいであろう。

## 五つの覆い

次に、修行中に現れて、修行を妨害する五蓋とはどのようなものであろうか。第三の棄五蓋は次のように示されている。

(44c)第三に、五蓋《ごがい》を棄てることは、いわゆる貪欲《とんよく》・瞋恚《しんに》・睡眠《すいみん》・掉悔《じょうげ》・疑《ぎ》なり。通じて蓋と称するは、蓋覆し纏綿《てんめん》して、心神を昏闇《こんあん》にし、定慧《じょうえ》を発さざるが故に名づけて蓋となすなり。前に五欲を呵《か》すは、すなわちこれ五根が現在の五塵に対して五識を発す。いま五蓋を棄てるは、すなわちこれ五識が転じて意地に入り、追って過去を縁じ、逆《あらかじ》め未来の五塵等の法を慮《おも》い、心内の大障となればなり。たとえば陶師が身中に疾《やまい》があれば、執作すること能わざるがごとし。蓋《がい》もまたこのごとし。妨げをなすことすでに深ければ、これに加えて棄をもちいるなり。毒樹を翦《き》るごとく、偸《ちゅう》賊を検するごとく、留むべからざるなり。大品《だいぼん》にいわく、(12)「欲および悪法を離る。欲を離るとは五欲なり、前に呵すところのごとし。悪法とは五蓋なり」と。よろしくすべからく急いで棄つべし。

この五蓋は、その相はいかん。

貪欲の蓋が起れば、昔時に更《へ》たるところの五欲を追念し、浄潔の色を念って眼と対をなし、愛すべき声を憶《おも》って髣髴《ほうふつ》として耳にあり、意を悦《よろこ》ばせる香を思って結使《けっし》(13)の門を開き、美味を想って甘き液が口に流れ、もろもろの触を受けしことを憶って毛は竪《た》ち戦動するなり。このごとき等の麁弊《そへい》の五欲を貪《むさぼ》って、思想し計校《けきょう》して、心に酔惑を生じ、正念を忘失す。あるいは密《ひそ》かに方便をなして、さらにこれを得んことを望み、もしいまだかつて得ざるは、またまた推尋し、あるいはまさに求覓《もと》むべきは、心を塵境《じんきょう》に入れて間念《げんねん》あることなし。麁覚《そかく》が禅を蓋《おお》えば、禅はなににょってか獲《え》ん。これを貪欲の蓋の相と名づく。

瞋恚《しんに》の蓋は、この人が我《われ》を悩まし、わが親しきものを悩まし、わが怨《あだ》を称嘆すと追想し、三世に九悩(14)し、怨を封じて恨を結び、心は熱し気は麁《あら》く、忿怒《ふんぬ》が相続して、百計を伺候《しこう》し、たがいに害を中《くわ》え、彼を危うくし、身を安んぜんと欲し、その毒忿《ふん》を恣《ほしいまま》にして、情を暢《の》ぶるを快しとなす。これはこのごとき瞋《いかり》の火は、もろもろの功徳を焼く、禅定の支林はあに生長することを得んや。これはすなわち瞋恚《しんに》の蓋《がい》の相なり。

睡眠の蓋は、心神の昏昏たるを睡となし、六識が闇塞《あんそく》し、四支が倚放するを眠となす。眠を心数《しんじゅ》を増す法と名づく。烏闇《うあん》が沈塞し密かに来たって人を覆えば、防衛すべきこと難し。五情(15)は識ることなく、なお死人のごとく、ただ片息を余《のこ》すのみなれば、名づけて小死となす。もし眠を喜べば、眠はすなわち滋《ますます》多し。薩遮経《さつしゃきょう》にいわく、(16)「もし人睡眠多ければ、懈怠《けだい》して得ることあるを妨《さまた》げ、いまだ得ざる者は得ず、すでに得たる者は退失す。もし勝道を得んと欲せば、睡と疑と放逸とを除き、精進《しょうじん》して諸念を策《むちう》てば、悪を離れ功徳が集まる」と。釈論にいわく、(17)「眠を大闇となす、見るところなく、日日に欺誑《ごおう》して、人の明を奪う。また陣に臨んで白刃間《はくじんまじ》わるがごとく、毒蛇とともに室《しつ》を同じくして居るがごとく、人に縛られ将《ひき》い去り殺されるがごとし。その時、いかにして安んじて眠るべけんや」と。眠が禅を妨げること、その過は最も重し。これを睡眠の蓋の相となす。

掉悔《じょうげ》は、もし覚観《かくかん》がひとえに起るは前の蓋に属して摂む。いまは覚観が等しく起ってあまねく諸法を縁じ、乍《たちま》ちに貪欲を縁じ、また瞋恚および邪癡《じゃち》を想い、炎々として停《とど》まらず、卓々《じょうじょう》として住《とど》まることなく、乍《たちま》ち起り乍ち伏して、種々に紛紜《ふんうん》たり。身は趣なくして遊行し、口は益なくして談笑す、これを名づけて掉《じょう》となす。掉にして悔《げ》なければ、すなわち蓋と成らざるも、その悼をもっての故に、心地に思惟し、謹慎すること節ならず、いかんぞすなわち無益の事をなせるや、実に恥ずべしとなし、心中に憂い悔い、懊結《おうけつ》して心に繞《まつわ》れば、すなわち悔《げ》の蓋《がい》と成る。蓋は禅定を覆い開発することを得ず。もし人、懺悔して往を改むるに、みずからその心を責めて憂悔を生ず。もし禅定に入れば過《とが》を知るのみにして、まさに想い著《じゃく》すべからず、ただ故《ふる》きを悔いて免脱《めんだつ》を得るのみにあらず、まさに禅定の清浄の法を修すべし。なんぞ悔をもって心に縈《まと》いて大事を妨げることを得ん。故にいわく、(18)「悔いおわってまた憂うることなかれ。まさに常に念に著すべからず。まさに作すべからずをしかも作し、まさに作すべきをしかも作さざらんや」と、すなわちこの意なり。これを掉悔《じょうげ》の蓋《がい》の相と名づけるなり。

疑の蓋は、これは見諦《けんたい》の理《り》を障《さ》うる疑にあらず、すなわちこれは定《じょう》を障うる疑なり。疑に三種あり、一つには自《みずから》を疑い、二つには師を疑い、三つには法を疑うなり。一つに、自《みずから》を疑うとは、いわく、わが身は底下《ていげ》なり、必ず道の器にはあらずとし、この故に身を疑うなり。二つに師を疑うとは、この人の身《しん》も口《く》もわが懐《おもい》に称《かな》わず、なんぞ必ずよく深き禅、好《よ》き慧《え》あらん、師としてこれに事《つか》えれば、はたまたわれを誤らざらんや、と。三つに法を疑うとは、受けるところの法は、なんぞ必ず理に中《あた》らん、と。三つの疑を猶予《ゆうよ》して、常に懐い抱いてあれば禅定は発らず、たとい発るとも永く失わん。これはこれ疑の蓋の相なり。

第三に、捨てるべき五つの覆蓋《おおい》とは、貪欲《とんよく》蓋・瞋恚《しんに》蓋・睡眠《すいみん》蓋・掉悔《じょうげ》蓋・疑《ぎ》蓋である。これらをみな「蓋」というのは、修行者をすっぽり覆ってまといついて離れず、心のはたらきをくらくして、禅定と智慧が発《おこ》らないようにしてしまうからである。前で五欲を呵することを説いたのは、五つの知覚器官が現に五つの知覚の対象に対して五つの知識を発す辺でいったのであるが、ここで五蓋を棄てることを説くのは、五つの知識が転じて意識の中に入り、昔のことを追想し思い出して、さらにそれが未来の五つの知覚の対象などを心配するようになり、心の中に大きな障害を生ずることになるからである。それはたとえば、陶芸家が、どこか体に病気があると、作陶の作業にかかることができないようなものである。

この五つの覆蓋もこれと同じで、修行の大きな妨げになるので、この五つの覆蓋を棄てるように指示するのである。毒樹はすぐ除かなければいけないように、盗賊はすぐ捕らえなければいけないように、この五蓋も放っておいてはいけない。『大品般若経』は、「欲と悪いものを離れることである。欲を離れるというのは五欲のことであり、前でこれを呵《か》した通りである。悪いものというのは五蓋のことである」といっている。このようなわけで、急いで五蓋を棄てなければならない。

この五つの覆蓋《おおい》はどのようなものであろうか。

貪欲の覆蓋が起こると、昔経験したことがある五つの欲を思い起こし、浄らかな色を思い出すとそれが眼に現れ、愛すべき声を思い出すとそれが耳底に残り、心を喜ばせるような香りを思い出すと煩悩が起こり、美味を思い出すと甘い唾液が口の中にあふれ、触れた感触を思い出すと毛は逆立って身をこがすような思いにとらわれる。

このような粗雑などうしようもない五欲にとらわれ、それを思い浮かべてはあれこれと想像をたくましくして、心は酔いしれて迷い、せっかくの初心を忘れてしまい、あるいは密かに計略をめぐらしてそれを手に入れようと考え、もしもまだ一度も経験したことがないものであればそれをあれこれと推察し、あるいはそれを求めるというようなことになる。心がこのように知覚の対象にとらわれて一瞬もやむことがないようなことになり、粗雑な知覚で一杯になれば、もはや禅定どころではない。これが貪欲蓋のようすである。

瞋恚の覆蓋《おおい》は、この人が自分を悩ましているのであり、自分の親しい人を悩ましているのであり、自分の敵をほめたたえているのであると追想し、過去・現在・未来にわたって思い悩み、怨ある人に対して恨みを結んで、心は熱くなり、気は荒くなり、怒りの心を継続して、いつか晴らしてやろうとあれこれと計略を練る。この人とわたり合って相手に危害を加え、自分の身は安全に保とうとして、その毒気を含んだ怒りを思う存分に果たし、怒りの情をとげることを快しとする。このような忿怒の炎は多くの功徳を焼いてしまうことになるので、禅定に付随している種々の功徳が生まれ育つことはない。これが瞋恚蓋のようすである。

睡眠の覆蓋は、心のはたらきが朦朧《もうろう》となるのが睡《まどろむ》であり、六種の知覚が閉塞し、肢体がしどけなくなるのが眠《ねむる》である。眠っているうちにも心のはたらきは種々に生ずる。暗闇が意識を深くこごめてしまい、いつの間にか人を覆い尽くしてしまうので、なかなかこれを防ぐことは難しい。そうなれば五つの知覚器官もこれを察知することはできず、さながら死人の体《てい》でただ息をしているだけという有様であるから、睡眠はさながら「小さな死」であるといえよう。もしも眠ることを楽しめば、いくら眠っても足りないものである。

『大薩遮尼犍子所説経《だいさつしゃにけんしきょう》』は、「睡眠が多い人は、怠けがちになり、できることもできないということになる。まだできていないことはできる見込みがたたず、すでにできたことは後退するようなことになる。もし勝れたさとりを得ようと願うならば、睡《まどろ》むこと・疑うこと・油断することなどないようにして、努力してこれらの心に鞭打って励むと、悪を離れることができ、修行の力がそなわることになる」という。

『大智度論』は、「眠りは大きな闇である。なにも見えず、毎日人をだまし続け、人から光を奪うからである。また、戦場で交戦するようなとき、毒蛇と同じ部屋に居るようなとき、囚われた人が刑場に引き出されて殺されるようなときに、一体、誰が眠っておれようか」という。禅定を妨げるものの中では、この眠が一番質《たち》が悪い。これが睡眠蓋の様子である。

掉悔の覆蓋は、貪・瞋・癡がそれぞれに起こって問題になるようなときは、前述してきたような三つの覆蓋になるが、この掉悔はそれらが同時に起こり種々の心に影響を与え、突然、貪欲の心を生じたかと思ううちに、瞋恚の心や愚癡の心を思うというふうで、盛んに湧き起こり、きわだって現れてとどまることがなく、起こっては消え、消えてはまた起こるというふうに心が錯綜するのである。こうなると身は置きどころがなくふらふら歩き回ることになり、口は意味のない雑談にふけることになる。これを掉（思うままにする）という。

このように思うままにすることによって、心のなかであれこれ考え、そのことを必要以上に責め続け、「どうして自分はこのように意味のないことをするのだろう、本当に恥ずかしいことだ」といって、悔やみ、後悔の念が強すぎると、悔の覆蓋となる。このように、掉悔の蓋は禅定を覆って、禅定が開発することをはばむ。

懺悔して過去のことを悔い改めるときは、みずからを責めて心から恥じて悔いるわけであるが、禅定に入るときは、その過失を知るようなことがあっても、その想いにとらわれてはいけない。過去を悔い改めそこから脱出した後は、禅定において清浄な教えを身につけなければいけない。いつまでも、くよくよ後悔して己れを責め続け、今しなければならない大切なことを怠るようなことがあってはならない。だから、「悔いおわったら、そのことを心配してはいけない。いつまでもその思いにとらわれてはいけない。してはならないことをして、やらなければならないことをしない、そのようなことがあってはならない」と同じことをいっている。これが掉悔蓋の様子である。

疑の覆蓋は、真実を見る道理を邪魔するというような意味での疑ではなく、この疑は禅定を妨げる疑の意味である。この疑蓋には、自分を疑うこと・師を疑うこと・教えを疑うことの三種がある。

まず、自分を疑うということは、自分などは最低の人間である、絶対に仏道とは無縁な人間であるというふうに、自分の能力を過小に評価することである。

次に、師を疑うということは、この人がしていることも言っていることも、自分は賛成できない、こんな人に深い禅定やよい智慧があろうはずがない、こんな人を師として学んでも後悔するようなことになるのではなかろうか、と反問することである。

三つ目の教えを疑うということは、自分が聞いた教えは果たして道理にかなっているものであろうか、と疑うことである。

このような三つの疑いがいつまでたっても晴れないで、いつも胸の内にわだかまっていると、禅定が発《おこ》ることはなく、禅定が発っているときは永久に失うことになる。これが疑蓋のようすである。

〔以上、本文の大意〕

一瞬きざした欲望に負けて、あるいは怒りに身をまかせ、いたずらに眠り惚け、調子づいてやってしまった言動をうじうじと後悔し、自分を疑い、師友を疑ってなんとも愚痴っぽく、せっかくやり始めた仏道修行も途中で投げ出してしまうということになれば、もはや他人事ではすまされないだろう。そういうことはざらにあることだからである。

## 十四　坐禅に専念する
### ―調身・調息・調心―

仏道修行の生活にふさわしい身心の環境や条件を調え、衣・食・住の条件やよい理解者を得て、初めて仏の教えにかなった修行生活に入ることができるわけであるが、そういう生活に入っても、外の世界にひかれて、色欲・声欲・香欲・味欲・触欲のような五つの欲望に振り回されたら修行にならないから、このような欲望を正しく制御しなければならなかったわけである。また、ちょっと油断をしていると心の中で頭をもたげる貪欲《とんよく》・瞋恚《しんに》・睡眠・掉悔《じょうげ》・疑などの、心を暗く覆うものが現れるから、このような覆いを除く必要があったのである。

### 五事を調えよ

そこで、いよいよ止観を行ずる坐禅に入る段取りになるわけであるが、坐禅をするときは、次のような点に注意しなければいけないという。

(47a)第四に、五事《ごじ》を調《ととの》えるとは、すなわち食《じき》を調え、眠を調え、身を調え、息を調え、心を調うるなり。さきに喩《たと》えるところのごとく、土と水と調わざれば器《うつわ》となすに任《た》えず、五事が善からざれば禅に入ることを得ず。眠と食の両事は、定《じょう》の外についてこれを調え、（身・息・心の）三事は、入・出・住(1)についてこれを調う。

すなわち坐禅のときは、日頃から食事と睡眠に注意し、坐禅をするに当たっては、姿勢を調え、呼吸を調え、心を調えることが大切であるという。それはたとえば陶芸家が作品を作ろうとしても、最適な土や水が得られなければ製作に入れないようなものであり、坐禅をするときもこれと同じで、食事と睡眠に注意し、姿勢と呼吸と心を調えなければ、思うような坐禅はできないという。

食事を調えるということについては、前の五縁を具《そな》えることの第二番目に衣と食を具足することが説かれていたから、ここで重ねて注意していることになる。それだけ食事の問題は修行生活でも大切ということであろう。

食事を調えることについては、次のように記している。

(47a)食を調うとは、病を増し、眠を増し、煩悩を増す等の食は、すなわちまさに食すべからざるなり。身を安んじ、疾《やまい》を愈《い》やす物は、これまさに食すべきところなり。略してこれをいえば、飢えず飽かざる、これ食が調う相なり。尼犍経《にけんきょう》(2)にいわく、「噉食《たんじき》すること太《はなは》だ過ぐれば、体は回動《えどう》し難く、窳惰《ゆだ》(3)し懈怠《けだい》し、食するところ消《しょう》し難く、二世(4)の利を失い、睡眠してみずから苦を受け、迷悶して醒寤《しょうご》し難し」と。

すなわち、食事のいかんによって、病気にもなるし、眠気をもよおすことにもなるし、煩悩を増すようなことにもなる。だからそういうことになる食事は用心して避け、体によいもの、病気を治すことになるものを食べるようにしないといけない。食事の要領は、俗にいう腹八分目というところであろうか、ひもじい感じがなくなれば充分なので、腹一杯食べるようなことはいけない。『大薩遮尼犍《だいさつしゃにけん》子《し》所説経』の経文にも「飲み食いが過ぎるときは体を動かすのもおっくうになり、ものうくなって怠けがちになる。食べた物が消化されないだけでない。今やらなければいけない仕事なども手につかず、後で後悔するようなことになる。眠り込んでしまってまずいことになり、後で悔やんでみても取り返しのつかないことになる」という。このような体験は誰にでもあるであろう。それは仏道修行でも同じだというのである。

睡眠を調えることについては、次のように記している。

(47b)眠を調うとは、眠はこれ眼の食なり、苦《つと》めて節すべからず。心数《しんじゅ》(5)を増し、功夫を損失す。また恣《ほしいまま》にすべからず。上の蓋《がい》を訶《か》すなかに一向に除棄するは、まさに定《じょう》に入るときの障なるが故なり。このなかは、散心にあるときに四大(6)を従容《しょうよう》(7)にするが故なり。おのおのその意あり。略してこれをいえば、節ならず、恣ならざるが、これ眠を調える相なり。

文中に出る「眠は眼の食事である」という表現は奇抜であるが、眠ることは眼に休養を与えることになるので、必要なことだというのである。だからあまり睡眠時間を切りつめるようなことになると、神経が衰弱して心のはたらきも断片的になって散乱するようなことにもなるから、とうてい坐禅を持続させることなどできない。そうかといって睡眠をとりすぎると、心は散漫になって集中力が起こらないというようなことになる。

睡眠については二十五方便の説のなかで、すでに睡眠蓋として、取り除くべき五つの覆いの一つとして説かれていた。五蓋を棄てるなかでは、睡眠は坐禅しようという意欲が起こらなくなるようにしてしまうから、睡眠に注意しなければならなかったのであるが、ここで睡眠を調えなければいけないというのは、睡眠のいかんによって坐禅のときの身・息・心を調えることができなくなるからという。したがって睡眠は坐禅に入る前も、坐禅に入ってからも大きな影響があるから、それだけ注意しなければいけないというのである。

さて次に、身を調え、息を調え、心を調えることについては、次のように記している。

(47b)三事を合わせ調えることとは、三事はあい依り、あい離すことを得ず。初めて胎を受けるに、一に煗《なん》、二に命《みょう》、三に識《しき》(8)あり。煗はこれ遺体《ゆいたい》の色《しき》、命はこれ気息の報風の連持、識はこれ一期《いちご》の心主にして、胎に託するにすなわち三事あるがごとし。三事が増長して七日に一たび変じ、三十八の七日がおわって三事が出生するを嬰児《ように》と名づけ、三事が停住《じょうじゅう》するを壮年と名づけ、三事が衰微するを名づけて老となし、三事が滅壊《めつえ》するを名づけて死となす。三事は始終あい離れることを得ず、すべからく合わせ調うべきなり。

ここでは体と呼吸と心は一体のものであることを確認している。だから体と呼吸と心は一体のものとして調えなければならないという。「初めて胎を受ける」というのは、母胎に生命が宿ったときという意味である。そのときにすでに呼吸をしている小さな肉の固まりが心をもって息づいているというのである。「一期の心主」とは、薄皮一枚を隔てて母胎に宿っているその生命が、出生してその一生を送ることになる原形にほかならない。

仏教で「生まれる」というのは、このように母胎に生命を宿した時点をいう。オギャーといって誕生するそういう一般的な意味ではなく、それ以前から生まれていることになる。母胎の中ですでに新しい生命が立派に生まれているわけである。この生命体が、めでたく出生し、乳幼児として成長を遂げ、青年期を迎え、壮年となり、やがて老衰して、死を迎えることになるが、その間、生きている限り、私たちは体と呼吸と心の三つに付き合わなければならない。そのときどきの付き合い方があるはずである。

## 身・息・心を調え定に入る

そこで、こういう切り離すことのできない体と呼吸と心の三つは、坐禅をするときも大切な要件になる。

(47b)初め定に入るとき、身を調えて、寛《かん》ならず急ならざらしめ、息を調えて、渋ならず滑ならざらしめ、心を調えて、沈ならず浮ならざらしむ。麁《そ》を調えて細《さい》に入れ禅のなかに住し、調わざるところは覚するにしたがってまさに検校《けんぎょう》し、調えて安穏《あんのん》ならしむべし。絃を調えて弄《ろう》に入れ、のち曲を成ぜざれば、すなわち絃軫《げんしん》(9)が差異《しゃい》することを知り、覚《さと》らばこれを改めるがごとし。もし定《じょう》を出でんと欲すれば細《さい》より麁《そ》にいたる。備《つぶ》さには次第禅門《しだいぜんもん》(10)のごとくなり。

ここでは坐禅に入るときと坐禅の最中と坐禅をやめるときという三つの場面を想定して、体、すなわち坐禅の姿勢はどう調え、息、すなわち呼吸はどう調え、心、すなわちこころはどう調えたらいいか、簡略にその要領を示している。坐禅に入るときには、姿勢は足を組み、手を重ね、背骨をまっすぐに伸ばし、頭を起こし、あごを引いて、しゃちこばって力むことがないようゆったりと坐る。それを「寛ならず急ならざらしめ」と記している。すなわち、だらっと気が抜けたような姿勢はいけない、だからといって力みかえったような姿勢もいけないというのである。

また坐禅の呼吸は、激しい運動をした後のように肩で息をしたり、胸でするような呼吸法とは違う。臍下《へそした》二寸半のあたりに想定された丹田《たんでん》の気の海を定点として、出る息・入る息を転換するのだと教える。平たくいうと腹式呼吸ということである。「渋ならず滑ならざらしめ」というのは、坐禅の呼吸法は肩や胸でするような呼吸ではなく、臍下でする呼吸法であるということである。

坐禅の心は、姿勢と呼吸が調うと、坐禅をすることによって初めて気がついたりわかったりするような、それこそ種々様々な心が現れる。『摩訶止観』は、坐禅の最中に現れるそういう様々な心を、十境としてまとめ、そういう心をどう調えていったらいいかということを、十乗の観法としてまとめているが、ここではその要領を「沈ならず浮ならざらしむ」と簡単に指摘する。心が沈んでいたり浮いていているような感じを離れるように工夫するという意味になろう。

これが坐禅に入るときの注意である。坐禅の最中に、体と呼吸と心の三つのはたらきが次第に調い、粗雑な感じが静まって、だんだんと微細なはたらきに調っていくことがわかるが、もしも姿勢が乱れていたり傾いていたりとか、うっかり胸で呼吸していたとか、心が雑念を追いかけ回していたとか気づいたときには、そのつど、坐禅のあるべき状態に修正しなければいけない。たとえてみれば、絃楽器を演奏するに当たって、演奏者はまず絃を調律した後でちょっと曲を演奏してみて、そのときにもしも正しい音が出ないようであれば、改めて調絃するようなものである。坐禅もこれと同じことで、正しい坐禅ができていないときはすぐそれを改めなければいけないというのである。

最後に坐禅を終えようとするときは、坐禅に入るときと逆に、坐禅の最中の微細な状態からだんだんと体と呼吸と心をもとの生活の状態に戻すような感じで坐禅を終える。そのことを「細より麁《そ》にいたる」と記す。

『摩訶止観』の坐禅の説明はこのように簡略に示されるだけで、坐禅の作法についての細かな説明は省略されている。その点については、智顗が前に著した『次第禅門』という書物に詳しく示されており、この『次第禅門』の説を要約して、実兄の陳鍼《ちんしん》に与えた『天台小止観』などで詳細な解説がなされている。

たとえば足の組み方はどうするか、手の重ね方はどうするか、口の中はどうするか、眼はどうするか、呼吸の乱れにはどういうものがありどう調えたらいいかなど細かな説明がみられる。坐禅を終えるときの注意なども、入念に準備をすべきで、急に坐禅をやめると、また今度坐禅をしてみようという気持ちが起こらなくなるからいけない、と理由まで示されている。

したがって『摩訶止観』では、『次第禅門』や『天台小止観』で説いた坐禅の作法は自明のこととして、そういう坐禅の行が仏道修行としてどういう意味があり、どういう仏道の展望を開くことになるのか、もう一歩進んだ課題に答えようとしていることがわかる。

この後に次のような文章が続いている。

(47b)もしよく凡夫の三事を調えれば、変じて聖人《しょうにん》の三法となる。色《しき》は戒を発《ほっ》するの由《ゆ》となり、息は定に入る門となり、心は慧《え》を生ずる因となる。この戒はよく悪趣《あくしゅ》(11)の凡鄙《ぼんぴ》の身を捨て、聖人の六度を成弁《じょうべん》し、法身(12)を満足す。この息はよく散動の悪覚《あっかく》を変じ、すなわち禅悦《ぜんねつ》・法喜《ほうき》(13)を成じ、禅に因《よ》って慧《え》を発す。聖人はこれをもって命となす。この心はすなわちよく生死《しょうじ》の心を改め、菩提《ぼだい》の心《しん》(14)の、真常の聖識《しょうしき》となす。この三法より始めて聖胎《しょうたい》を成ずべし。始め初心《しょしん》より終わり後心《ごしん》(15)にいたるまで、ただこの三法《さんぽう》あい離るることを得ざるなり。云云。

身・息・心の三つをよく調えることができれば、凡夫の身・息・心は聖人たちの身・息・心と変わらないものになるという。調えられた身には戒法がそなわることになり、調えられた息には禅定がそなわることになり、調えられた心には智慧が生ずることになる。仏が説かれた戒法が身にそなわると悪の世界になじんでいた鄙《いや》しい身とは異なり、聖人たちがなした布施や持戒や忍辱《にんにく》、精進や禅定や智慧などの諸行を成就してやまない、永遠に変わることのない身体となる。

また禅定が得られると散々に乱れていけないことばかりに向かっていた心は、教えを学び禅定を学ぶことの喜びで満たされ、また、この禅定によって智慧が生ずる。この智慧が聖人のいのちというべきもので、この智慧の心が、生き死にの現実にいつまでも流されている心を改めさせることになり、いつも変わることなく仏のさとりの心を実践して、飽くことを知らない本当の人生観を確立することになる。だからこの調身・調息・調心ということから始めて仏の智慧を得るようにしないといけない、という。このように始めから終わりまで身・息・心の三つのものを一体のものとして調えていくよう指示する。

身・息・心は、別のいい方をすると身・口・意、あるいは身・語・意ということで、三業の説になる。三業とは人間の三種の行為という意味であった。たとえば、わが国の弘法大師空海（七七四―八三五）が創唱した真言宗の教えでは、「三密加持」ということをいう。三密とは身密・語密・意密のことで、大日如来の大変意味深いお姿というほどの意味である。その仏のお姿を修行者がみずからの体で印契《いんげい》を結んで象《かた》どり、口で真言《しんごん》を唱え、心で胎蔵界《たいぞうかい》、金剛界《こんごうかい》の両部の曼荼羅《まんだら》を想念することによって「入我我入《にゅうがにゅう》」、すなわち仏の力を頂き仏と一体になることができるという。この考え方は、『摩訶止観』が説く、あくまで沈黙のうちにすべてを無化していく坐禅の理論とは違い、積極的に言動や想像力にゆだねる極めてダイナミックな修行論といえるが、「もしよく調えば、凡夫の三事は変じて聖人の三法となる」という点では、『摩訶止観』の説と基本的には同じことをいっていることがわかる。

仏道修行といっても特別なことがあるわけではない。私たちが日常的に使ってあやしまないこの体と呼吸と心をどう調えたらいいか、どういう行動をとり、どういう言葉を使い、どういう心で生きていったらいいか、極く身近な問題を解決する方法を示しているのだと考えるべきであろう。

### 五法を行ずる

そこで次に、身・息・心を調えていく坐禅の行を持続させていくことが大切であり、修行を持続させていくためには、どのような点に注意しなければならないかということを、次のように、五法を行ずることで示す。

(48a)第五に、五法を行ずることとは、いわゆる欲《よく》・精進《しょうじん》・念《ねん》・巧慧《ぎょうえ》・一心《いっしん》なり。前に陶師が、衆事がことごとく整うも、しかも作ることを肯《がえ》んぜず、作るも殷勤《おんごん》(16)ならず、作法を存せず、作ること巧便《ぎょうべん》ならず、作ること専一ならざれば、すなわち事の成らざるに喩《たと》う。いまもまたかくのごとし。上の二十の法(17)が備わるといえども、もし楽欲《ぎょうよく》し希慕《けも》し、身心《しんじん》を苦策《くさく》し、念想し、方便し、一心に志を決することなければ、止観は現前するに由《よし》なし。もしよく欣習《ごんしゅう》して厭《いと》うことなく、暁夜に懈《おこた》らず、念念に相続して、善くその意を得て、一心に異なることなければ、この人はよく前の路に進まん。一心は船の柁《かじ》にたとえ、巧慧《ぎょうえ》は点頭のごとく、三種は篙《ふなざお》や櫓《ろ》のごとし、もし一事も少《か》けばすなわち安穏ならず。また飛鳥が眼をもって視、尾をもって制し、翅《つばさ》をもって前《すす》むがごとし。この五法がなければ、事禅《じぜん》すらなお難し、いかにいわんや理定《りじょう》(18)をや。まさに知るべし、五法は通じて小と大の事・理(19)のために方便《ほうべん》となることを。

ここでは、三種のたとえで五つの修行上の用心がわかりやすく示されている。陶芸家が作品を製作する準備がすべて調ったとしても、創作意欲が起こらなければどうしようもない。だから修行しようとする意欲が大切だという。それを「楽欲し希慕し」という。すなわち仏道を慕い仏道を行じようという激しい欲求が起こらなければいけないといっている。

また、製作に入っても身が入らないというようなことではいい作品はできない。いい作品を作るためには相応の精進努力が必要になるわけで、「身心を苦策し」という。すなわち、くじけそうになる身心をそのつど励ますようにして前進するのだという。

さらに、何を作ろうとしているのか、どういうふうにしたいのか、いつも頭脳を明晰にし、新鮮なイメージを持続させていないといい作品はできない。これが「念」ということで、文中には「念想」とある。想いを新たに仏道を修行しようとしていることを心に念じて、忘れないようにしないといけない。

なお、いい作品に仕上げるためには製作の過程でそのつど適切な工夫をしなければいけない。仏道の修行でもそれは同じことで、そのたびに手を打たなければならないことが、十境・十乗の説で示されるように色々あるわけである。それを「方便」といい、すなわち目的を遂げるためにあれこれと工夫しなければならないことがあると示す。それに、製作に専念しなければいい作品はできない。これが「一心」である。仏道の修行にもそういう集中力が必要というのである。

上述した二十種の教えがすべてそなわったとしても、この五法によって修行をやり遂げずにはおかないという強い決意が起こらなければ、止観の坐禅も現前することはないという。修行をすることを喜び求め、嫌うようなことがなく、朝早くから夜遅くまで怠ることがなく、気持ちを持続させて、真実の修行に近づけるよう工夫し、身心が一つになって修行に打ち込めるなら、この人の修行はいよいよ前進することになるであろうという。

## 初禅に到らんと欲す

しかし、これは五法の一種の解釈にすぎない。坐禅の行を持続させるために五法を点検しなければならない理由は、禅定が深まっていくようすを背景にして、適宜応用されなければならないということである。仏教の初歩的な理解（三蔵教）としては次のように解説されている。

(48b)論の文[20]に五法を解するは、「欲は、欲界《よっかい》より初禅《しょぜん》[21]に到らんと欲す。精進は、欲界は過ぎ難し、もし精進せざれば出ずることを得ること能わず、叛《そむ》きて本国に還《かえ》るに界首は度《わた》り難きがごとし」と。故に論にいわく、「施・戒・忍は世間の常法なり、客と主の礼として、法をまさに供給すべきがごとし。悪を作《な》す者の治せられるを見て、敢えて罪を作さず、あるいは少力の故に忍ぶがごとし。故に精進を須《もち》いず。いまは般若[22]を生ぜんと欲すれば、要《かな》らず禅定に因《よ》り、必ずすべからく大いに精進すべし。身心を急に著してすなわち成弁《じょうべん》す。仏の説きたもうがごとし、血・肉・脂《し》・髄《ずい》をみな竭尽《かつじん》せしむとも、ただ皮・骨をあらしめれば、精進を捨てざれ、すなわち禅定と智慧を得ん」

と。この三事を得れば衆事はみな弁ず。この故にすべからく大いに精進すべきなり。

すなわち、『大智度論』で五法を行ずることを説くのは、欲望の世界から出て初禅の禅定に入ることを勧めるためであり、五法の欲とは初禅に入ろうと心から欲することにほかならない。次に精進をいうのは、欲望の世界から脱出することはむずかしいので、一通りの努力ではだめだと教えるためである。それを敵国から脱出しようとしても国境線を越えるのがむずかしいようなものであるとたとえている。

『大智度論』は次のように示している。「施しを行い、戒を持ち、耐え忍ぶということは世間で当然のこととして行われている。来客があればその家の主人がもてなすのは当然であろう。悪事をなした人は罰せられるから、わざわざ悪事をはたらくようなことを人はしないわけであるし、抗《あらが》うだけの力がないから忍ぶわけで、こういう場合は、そのために精進努力するようなことは必要がない。しかし今は智慧を磨こうとして禅定に入ろうとしているのであるから、それ相応の努力精進が必要なわけである。身心を策《むち》ち励まして初めて成就するということは、仏がいわれる通りである。仏は血も肉も脂も髄《ずい》もみななくなって、ただ骨と皮だけになっても精進することをやめず、ついに禅定と智慧を得ることができたのである」と。

禅定と智慧に精進するなら、いかなることも成就しないものはない。骨と皮だけになっても精進することをやめなかった仏の姿は、私たちも釈迦苦行像としてよく目にする姿である。

こういうわけで、初禅に入ろうと心から求め、求めたように初禅に入るために努力を惜しまないことが大事な要件になる。欲と精進の後に、念と巧慧と一心の三つが説かれるが、これらも修行に集中する一連の方法であることがわかる。前の文に続いて、次のように記されている。

(48b)念は、常に初禅を念じて余事を念ぜざるなり。慧は、初禅は尊重にして貴ぶべし、欲界は欺誑《ごおう》にして悪《にく》むべしと分別す。初禅を攀《はん》上の勝妙の出となし、欲界を厭下《おんげ》の苦麁《くそ》の障となす。因果を合して論ずれば十二の観あり。もしこの言によらば外道《げどう》[23]の六行と同じ。ただ外道は専ら禅を求めんがためなり。いま仏弟子は邪相を用いて正相に入り、無漏心《むろしん》[24]を修すればかえって正法と成る。これを巧慧《ぎょうえ》となすなり。一心とは、この法を修するとき、心を一にし志を専らにして、さらに余を縁ぜざる、決定《けつじょう》の一心にして、これは入定《にゅうじょう》の一心[25]にあらざるなり。

すなわち、念とは、初禅に入ることを思ってそれ以外のことは考えないことである。巧慧とは、初禅こそ尊重すべきものであり、欲望の世界などは嘘ばかりでとるに足らないものであるとして一つ一つはっきりと分別することである。ただ、外道の禅定と違う点は、仏弟子の禅定は間違った考えを正し、仏のさとりの智慧を修めようとするから、正しい禅定になる、これが巧慧だという。一心とは、心をこの一点に集中させて他のことには一切拘《かかわ》らないということで、きっぱりと修行の目標が定まった、そういう心のことをいう。禅定に入った心境を表す「一心」の意味ではないと念を押している。

五法を行ずるということの初歩的な仏教の解釈はこういうことになるという。坐禅をすることは、禅定と智慧を成就するためであり、当面のねらいは初禅に入ることであるという点は注意すべきであろう。

しかし、この五法を行ずることが、最終的にどのようなことになるかというと、こういうことであると説く。

(48c)またつぎに重ねて説かば、欲は、二辺(26)よりまさしく中道に入らんと欲するなり。二辺を雑《まじ》えざるを精となし、任運《にんぬん》に流入《るにゅう》するを進となす。縁を法界《ほうかい》に繋《か》け念を法界に一《ひとし》くするを念となす。中観《ちゅうがん》を修する方便を善巧と名づく。二辺を息《や》め、心水は澄清にして、よく世間の生滅《しょうめつ》の法相を知り、その心を二にせず、清浄に常に一にして、よく般若《はんにゃ》を見るなり。

すなわち、このような理解が円頓《えんどん》止観（円教）の解釈である。欲とは中道の本当の仏道を成就しようと願うこと、精進とは一筋に仏道を行ずること、念とはすべてを仏法の世界に結ぶこと、善巧とは中道の実践をすること、一心とは禅定によって智慧を現すことであるという。

## 十五　坐禅の要処・十境・十乗

### ―観心に十の法門を具す―

これまでは、禅定と智慧を深める止観の修行法とはどういうものか、ということを、まず、生活環境や条件を調えることから始めて、修行中に生ずる諸種の妨害や障害をどう克服していったらいいかを明らかにし、最後に坐禅の行をどのような点に注意して続けていかなければならないかということを順次、説明してきた。

以下では、その坐禅の行の中で、止観、すなわち禅定と智慧を修めるに当たってどういうことが問題になるか、どういうふうに仏道修行を続けていったらいいか、もう一歩踏み込んだ課題をとりあげる。

### 仏法の世界を培う十境

大章の第七正修止観章では、この辺の課題を体系的に論じている。それが『摩訶止観』の十境（修行の中で修行者を悩ませる十種の境界）・十乗（そのような境界を観察する十種の観察方法）の観法として広く知られている有名な教説である。

十境とは何かというと、

(49a)止観を開いて十となす。一つには陰界入《おんかいにゅう》(1)、二つには煩悩、三つには病患《びょうげん》、四つには業相《ごっそう》、五つには魔事、六つには禅《ぜん》定《じょう》、七つには諸見、八つには増上慢、九つには二乗《にじょう》、十には菩薩《ぼさつ》なり。

この十境は、通じてよく覆障す。

と記している。陰界入とは、五陰・十二入・十八界の「三科」の教えであるが、これも十八界（丈）は十二入（尺）に集約され、十二入は五陰（寸）に集約され、五陰は識陰に集約される（これを三科揀《けん》境という）として、この現前の識陰、すなわち心は不可思議であると観察する、十乗の観法の第一、観不思議境が成立することになる。

すなわち、陰・入・界の境が第一にすえられる理由は、原始仏教以来、この三科の教えが仏教の基本を示しているということであり、また陰・入・界の境は誰にでも共通の問題であるからである。陰・入・界の三科の教えは私どもの身心の成り立ち、いのちのありようを説明し、身心の問題は誰にでも共通する根本的な課題である。陰入界境の十境のなかにおける位置づけを、次のように記す。

(49c)陰入《おんにゅう》の一境は、常におのずから現前し、もしは発するも発せざるも、恒《つね》に観をなすことを得る。

余の九境は、発すれば観をなすべく、発せざればなんの観ずるところかあらん。また、八境は正《しょう》道《どう》を去ること遠きも、深く防護を加うれば正轍《しょうてつ》に帰することを得る。二境は正道を去ること近ければ、この位にいたるときは観なきことを慮《おも》わず、薄《すこ》しく修すればすなわち正しきなり。

つまり、陰入界境、すなわち身心の問題はいつも誰の前にも現れている問題であるから、起こっているとか起こっていないとかということではなしに、いつでも観察することができる。一方、他の九境、すなわち煩悩・病患《びょうげん》・業相《ごっそう》（過去にした言動の諸影響）・魔事（心を誘惑するもの）・禅定（精神統一に付随する過ち）・諸見（諸種の誤った了見）・増上慢（うぬぼれ）・二乗（低い仏教理解）・菩薩（充分な理解にひそむ落とし穴）は、現実にそのような問題が生じたときに初めて解決すべき問題となるもので、誰にでもさしせまった当面の問題として現れているわけではないという。

また、増上慢境までの八境は、そのままでは仏道とはいえないが、それらを正しく観察すればどれもみな仏道になる。その上の二乗と菩薩の二境は、すでにそこまで修行が深められているわけであるから、その誤りに気づきさえすれば修正することは容易であるという。

ともあれ、この十境は、当面はたとえどんなに困難な問題であっても、すべては解決の見通しのある仏法の世界のこととして位置づけられている。どんなに悪い事態も、どんなに良い事態も、そのまま投げ出してしまったり、それにもたれかかったりしないで、一筋に仏道に向けて調えていかなければいけないという。その辺のところを、次のように示している。

(49c)眼《げん》、耳《に》、鼻《び》、舌《ぜつ》、陰《おん》、入《にゅう》、界《かい》等はみなこれ寂静《じゃくじょう》の門《もん》(2)にして、またこれ法界《ほうかい》なり。なんぞ此《これ》を捨てて彼《かれ》に就くを須《もち》いん。(中略)まさに知るべし、法界の外にさらにまた法ありて次第をなすことなきことを。

すなわち、日常生活で見たり、聞いたり、嗅いだり、味わったりしている、五陰や十二入や十八界の教えで示されていることは、まさしく仏のさとりによって説かれた教えなのであり、そうであってみれば、この身心はまぎれもなく仏法の世界そのものといわなければならない。したがって、この身心を捨ててどこか別のところに仏のさとりを求めようとすることは間違いである。要するに、仏法の世界のこの身心以外に、特別の真実があるように考えるのは誤りである、という。

もちろん、そのことは、煩悩についても、病患についても、いずれの境についても同じことである。

(49c)煩悩はすなわち法界なり。無行経《むぎょうきょう》(3)に「貪欲はすなわちこれ道なり」といい、浄名《じょうみょう》(4)に「非道を行じて仏道に通達《つうだつ》す」というがごとし。仏道はすでに通じて、また次第なきなり。

煩悩などといえば、好ましくないもの、うとましいものとばかり考えているが、盛んな煩悩こそ仏法の世界を豊かに培う養分になるので、そういう点でいえば、煩悩がそっくりそのまま仏法の世界ということになる。『無行経』の「貪欲がそっくりそのまま仏道である」という経文も、『維摩経』の「仏道ではないことをしているようであるが仏道にかなっている」という経文も有名であるが、仏道修行を何か特別なことのように思ってはならず、きちっと己れの煩悩と向き合い、その煩悩を正しい方向に向けることこそ仏道修行のすべてだという。

それは病患、すなわち病気だとか諸種の症状についても同様である。

(49c)病患《びょうげん》はこれ法界なりとは、浄名《じょうみょう》にいわく、(5)「いまわが病は真にあらず有《う》にあらず、衆生《しゅじょう》の病もまた真にあらず有にあらず」と。これをもってみずから調え、また衆生を度《ど》す。方丈の託疾(6)、双林の病行(7)は、すなわちその義なり。

病気が仏法の世界なのである。『維摩経』は「自分がかかっているこの病気は単にうとましいだけのものではない、他の人々の病気でも同じである」と維摩居士にいわせているが、このようにしてみずからの病気を療養し、他の人の病気を看病し、治療してやらなければならないという。維摩居士が方丈の間で病気になって語ったことも、釈尊が沙羅双樹のもとで病の床に伏せって息をひきとられるまで教えを語られたお姿も、みな病気が仏法の世界にほかならないことを示している。

次に、業相については、次のように記している。

(49c)業相《ごっそう》を法界となすは、業《ごう》はこれ行陰《ぎょうおん》なり。法華にいわく、(8)「深く罪福の相に達し、あまねく十方を照らす。微妙《みみょう》の浄なる法身《ほっしん》に相を具すること三十二なり」と。業は縁より生じ、おのずからあらざるが故に空《くう》なりと達すれば、この業はよく業を破す。もし衆生がまさにこの業をもって得度《とくど》すべきには、もろもろの業を示現《じげん》して、この業をもって業を立つ。業と不業と縛《ばく》と脱とは得ることかたきも、普門を示現して双《なら》べて縛・脱を照らすが故に深く達すと名づく。なんぞただ方等《ほうどう》の(9)師となすに堪えるのみならんや。

各自の業の通りに現れていることが仏法の世界にほかならない。『法華経』は、「仏は深く罪悪と福徳のようすをさとり、広く世界を見られた。かくして清浄で変わることのない仏の身体に、三十二種の好ましい諸相をそなえられることになったのである」という。業は縁によって生ずるもので、それ自体では存在しないものであるから、この業はこの縁がなければ生じなかったのだとさとれば、業によって業に打ち勝つことができる。人々のなかで業の問題によって、仏道の真実をさとることができる人には、諸種の業を示して業について説くのである。

業であっても、業でなくても、仏道の真実を理解することができない人には、普遍的な教えを示してすべての人が理解できるようにする。だから経文は「深くさとる」という。このように深くさとった人は、単に大乗仏教の指導者というだけでなく、実に得難い人といわなければならないという。

魔事についても同様である。

(50a)魔事を法界となすは、首楞厳《しゅりょうごん》にいわく(10)、「魔界の如《にょ》と仏界の如は、一如にして二如なし」と。実《じっ》際《さい》のなかにはなお仏を見ず、いわんや魔あることを見んや。たとい魔ある者も、「良薬を屣《くつ》に塗れば乗御《じょうぎょ》に堪任《かんにん》せん(11)」。云云。

魔事こそ仏法の世界である。『首楞厳経』では、「悪魔の世界のありようは、仏の世界のありようと同じもので別なものではない」といっている。究極の真実においては仏も見ることはできないのであるから、当然、悪魔も見ることはできない。かりに悪魔に魅入られたとしても、仏の教えに照らして正しく対処すれば、悪魔の力も制御することができるという。

禅定については、

(50a)禅を法界となすは、よく心性《しんしょう》を観ずるを名づけて上定《じょうじょう》となす。すなわち首楞厳《しゅりょうごん》(12)は味せず乱れず、王三昧《おうざんまい》(13)に入り、一切の三昧《さんまい》はことごとくそのなかに入るなり。

と記している。禅定境では具体的に偏向した禅定の種々相を指摘しつつ、どう修正するか詳細に示しているが、ここでは、禅定が仏法の世界にほかならないことを説き、心の本性を徹底的に観察するのがすぐれた禅定であるとする。すなわち執著することがなく乱れることがないのが首楞厳定であり、この三昧に入るときすべての三昧の素晴らしいはたらきがそこにそなわることになるから、このような禅定は仏法の世界の風光となるという。

さらに、諸見境については、こう記す。

(50a)見を法界となすは、浄名《じょうみょう》にいわく(14)、「邪相《じゃそう》をもって正相に入り、諸見において動ぜずして、しかも三十七品《ほん》(15)を修す」と。また、動じて修し、動ぜずして修し、亦動亦不動《やくどうやくふどう》にして修し、非動非《ひどうひ》不動《ふどう》にして三十七品を修す。見《けん》をもって門となし、見《けん》をもって侍《じ》となすなり。

邪見や悪見などの誤った考えが仏法の世界になるのは、『維摩経』が、「間違ったことを仏法の世界のこととして転換するのであり、種々の間違った考えを生かして三十七種の仏道を修行していく」と述べていることである。生かすということは、その間違った了見を種々に工夫をして、あるべき正しい仏道を行ずるということである。間違った考えを入り口とし、邪魔もの扱いにしないで、どこが間違いなのか明らかにして仏道を確固としたものとしていくということであるという。

『摩訶止観』では夏安居《げあんご》が終わったために説かれなかったという、この後の上慢境・二乗境・菩薩境の三境についても、次のように記し大体の内容を予告している。

(50a)慢を法界となすは、かえってこれ煩悩なるのみ。慢《まん》・無慢《むまん》・慢不慢《まんふまん》・非慢非不慢《ひまんひふまん》(16)を観じて、秘《ひ》密蔵《みつぞう》を成《じょう》じ大涅槃《だいねはん》に入るなり。

二乗《にじょう》(17)を法界となすは、もしただ空を見て不空を見ず。云云。智者は空とおよび不空とを見る。「声聞《しょうもん》の法を決了すればこれ諸経の王なり、聞きおわり諦《あき》らかに思惟すれば、無上道に近づくことを得る」なり。

菩薩《ぼさつ》(18)の境《きょう》を法界となすは、底悪の生死《しょうじ》も、下劣の小乗《しょうじょう》もなおすなわちこれ法界なり。いわんや菩薩の法、なんぞ仏道にあらざらん。また菩薩の方便の権《ごん》は、権に即してしかも実《じつ》、またすなわち非権非実《ひごんひじつ》にして、秘密蔵《ひみつぞう》を成《じょう》じ大涅槃《だいねはん》に入るなり。

増上慢とは、慢心を懐《いだ》いて人を見下すような高慢な心のことをいうが、こういう心は煩悩の一つに数えられている。したがって煩悩境も仏法の世界であるといわれていたように、当然、この増上慢の心も仏法の世界であるわけである。この慢心をしっかり観察して真実の仏のさとりに入ることができるという。

二乗と菩薩は、いうまでもなく仏法の世界をすでに実現しているが、それを十境の最後に位置づけるわけは、二乗や菩薩の境界であってもまだ充分ではなく、さらにその上に仏道を深め進めていかなければいけないからである。二乗は、空のことわりがわかっても、空のことわりにおいて現れている現実を無視するところがあるから、空と同時に仮象の現実を見なければならないと確認する。なぜそれが仏教の狭い理解なのかはっきりすれば、『法華経』で説くような開かれた理解に立つことができ、その意味をはっきり思惟することができれば仏道の真実に近づくことができるという。

また、菩薩の境界が仏法の世界であることは、前述したように最低の劣悪な境界でも、低い仏教の理解でもみな仏法の世界であったから、いうまでもない。菩薩の生き方はまさに仏道であるが、菩薩の教化は所詮、仮《かり》のものであって、仮のものであるというところでしっかり真実を見て、さらに仮のものとか真実とかの考えを超えるように努めなければならない。そうすることによって真実の仏法が実現するという。このように、菩薩の境界でも、反省すべき点は種々あるわけで、仏道修行は無限に向上していくことになる。

以上、「十境」は、いずれも仏法の世界になるわけで、修行者が当面するそれぞれの課題が、そっくりそのまま仏法の世界の全体の問題として意義あるものであることが確認されている。今みてきた

一連の文章を、

(50a)この一一の法は、みなすなわち法界《ほうかい》なり。これを不次第の法の相となす。

と結ぶのは、そのような意味である。

心を観察する十乗の観法

そこで、十境の第一の陰入界境をとりあげ、坐禅は身心を調えることであるが、「界の内外《ないげ》の一切の陰入《おんにゅう》は、みな心に由って起る」「心はこれ惑の本なり」という理由で、陰入界境の焦点をしぼり、心の問題こそ修行の大事であると示す。

(52a)いままさに丈を去って尺に就き、尺を去って寸に就くべく、色《しき》等の四陰《しおん》を置いて、ただ識陰《しきおん》を観ずべし。識陰とは心これなり。

すなわち、仏道修行の要処は心の問題であると確定したあとで、続けて、この心を観察する方法として、十乗の観法を示していく。「十乗」というのは、十境のそれぞれについて、十種の観法が同じように適用されるという意味である。

十乗の観法とは、次のようなものである。

(52b)観心《かんじん》に十の法門を具す。一つには観不可思議境《かんふかしぎきょう》、二つには起慈悲心《きじひしん》、三つには巧安止観《ぎょうあんしかん》、四つには破法遍《はほうへん》、五つには識通塞《しきつうそく》、六つには修道品《しゅどうほん》、七つには対治助開《たいじじょかい》、八つには知次位《ちじい》、九つには能安忍《のうあんにん》、十には無法愛《むほうあい》なり。

すなわち心を観察する十種の方法は、第一に不可思議の境を観ずること、すなわち心は不可思議であると観察することであり、第二に慈悲の心を起こすこと、第三に巧安《ぎょうあん》止観、巧みに止観でおさめること、第四に破法遍とは仏教の半端な理解を徹底的に捨て尽くすこと、第五に識通塞《つうそく》とは、修行が仏道に通じているかどうかを見極めること、第六に修道品《しゅどうほん》とは、仏教の修行法を応用すること、第七に対治助開《たいじじょかい》とは、仏教の修行法に照らして局面を打開していくこと、第八に知次位とは、修行が深化するようすを理解して今の自分を知ること、第九に能安忍とは、どんな誘惑にもどんな困難にも耐えて修行を続けること、第十に無法愛とは、少しばかりの仏法の理解に愛著しないようにすることである。

十種の方法は相互に分かちがたく関連していて、この十種の修行方法を用いるときは、過不足なく仏道修行が成就するはずであり、「すみやかに菩薩の位に入ることができる」としている。この十種の修行方法の出来ばえは、さながらこのようなものだとして、次のように記している。

(52b)たとえば「毘首羯磨《びしゅかつま》[19]が勝つことを得て造れる堂[20]が、疎ならず密ならず、間隙には綖《えん》を容《い》れ、巍巍昂昂《ぎごうごう》として上天に峙《そばだ》ち、拙匠のよく揆《はか》り則《のっと》るところにあらざる」がごとし。また善き画がその匡郭を図り、像を写すこと真に偪《せま》り、骨法は精霊にして、生気が飛動するがごとき、あに塡彩《てんさい》の人のよく点綴《てんてつ》するところならんや。この十重の観法《かんぼう》は、横竪《おうじゅ》を収束し、微妙《みみょう》にして精巧なり。初めはすなわち境《きょう》の真偽を簡《えら》び、中ごろはすなわち正助あい添え、後はすなわち安忍にして無著《むじゃく》なり。意は円《まど》かに法は巧みに該括し周備す。初心の規矩《きく》として、行者を将《ひき》い送りて、かの薩雲《さつうん》(21)に到らしむ。闇証《あんしょう》(22)の禅師や誦文《じゅもん》の法師のよく知るところにあらざるなり。けだし如来が積劫《しゃっこう》に勤求《ごんぐ》するところ、道場に妙悟するところ、身子《しんじ》の三たび請《こ》う(23)ところ、法《ほう》・譬《ひ》の三たび説くところは、まさしくこれに由るか。

この十乗の観法は、さながら毘首羯磨が阿修羅との戦争に勝利をおさめたのを記念して造った大殿堂のように見事な調和をみせ、木組みの妙は寸法通りで、仰ぎみるほどに天上高くそびえ立っていて、並の大工ではとうてい真似のできない出来ばえである。また、名画の構図がしっかりしていて、描かれているものは真に迫るものがあり、デッサンが生きていて、生気が躍動しているようで、とうてい色をつけるだけの人などが描けるようなものではない。この十重の観法は、横から見ても堅《たて》から見てもよくおさまっていて、実に精巧になんともいえない趣がある。最初の方は、修行の諸相の真偽・是非を確定するものであり、中間は、正行と助行とを補完させ、後では修行の困難に耐えて執著するところがないという風で、意図するところが充分に尽くされていて、修行方法としてみても過不足なく足りている。

したがって、この十乗の観法は初心の修行者の規準として、修行者を導いて仏のさとりを成就することになるはずである。ただひたすらに「さとったさとった」といっている禅師や、文字面だけを見てわかったつもりでいる法師などにはうかがい知ることのできないものである。いわばこの十乗の観法は、如来が長い間修行して探し求めておられたものであり、さとりの場所で成立したものであるといえよう。舎利弗が三度、仏に説法されるように頼み、法説・譬説・因縁説の三周に説法された『法華経』の教えも、とどのつまりはこのような十乗の観法に落ち着くといえるのではなかろうかと、そういう。

確かに、この十乗の観法の説はよくできていると思う。仏道修行の核心が端的に示され、その周辺の問題が丁寧に究明されて、修行が限りなく継続されていき、終わりがないものであることが明快に示されている。

ちなみに『天台小止観』では、『摩訶止観』の十境に相当する説では、病患と魔事のみが記されているだけであり、十乗の観法に相当するものは何も説かれていない。このことは最晩年の智顗の修行観の深まりを証明しており、人間の観察が十境・十乗の形式にまで深められたということであろう。また『天台小止観』の最終章の証果《さとり》では、わずかに空・仮・中のことわりが明らかになるというほどの記述で終わっているが、『摩訶止観』では、大意章の第五感大果において、仏道修行が現在の修行と証果というような問題で終わるのではなく、未来にも連綿として継続されていく二生の感果を視野におさめたものであると明示され、さらに正修行章の第一に、身心は不可思議であるということを観ずることが修行の原点にほかならず、それは不可思議の三諦《だい》の真実のことわりを、一心に三観することと、すなわち、この身心は即空・即仮・即中であると明らかに観ることにほかならないというのである。

『天台小止観』から『摩訶止観』へと、智顗の修行観が長足の進展を遂げ、行き着くべきところまで行き着いた感がする。後世の人々が、『摩訶止観』の修行論に注目し評価したのは、それ相応の理由のあることであったといえよう。

# 十六　身心は不可思議
## ―心はこれ不可思議の境なりと観ず―

坐禅の要は修行において直面する十境の諸相を、それぞれ十乗観法といわれる十種の観察法によって点検し、どういう事態であっても仏道一筋に調えていくことが大事であることがわかったが、最初に、第一の陰入界境について、三科で示される身心が不可思議であると観察することがどのような意味内容のものか、みてみたい。

### 一心に十法界を具える

十乗の観法の第一に挙げられている観不思議境とは、十境のそれぞれが不思議であると観ずることである。したがって一番最初は「心はこれ不可思議の境なりと観ず」ることから説明を始めることになる。「不思議」といい、「不可思議」というのは、それが思議、すなわち思いはかることができないものであるという意味である。真実は私たちが無反省に思ったり考えたりしているような事態ではないというのである。一般には「不思議」といえば、たとえば大きなものが小さなものの中に入ったり、火の中で蓮華の花が咲いたり、海の上を人が歩いて渡るというように、普段はめったに見られない奇跡のようなことを指すが、ここでいう「不思議」はそういう意味ではない。

(51c)いま解するは、心なく念なく、能行なく能到なき、思議すべからざるの理なり。理はすなわち事に勝る。

と定義しているように、「不思議」とは、日常的な心のはたらきを超えた、これで終わりということがなくはたらきづめにはたらいている、思いはかることのできない真実のことわりを指している。あらゆる事象がそのことわりにおいてあるわけで、このような思議を超えたことわりにおいて、あらゆる現象が生成し変化し消滅することになる。智顗は『法華玄義』で「妙とは不可思議のことである」(大正蔵三三巻六九七頁上)と解説しているので、この思議を超えたことわりとは、「妙」の一字に込められた意味を示しており、それは「妙法蓮華経」という題名の『法華経』の教えそのものを指すことになる。

さて、私どものこの心が実は私どもの思議を超えたものであると観察することは、果たしてどういうことなのであろうか。それはわかりやすく説明すれば、心がすべてであるということであり、心にすべてがそなわっているということである。そのことを『摩訶止観』は次のように記す。

(54a)それ一心に十の法界《ほうかい》を具《そな》え、一つの法界にまた十の法界を具えて百の法界なり。一つの界に三十種の世間を具えれば、百の法界にすなわち三千種の世間を具う。この三千は一念の心にあり。もし心なくばやみなん、介爾《けに》(1)も心あらばすなわち三千を具う。

これが「一念三千」と呼ばれる智顗の有名な言葉であるが、私どもの一瞬のいのちが三千の数で象徴されるような豊かな意味をそなえたものであるという。こういう生命の真実のありように気づかなければいけないというのである。

「一心に十の法界を具え」るというのは、私どもの心は、十種の仏法の世界をそなえているという意味である。十種の仏法の世界というのは、地獄界・餓鬼界・畜生界・(阿)修羅界・人間界・天上界・声聞《しょうもん》界・縁覚《えんがく》界・菩薩界・仏界のことである。この十種の内訳は、地獄界・餓鬼界・畜生界が悪の三種であり、修羅界・人間界・天上界が善の三種であり、この善悪の六種の世界は凡夫の世界であり、これを六凡《ろくぼん》と呼ぶ。この上の声聞界・縁覚界・菩薩界・仏界の四つは、二乗と菩薩と仏の世界であるから凡夫の世界とは違う聖者の世界であり、これを四聖《ししょう》と総称する。すなわち十法界は六凡四聖の分類であり、これらの十種の仏法の世界が、私どもの一心にそなわっているという。

また「法界」という語には、次のような三つの意味が含まれているという。

(52c)法界には三つの義あり。十の数はこれ能依、法界はこれ所依にして、能・所を合わせて称するが故に十の法界という。また、この十法はおのおの因、おのおの果にして、あい混濫《こんらん》せざるが故に十法の界という。また、この十法は、一一の当体がみなこれ法界なるが故に十法界という。

云云。

十法界の最初の意味は、地獄から仏までの十種がみなそれぞれの世界のようすを表していることを示そうとして、十種の仏法の世界という。次の意味は、十種のありようがそれぞれの原因と結果があって歴然としているから十種の仏法の世界という。もう一つの意味はそれぞれの世界がまぎれもなく仏法の世界そのものであるという意味で、十種の仏法の世界というのであるという。

ここでいわれている十種の仏法の世界は、一般に考えられている地獄・餓鬼・畜生・修羅・人間・天上・声聞・縁覚・菩薩・仏の世界の観念とは大分違うものである。地獄といえば何かそのような世界が別のところにあるかのように考え、天上界といえば天国がこの世と別のところにあるかのように考え、また仏界といえば、天国とは一段と高いところにあるかのように考えるのが普通であるが、智顗がいう十法界はそういうことではない。

この十種の仏法の世界は、私どものこの心の内容であり、心に現れている動かしようのない事実であるというのである。一瞬一瞬、変転してやまない心の表情は、あるときは地獄の形相を見せ、あるときは餓鬼の面構えを示し、あるときは畜生の表情をのぞかせ、あるときは修羅の憂いを現し、あるときは人間らしい顔をして、あるときは天上のものかと見まごう優しい姿を示し、仏道に励むときは仏弟子もこうであったであろうと思われるように励み、あるときはこれがさとりかと思われるような体験に満足し、あるときは周囲の人々に愛情深い心で接し、またあるときは仏の存在が確かに信じられるというふうであるという。これが「一心に十の法界を具え」るということである。

次に「一つの法界にまた十の法界を具えて百の法界にな」るという意味は、地獄の世界にも仏界までのすべての世界が含まれており、仏の世界にも地獄界までのすべての世界が含まれているということである。普通、私たちは仏の世界には世俗の苦悩や悲哀のようなものはきれいさっぱり何もないと考え、地獄の世界などは、ただただおぞましいものであると考えるが、智顗は、仏の世界なればこそ地獄の世界の苦悩は自分のことのように感じとられ、地獄の世界こそ一番仏の救いの手が必要なのだという。これが有名な、天台の「性具性悪」の思想である。

すなわち、仏たるものはその本性に、いかなる悪も受け容れてみずからの問題として解決していこうとする慈悲と智慧がそなわっているという。そういうところにこそ仏教の根本の課題が横たわっているということであろう。

十法界は互いに十法界をみずからの内にそなえているから、百の法界になるわけである。

したがって十種の仏法の世界にはそれぞれの具体的な身心があるわけで、これが現実に展開するとそれぞれの五陰、つまり身心の世界を出現することになる。そしてこのような身心の現実の問題は、自分だけでなく人々の個々の現実の問題となっているわけで、これが衆生の世間である。そして十種の仏法の世界が生活環境の問題として具体化するとき、そこに国土の世間が成立することになり、声聞・縁覚・菩薩・仏の四聖の世界ではそれぞれの浄土、すなわち清浄な国土が実現することになる。

このように十種の仏法の世界は、五陰世間、衆生世間、国土世間という三種の世界に展開するので、都合、三十種の世界が成立することになる。

ところが、十種の仏法の世界の五陰、すなわち身心は、どの世界の身心でも、如是相・如是性・如是体・如是力・如是作・如是因・如是縁・如是果・如是報・如是本末究竟等という十種の真実のありようを示すから、そこで、「一つの界に三十種の世間を具えることになり、百の法界では三千種の世間を具えることになる」。これが三千という数の内訳である。

如是相から如是本末究竟等にいたる十種の如是の句は、『法華経』の「方便品」に出る有名な説を踏まえていて、ものごとの真実のありよう（諸法実相）を提示する。

まず如是相とは、「このような相」ということで、外から見て分別することができる特徴を示しているという。心にも、十種の仏法の世界はそれぞれのこのような相がそなわっているという。

次に如是性とは、「このような性」ということで、内にそなわる不変のもの・それぞれの性分・究極の真実ともいうべき仏性がそなわっているという。十種の仏法の世界の身心にそれぞれこのような性がそなわっているという。

如是体とは、「このような体質」ということで、十種の仏法の世界それぞれがこのような身心をそなえ（衆生・国土をそなえ）このような体質のものとして現れているという。

如是力とは、「このような力」ということで、十種の仏法の世界の身心にはこのような潜在的な力がそなわっているという。

如是作とは、「このような作用」ということで、十種の仏法の世界の身心にはこのような現実的なはたらきがそなわっているという。

如是因とは、「このような原因」ということで、十種の仏法の世界の身心にはそれぞれの結果を招く、このような原因となる行為がそなわっているという。

如是縁とは、「このような条件」ということで、十種の仏法の世界の身心にはこのような行為を援助するような条件がそなわっているという。

如是果とは、「このような結果」ということで、因と縁によって得られたような結果が現れているわけで、十種の仏法の世界の身心にはこのような結果がそなわっているという。

如是報とは、「このような報い」ということで、このような原因と結果によって、未来に影響が及ぶことになるわけで、十種の仏法の世界の身心はこのような因果の報いをそなえているという。

如是本末究竟等とは、「このような相（本）から報（末）までのそれぞれのありようが、みな空であり、みな仮であり、みな中である（究竟等）」という意味である。十種の仏法の世界の身心が仮にどのようなものであったとしても、畢竟、空・仮・中のことわりを離れるものではないことを示しているという。

心、すなわちいのちがある限り、三千の数に象徴されるような豊かな意味がそこに現れていることになるわけで、これを「この三千は一念の心にあり。もし心なくばやみなん、介爾《けに》も心あらばすなわち三千を具う」と記すのである。

一念三千の義を解する

こう示すと、三千と一念の心との関係を、一心から三千が生ずるという意味であろうとか、一心に三千が含まれるという意味であろうというふうに考えるのが普通と思われるが、「三千は一念の心にあり」「介爾《けに》も心あらばすなわち三千を具う」という意味は、そうではなく、次のようなことであると、念を押している。

(54a)もし一心より一切の法を生ずれば、これはすなわちこれ縦なり、もし心が一時に一切の法を含めば、これはすなわちこれ横なり、縦もまた不可なり、横もまた不可なり。ただ、心がこれ一切の法、一切の法がこれ心なるのみ。故に縦にもあらず横にもあらず、一にもあらず異にもあらず、玄妙にして深絶なり。識の識るところにあらず、言の言うところにあらず。所以《ゆえ》に称して不可思議の境となす、意はここにあるなり。

すなわち、心がすべてのものを生み出すということをいおうとしているのではないという。この考え方は、発生論的な考えで、現実の生存を充分に説明することはできない。また、心がすべてのものを含んでいるということをいおうとしているのでもない。この考え方は包括論的な考えで、同様に充分な表現ではない。今ここでいおうとしている「一念三千」の義はそういうことではなく、「心がすべてであり、すべてのものは心である」ということをいいたいわけで、心と三千は同じものではないが、別なものでもない。日常的な認識を超えたものであり、言語で表現し尽すことのできない奥深い絶対の真実を示そうとして、心は不可思議の境であるというのである。

したがって、不可思議な境としてこの心を観察するということは、一念の心に三千がそなわっていることを観察することにほかならない。

現前の心に十種の仏法の世界で示されたすべての心が現れ、すべての心が現前の心に現れるのであれば、もはや現前の心とすべての心は別のものではないということになる。さらに現前の身心はすべての身心であり、すべての身心は現前の身心であり、現前の身心とすべての身心は別のものではないということになろう。こうしてどの世界のことも、どの衆生のことも、どの国土のことも、どの相も、あるいはどの究極の真実も、すべて不可思議の境でないものはないということになる。

以上のように一念三千の義を解することは、やがてはどのような事態も不可思議の三諦の境として不可思議の一心三観によって観る、天台止観の根本課題に通底していくのである。この辺のところを次のように記している。

(55b)もし法性《ほっしょう》と無明《むみょう》と合して一切法の、陰界入《おんかいにゅう》等があるは、すなわちこれ俗諦《ぞくたい》なり、一切の界入がこれ一つの法界なるは、すなわちこれ真諦《しんだい》なり、非一非一切なるは、すなわちこれ中道第一義諦なり。かくのごとくあまねく一切の法に歴《ふ》るも、不思議の三諦《だい》にあらざることなし。云云。もし一法が一切法ならば、すなわちこれ因縁所生の法なり、これを仮名《けみょう》となす、仮観《けかん》なり。もし一切法がすなわち一法ならば、我説即是空にして、空観《くうがん》なり。もし非一非一切ならば、すなわちこれ中道観なり。一空は一切空にして、仮・中としてしかも空ならざることなきは、総の空観なり。一仮は一切仮にして、空・中としてしかも仮ならざることなきは、総の仮観なり。一中は一切中にして、空・仮としてしかも中ならざることなきは、総の中観なり。すなわち中論に説く(2)ところの不可思議の一心三観なり。一切の法に歴るもまたかくのごとし。

「法性と無明と合して一切法の、陰界入等がある」というのは、法性、すなわち本来の心のありようが、無明、すなわち煩悩の根本になるものと出会って、あらゆる世界の身心があるという意味であり、これは俗諦、すなわち世俗の真実である。このようなあらゆる世界の身心は一つの仏法の世界のことであるというのは聖なる真実である。すべてのものと一つのものは別のものではないというのが中道の第一義の真実である。どんなものごとについて見ても、こういう不可思議な三つの真実が現れているわけである。かりに一つのものがすべてのものであるとすれば、これは「因縁によって生じているもの」であって、かりに名づけられたものであるから、仮であることを観ることになる。かりにすべてのものは一つのものであれば、「我はすなわちこれを空と説く」ということであり、空であることを観ることになる。一つのもの、すべてのものということがなければ、これは中道を観ることにほかならない。

一つが空であり、すべてが空であれば、仮でもあり、中でもあるわけであるが、空でないものはないということになり、すべてが空を観ることになる。一つが仮であり、すべてが仮であれば、空でもあり、中でもあるわけであるが、仮でないものはないということになり、すべてが仮を観ることになるのである。一つが中であり、すべてが中であれば、空でもあり、仮でもあるわけであるが、中でないものはないということになり、すべてが中を観ることになるのである。『中論』で説く、一心に空・仮・中のありようを観るという思議を超えた観察の仕方はこういうことであり、この観察法はすべてに適用できるという。

禅宗と天台の坐禅観

ところで、天台止観における観不思議境の坐禅観は、およそ二百年ほど後に、禅宗の人たちによって注目される。六祖慧能《えのう》（六三八―七一三）の弟子青原行思（?―七四〇）の法嗣である石頭希遷《せきとうきせん》（七〇〇―七九〇）の法を嗣いだ薬山惟儼《やくさんいげん》（七四五―八二八）が坐禅をしていたとき、ある僧が薬山に次のように質問した。「兀兀地《ごつごつ》にして什麼《なに》を思量するや」。そのように坐禅をして、一体なにをお考えですか。「師いわく、箇の不思量底を思量す」。薬山は答えた。考えることのできないこのものを考えているのだ。「僧いわく、不思量底を如何に思量するや」。僧はいう。考えることができないところを、考えることなどどうしてできましょう。「師いわく、非思量」。薬山がいう。その通り、考えることを超えることだ。こういう問答（『景徳伝灯録』大正蔵五一巻三一一頁下）があったという。

これがよく知られている禅問答であるが、禅問答といえば、こんにゃく問答のようによくわからない、人を煙に巻くようなものという先入観があれば改めなければならないだろう。この薬山とある僧の問答は実に明快そのものである。

ここで使われている思量の語は、思い量《はか》るということで、天台止観の思議の語と同義の語であることに注目してみたい。薬山が「箇の不思量底を思量す」といったのは、『摩訶止観』が「心は是れ不可思議の境なりと観ずる」と示していたのと全く同じ文形であることに驚かされる。「箇の」は「心は是れ」に相当し、「不思量底」は「不可思議の境」に相当し、「思量す」は「観ずる」に相当している。「心は是れ」は、やがて「身は是れ」「煩悩は是れ」「病気は是れ」「業相は是れ」「魔事は是れ」「禅定は是れ」「諸見は是れ」というように変換される内容であるから、薬山の「箇の」という語は抽象的にもみえるが、薬山が当面している具体的な「箇の」場面を指していることが知られる。薬山は「非思量」と答え、この問答を結んでいるが、これは正しく『摩訶止観』の思量を超える不思議円融の三諦をそのままに一心に三観するという天台止観の構えと何ほども違わないことに驚きを禁じ得ない。

わが国の道元（一二〇〇―一二五三）は、後にこの薬山の坐禅観を高く評価し、『正法眼蔵坐禅儀』『正法眼蔵坐禅箴《しん》』『正法眼蔵三十七品菩提分法』などの著述で薬山の坐禅観を引用し、流布本の『普勧坐禅儀』で踏襲される『正法眼蔵坐禅儀』（『岩波文庫本』㈠一二四―五頁）の結びの文には次のように記されている。

兀兀《ごつごつ》と坐定して、思量箇不思量底なり、不思量底如何思量、これ非思量なり、これすなはち坐禅の法術なり、坐禅は習禅にはあらず、大安楽《だいあんらく》の法門なり、不染汚《ふぜんな》の修証《しゅしょう》なり。

道元の坐禅は、薬山の坐禅観を踏まえて、さらにこのように新たな展開をみせている。箇の不思量底を思量すること、不思量底をいかに、いかに、と思量すること、これが思量を超える非思量の坐禅の大事である、いわゆる世の習禅者とは異なる、仏道修行としての坐禅なのであり、いかなる執著からも解き放たれた修行とさとりの姿といえるというのである。『摩訶止観』の坐禅観の方から道元の坐禅観をうかがうと、思量箇不思量底は空を観ること、不思量底如何思量は仮を観ること、非思量は中を観ること、というふうに読むことも可能なわけで、まさに道元の坐禅観も、天台止観の即空・即仮・即中の綱格から大きく出るものではなかったように思われる。

ともあれ、『摩訶止観』では、この不可思議の境が原点にすえられており、この境においてあらゆる智慧が成立するわけで、後の慈悲を起こすことも、ないし法愛がないことも、すべての修行の要件が成立することになる。そのことを、

(55c)説くときは上の次第のごとくなるも、行ずるときは一心のなかに一切の心を具するなり。云云。

と結ぶ。すべては現前の心を観ずることに尽きるのである。

## 十七　慈悲の心・止観におさめること

―行はすなわち止観なり―

不可思議の境において慈悲の心は起こるべくして起こるはずであるが、不可思議の境の観察が不充分である場合は、慈悲の心は生じない。そういう場合は、慈悲の心の何たるかを改めて確認する必要が生ずる。それはいいかえれば、慈悲の心の欠落を知って、不可思議の境の観察があるべき姿に修正されるということでもある。

十乗の観法、すなわち十種の観察方法といっても、いわれるような十種の方法が横並びに別々にあるというのではない。不可思議の境の意味内容として、慈悲の心を起こすこと、心を止観におさめること、あらゆる偏向した理解を否定すること、修行が通じているか塞がっているかを知ること、諸種の修行法を実践すること、助行を用いて正すこと、修行の位層を知ること、内外の栄辱を忍ぶこと、法に愛著することがないことなどの、他の九種の観察方法も成立するのであり、十種の観察方法は、この不可思議の境を観るという一心に収束するわけである。したがってこの不可思議の境を観るこの一心において、慈悲の心以下の有益な心のはたらきが自然に現れる道理である。

しかし見方を変えれば、このような慈悲の心以下の心のはたらきがみられないときは、この不可思議の境を観ることがまだ不充分なわけで、そのときは、慈悲の心はどうか、止観におさまっているか、というように、順次、十種の方法で点検してみることが必要になる。「十乗観法」「十重観法」といわれる「乗」や「重」の語の意味はこれほどのことである。

### 真正の菩提心を発す

そこで、第二の慈悲の心を起こすことについて、次のように記す。

(55c)二に、真正の菩提心を発すとは、すでに深く不思議の境を識って、一苦は一切苦なるを知り、みずから昔の苦を悲しむ。惑を起して麁弊《そへい》の色声に耽湎《たんめん》し、身口意を縦《ほしいまま》にして不善の業をなし、悪趣に輪環してもろもろの熱悩に縈《つな》がれ、身を苦しめ心を苦しめて、みずから毀傷《きしょう》す。しかもいまも、かえって愛の繭《まゆ》をもってみずから纏《まと》い、癡の灯に害せらるること百千万劫なり、一になんぞ痛ましきや。たとい三途(1)を捨てんと欲して、五戒(2)十善(3)を欣《ねが》って相心に福を修するも、市《し》の易《やく》の博換《ばくかん》(4)のごとく、翻《かえ》ってさらに罪を益《ま》すこと、魚が筍《やな》の口に入り、蛾が灯のなかに赴くに似たり。狂計の邪黠《じゃかつ》(5)はいよいよ迷いいよいよ遠く、渇してさらに鹹《しおみず》を飲み、(中略)たとい隘路より叛《そむ》いて怨国を出ずるも、備《つぶ》さに辛苦を歴《へ》(6)て、絶えてしかもまた蘇えり、往きて貧里にいたり、傭賃《ようちん》(7)すること一日、草庵に止宿して、前進することを肯《がえ》んぜず、楽《ねが》って鄙事《ひじ》をなす。信じず識らず、悲しむべし、怪《あやし》むべし。彼我を思惟し、自他を鯁痛《こうつう》(8)す。

すなわち、慈悲の心は、一念三千という不可思議の境を知るときに、気づいてみたらこのようであった現実を痛ましく悲しく思う心が生ずるのであり、この心が慈悲の心になるという。顧みればつまらないことにのめり込み、したい放題の悪いことをして、悪事を繰り返し、身と心を熱くして苦しみ悩み、自分を粗末にしてきたが、今もまだこのような愚かしい姿から抜け出せないで、その愚かしさにあきれはてている始末である。こんなことではあまりにひどすぎるではないかという反省が起こる。そこでこのような悪の道から離れようとして、仏の五戒や十善の教えにしたがって善行を積むことになるが、このような市場の相場のかけひきのような修行では、かえって罪業を増すことになってしまうという。

それはちょうど魚が筍《やな》にはまってしまうようなものであり、飛んで火に入る夏の虫のようなものであり、間違った考えが競い起こってかえって迷うことになり、仏道からますます遠ざかることになり、さながら喉が渇いて塩水を飲むように、事態は一層、混乱を極めることになるという。せっかくの回心もこれでは駄目だというのである。そこでこのような落し穴から逃れて、種々の辛酸や苦労を重ねて修行しても、せっかく大乗の教えと出会っているのに、従来の考えを改めようともせずに、もっと大きな世界に目を開こうとしないのはなんとも悲しむべきことであるという。「草庵に止宿して、前進することを肯んぜず」というのは、二乗の修行を指しており、前後の文は『法華経』の「信解品」の文意を敷衍《ふえん》している。

このように自分のこと、人のことを反省してみて、こうであってはならないと心から痛ましく思う心が、慈悲の心になるという。この不可思議の境を観ずることは、優に二乗の仏教理解を超え、必然的に不可思議の慈悲の心を生ずることになる。

そこで、ここに真正な菩提心、すなわち仏のさとりの心である、自覚と覚他の、覚と行をそなえた、悲と智の円満な仏の心が生ずることになる。

(56a)すなわち大悲を起し、両《ふたつ》の誓願を興す、衆生無辺誓願度、煩悩無数誓願断なり。衆生は虚空のごとしといえども空のごとき衆生を度さんことを誓う。煩悩は所有なしと知るといえども、所有なき煩悩を断ぜんことを誓う。（中略）大慈[9]を起し、両《ふたつ》の誓願を興す。いわく法門無量誓願知、無上仏道誓願成なり。法門は永く寂なること空のごとしと知るといえども、永寂を修行せんことを誓願す。菩提は所有なしと知るといえども、所有なきなかにわれは故《ことさ》らにこれを求むなり。

すなわち大悲と大慈の心が、強い決意の心となって、誓願となって現れる。一般に慈悲の心と呼ぶが、大悲の心が基層にあり、そこに大慈の心が培われるという順序で説明されている点は注意すべきであろう。大悲は、衆生無辺誓願度、煩悩無数誓願断の二つの誓願になる。衆生は虚空のように無辺のものであるが、誓ってその虚空のような衆生を救おうと願うことである。煩悩はこれで終わりというようなものではないが、誓ってそのような実体のない煩悩を断じようと願うのである。

言葉の解釈はそういうことであるが、虚空のようであるところを強調しすぎると、救いを求めている衆生は見えないことになる（著空《じゃっくう》の者）であろうし、そうかといって救済を求めている衆生の方ばかりに目がいくとそれは「愛見の大悲」になって、解脱を教える仏道にはならなくなってしまうといっている。「ミイラ取りがミイラになる」のではいけないのであり、盲目の愛でいいわけはないので、慈悲の心は智慧の心と一体のものとされる。

たとえば、鳥は空を飛ぶが空にとどまるようなことはない、空にとどまることはないが、鳥はちゃんと自分の飛ぶ道を知っているようなものであるという。大悲の心も大きな愛情の心のはたらきであるが、少しもとらわれやこだわりのない、川の流れのようにさらさらと流れてやまないものであるという。

このことは、大いなる慈しみの心でも同じである。大いなる慈しみの心は、法門無量誓願知と、無上仏道誓願成の二つの誓願になる。仏の教えは畢竟、空であるとして、その空であるところを誓って修行しようと願うのである。仏のさとりはこのようなものであると示せるようなものではないが、誓って仏のさとりを成就しようと願うのである。仏の教えも仏のさとりも人間の修行を超えたものであるが、そういう修行をしようと誓願するのであり、仏のさとりは人間がさとることのできないものであろうが、そういうさとりをさとろうと誓願するのであるという。

こうして、この不可思議の境を観ることが充分になされると、そこに大いなる慈悲の心が生ずることが知られる。また逆に大いなる慈悲の心を確認することが、この不可思議の境を観ることの正しさを証明し、保証することにもなるのである。

(56b)かくのごとき慈悲の誓願は不可思議の境智(10)と前にあらず後にあらず、同時にともに起る。慈悲はすなわち智慧、智慧はすなわち慈悲にして、無縁、無念にしてあまねく一切を覆い、任運《にんぬん》に苦を抜き、自然《じねん》に楽を与う。毒害に同じからず、但空《たんくう》に同じからず、愛見に同じからず、これを真正の発心菩提の義と名づく。

すなわち、前の不可思議の境を観る智慧と、今の慈悲の誓願を起こすということは、前後の関係にあるのでなく、一体のものであるから同時に成立する。慈悲と智慧は表裏一体であり、なればこそ無縁の慈悲となって、自分の思いや相手のいかんにかかわることなく、すべてのものに及び、その時その場のその人に応じ、苦しみを抜き（悲）、楽しみを与える（慈）ことができるのである。その点でこの慈悲は、かえって害毒になるような愛情とも違い、虚無的な生き方とも違い、押しつけがましい愛情になることもない。このような真正な慈悲の心が、不可思議の境を観る坐禅によって確立するという。

実は、慈悲の心を起こすことは、すでに大意章の五略のなかの発心の説で概略、示されていた。五略の発心では、四諦のことわりにもとづいて四弘誓願が成立することを示していた。四諦には、(1)生滅、すなわち分析的な理解、(2)無生滅、すなわち直覚的な理解、(3)無量、すなわち実践的な理解、(4)無作、すなわち究極的な理解の四種の理解があって、その理解に応じて、四諦に拠って成立する四弘誓願の意味内容にも浅い深いの違いが生じたが、最終的には、無作の四諦のことわりによって成立する四弘誓願こそ、真正の菩提心を発すことになると結んでいた。この真正な発心によって、六即説で示されるような正しい仏道修行がたゆみなく進展することになるのである。

しかるに、この正修行章では、この不可思議の境に一念三千として現れる真実のことわりを見すえる智慧のなかに、この慈悲の心が明々と現れるというのである。慈悲心が現れる修行でなければ、正しい仏道とはいえないわけである。

さて、慈悲の心が誓願の形になって積極的に外に向かってはたらき出そうとすれば、それはなにがしかの行動をともなうはずである。行動に転ずるときには、心を巧みに止観におさめるようにしないといけないといい、十乗の観法の第三として善巧安心《ぜんぎょうあんじん》が説かれる。この辺のところを冒頭で次のように記す。

### 善巧に心を安んずる

(56b)三に、善巧安心とは、善く止観をもって法性に安んずるなり。上《かみ》に深く不思議の境の淵奥《えんのう》にして微密《みみつ》なるに達し、博《ひろ》く慈悲を運《めぐら》して亘蓋《こうがい》することかくのごとし。すべからく行をもって願を填《み》つべし、行とはすなわち止観なり。

すなわち善巧に心を安んずるということは、止観によって心そのものの本然の姿を明らかにするということである。不可思議の境の深淵なことわりが充分に理解できて、大きな慈悲の心で臨むことが知られたわけであるが、この誓願の心は実際に行ずることによって初めて現実のものとなる。誓願を成就する修行は止観にほかならない。ここで願と行が連結される。

ところで止観そのものについては、前の釈名章では止観の語の意義について解説がされていたし、また体相章では、止観の効果がどのように現れるのか、すでに説明が終わっていた。したがって、ここでは止観の修行上の有効性について説こうとしているのではなく、修行者の性格や性向に応じて、今現に当面している行きづまった局面を、止観の行によってどう切り開いていったらいいかということを問題にしようとしているのである。

なぜこんな心配をしなければいけないのかというと、人はそれぞれかかえている問題が異なるのが当然であるから、どんな人のどんな問題も止観の実践によって解決されないことはないと示すのである。そのことを次のようなたとえを掲げて説明している。

(59b)一目の羅《あみ》は鳥を得ること能わざるも(11)、鳥を得るは羅の一目なるのみ。衆生の心行はおのおの同じからず、あるいは多人に同一の心行あり、あるいは一人に多種の心行あり。一人のためにするがごとく、衆多にもまたしかり。多人のためにするごとく、一人にもまたしかるなり。すべからく広く法の網の目を施して、心行の鳥を捕うべきのみ。

このたとえは、心を巧みに止観でおさめることの必要性を実に巧みに表現していると思う。すなわち、一つの目(説き方)しかない羅《あみ》(教え)では鳥(心)をつかまえることはできない。いくつも目がある網で初めて鳥をつかまえることができるが、しかし鳥をつかまえるのはその中のいずれか一つの目であるわけである。人々の心の動きはそれぞれに異なるので、あるときは大勢の人が同じような心の動きを示すこともあろうし、あるときは一人の人が様々な心の動きを示すこともあるであろうから、一人の人のためにするように大勢の人にも対応する必要があり、また大勢の人のためにするように、一人の人にも対応する必要が生ずるわけである。そのようなわけで、教えの網の目を広く張りめぐらして、どんな心の問題にも対応できるようにし、行きづまった局面を打開する道を示すのである。

　要するに、ここでは、止観の修行法が、どんな人のどんな場面でも適応できる有効な修行法であり、止観の修行法から漏れるような人、除外されるような人は一人もいないことを強調している。そう解していいと思う。いわば、どんな人も止観の行によって、仏教によって、救済されないような人はいないという、智顗の救済の意志とでもいうべきものが具体化されている。

　そこで、安心《あんじん》には、人に教えることと、自ら行ずることの二種の意味があろうが、ここではひとまず人に教える場面の方をとりあげる。人に教える場面でも、聖師と凡師の二種があるが、「いまは、聖師を論ぜず、まさしく凡師が他に教うるの安心を説くなり」として、普通の指導者が人を導く場面を想定し、安心の方法を示す。

『摩訶止観』におけるこのような説き方は一貫して変わらない。常に凡夫の視線で考えようとしている。いきなり理想的な高い境界を示すのではなしに、常に私どもの現実から問題を展開している点は天台教学の特質といえる。ここでも種々様々な人々の問題にどう応えていったらいいか、という課題を真正面にすえて幾通りもの解答を用意する。

　そこで教えを説く方がいいか、修行の仕方を示す方がいいか、その状況を的確に判断して、その状況に一番合った解決方法を示す必要がある。その説き方は、楽欲《ぎょうよく》に随《したが》う方法、便宜に随う方法、対治《たいじ》に随う方法、第一義に随う方法という四種の方法に類型化される。すなわち楽欲に随う方法は、相手の人がこうして欲しいと願っている方向で指示する方法、次の便宜に随う方法は、当面している問題に合うような適宜な指示を出す方法、次の対治に随う方法は、当面している問題に対処し、解決の方向に向けて適切な指示を出す方法、最後の第一義に随う方法は、最初から究極的な真実を示す方法である。

これを示す相手の状況に応じて種々に適応し、都合、百二十八種の安心の方法を提示しているが、ここではその一例を読むにとどめたい。

(57c)その人がもし、「われは息心を楽《ねが》う、黙しおわってまた黙し、これを損じてまたこれを損じ、ついに無為にいたらん(12)、分別を楽わず、坐して馳《は》するは益《やく》なし」といわば、これはすなわち法行《ほうぎょう》の根性(13)なり。まさにために止を説くべし。汝よ、外に尋ぬることなかれ、ただ内に一を守れ。攀覚の流動はみな妄より生ず、旋火輪《せんかりん》は手を輟《とど》むればすなわち息《や》み、洪波の鼓怒するも風が静まればすなわち澄むがごとし。浄名《じょうみょう》にいわく(14)、「なにをか攀縁《はんえん》というや、三界を縁ずるをいう。なにをか攀縁を息むというや、心に所得なきをいう」と。瑞応にいわく(15)、「それ一心を得れば万邪は滅す」と。龍樹のいわく(16)、「実法は顚倒《てんどう》にあらず、念想の観すでに除かれ、言語の法みな滅し、無量の衆罪は除かれ、清浄の心は常に一なり、かくのごとき尊妙の人はすなわちよく般若を見る」と。(中略)いわんやまた結跏し、手を束ね、脣《くちびる》を緘《つぐ》み、舌を結んで、実相を思惟し、心源を一に止め、法界に同じく寂するをや、あに要道にあらずや。ただこれを貴しとなす、余は及ぶこと能わず、と。善巧に方便して、種種の因縁、種種の譬喩《ひゆ》(17)をもって、広く止を讃《たた》えてその心を発悦せしむ。これを楽欲《ぎょうよく》に随って止をもって心を安んずると名づく。

もしも心の平安や心の静けさを願って、深い沈黙を楽しみ、世間的な営みにあれこれかかずらって忙しいのはもう沢山だという人の場合には、どのような修行をするように指し示すのがいいかというと、このときは止観の止を説くことになる。これからは外に向かって求めることはやめて、ひたすら内にこの一事を守るようにしなさい。あっちこっちに揺れ動いてやまない心はみな迷妄によって生ずるものである。火の輪に見えていても、その手を止めれば跡形もなくなるように、どんなに荒れ狂っている大波も、風がやめばないでしまうようなものである。『維摩経』は「煩悩とは何かといえば、欲望と物質と精神の三つのものから生ずる。煩悩を静めるにはどうしたらいいかといえば、心をそのようなものから解き放つことである」といっている。『瑞応経』では、「変わらぬ心を得ればすべての誤ちは消えてなくなる」といっている。

龍樹菩薩は、「真実に迷妄はない、迷妄な心のはたらきがみな除かれ、言葉で説明しなければならないものもなく、数え上げられないほどの罪悪も浄化されて、すがすがしい変わることのない心が現れている。こういう人は智慧を見ることができる」といっている。ましてや、結跏趺坐《けっかふざ》(18)に足を組み、手を重ねて、脣を合わせ、舌を上あごにつけて坐禅をし、ものごとの真実を思惟し、迷妄な心のはたらきはぴたりとやんで、静かな仏法の世界が現れることこそ、仏道修行の根本といわなければならない。

やめるということが一番貴い修行なのであり、他の修行では得難いことであると種々に工夫して示すのであり、それがいい理由や事例を引いて示し、止の効果や有効性を説いて止を行ずる心を励ますわけである。これが、楽欲に随う、すなわち今当面している傾向に合わせて、止によって心を安んずるようすであるという。

教えの網のたとえでみたように、実際の修行ではいろいろの場面があり、その個々の場面でどのような解決法があるのか多くの説き方で示さなければならないので、百二十八種類もの安心の方法が提示されるが、実際に修行者が解決することになるのはその中のいずれか一つの教えによるから、個々に説示されたものは行ずる者からみると、それが問題の解決法のすべてということになる。すなわち、坐禅の一行、守一の行によって、「この不可思議の境を観る」ことができるわけである。

(59a)もし三諦(19)を離れれば安心《あんじん》の処なし、もし止観を離れれば安心の法なし。もし心を諦に安んずれば一句にしてすなわち足る。もしそれ安んぜざれば巧みに方便をもちいて心をして安んずることを得せしめよ。

すなわち、止と観によって心を安んずるのは、即空・即仮・即中の真実のことわりを確認する方法である。したがって、この巧安止観は、心が不可思議のもの、すなわち即空・即仮・即中のものであると観察することを、止と観の両面から再点検し、円頓止観の坐禅を補完し、より確かなものにしていく方法であることがわかる。

後世、禅宗の四祖道信(五八〇―六五一)は守一の行で有名になるが、『摩訶止観』の巧安止観の説に照らしていうと、道信の守一の坐禅の工夫も、「この不思量底を観る」ことにあったことが知られる。道信の守一の坐禅も『摩訶止観』の坐禅と異なるものではなかったといえる。

# 十八　空・仮・中におさまる
## ―法を破すことあまねかれ―

空・仮・中の真実とは何か

十乗観法の第四は破法遍である。破法遍とは、法を破してあまねかれということで、止観の坐禅の最中に生ずるいかなる経験的な境界もすべて仏の教えに照らして捨てることを教え、仏の教えに照らして中道の正しい観察法を成就すべきであると示す。

(59b)衆生は顚倒《てんどう》(1)が多く不顚倒は少なければ、顚倒を破して不顚倒ならしむ、故に法を破すことあまねかれというのみ。上に善巧《ぜんぎょう》に心を安んずれば定《じょう》・慧《え》が開発し、さらに破すことを俟《ま》たず。もしいまだ相応せざるときは、まさに定あるの慧をもちいてことごとくこれを浄むべし、故に破すというのみ。

坐禅の最中に生ずる見当違いな考えを正すために、その考えがなぜ間違っているのか、その理由を明らかにし、徹底的に見すえることが必要である。心が止観におさまれば、禅定と智慧が生ずるので、そのときは当然そういうはたらきがそなわるから、改めてこのようなことをする必要はないわけであるが、心が止観に定まらないときは、禅定にもとづいた智慧によってこのように正すことが必要とされる。

そこで、仏の教えの、あるべき円かな理解の立場から、まず、空の教えによって、間違った考えを正すことを示す。すなわち、すべては空であるという仏教の考え方によって誤った考えを徹底的に究明し修正するわけである。それをここの章段では、(1)縦《たて》と、(2)横《よこ》と、(3)横《よこ》と縦《たて》の別がないという三段で解説する。縦は、修行が深まっていくようす、順次、進展していくようすをみる。横は、空の教え以外の他の教えではどうなるかをみる。横と縦の別がないというのは、とどのつまり、究極の真義は何かということをみる。

破法遍の章段は、十乗観法の中では一番、記述が詳細を極めている。『摩訶止観』十巻は各巻上下巻に分けるので全体をかりに二十巻としてみると、ここだけで巻五下・巻六上・巻六下の三巻があてられているほどである。これを要約すると、空の真実・仮の真実・中の真実とは何かを明らかにすることがこの一段のねらいである。

すなわち、縦の、つまり止観の修行が深まっていくようすをみる破法遍では、(1)仮から空に入ること、(2)空から仮に出ること、(3)前の二つを踏まえて中道の真実に入ることを説いている。

## 仮から空に入る

最初の(1)仮から空に入る破法遍では、見の仮と思の仮から空に入ることを示す。すなわち見の仮、思の仮とは、すなわち己れの考えや、習性化した欲望が仮象のものであることをはっきりさせることである。そのような仮象の考えや欲望にとらわれているのは誤りであると示し、空のことわりを知ることの意義を明らかにしていく。だからといって、このようなことは誤りであるという。

(65b)泯然《みんねん》として定《じょう》に入り、内・外を見ず、また前・後なく、あい形待《ぎょうたい》することなし。寂然として定に住し、あるいは豁《ほが》らかに身心を亡じて、一切はすべて浄《きよ》く、すなわちこの無心を発して、みずから無生《むしょう》の止観(2)を得て、定《じょう》・慧《え》がすでに成ずと謂《おも》う。しかして見著《けんじゃく》(3)を起して、この空想《くうそう》に著するは、諸仏も化《け》したまわず。

すなわち、無心の禅定に入って、身心が自分のものかそうでないのかわからないような感じになり、時間の感覚がなくなり、周囲のものが見えなくなって、静かな禅定の中にあって身心が透明になりすべてが浄らかになる。このような無心の状態になって、これが空を観るということだと納得して、禅定と智慧が成就したと考えるわけである。しかし、これは間違った考えであり、こういう空の考えにとらわれることを仏たちは教えられなかったという。

したがって、こういう禅定体験を真実として、ここでは説くべき言葉も、心のはたらきもすべてがやんで清浄であり、語るべき言葉もないというが、これは明らかに誤った考えであると明示する。

(67a)「言語の道は断え、心行の処は滅し、(4) 泯然として清浄なり、すなわちこれ無生の絶言の道なり」と。かくのごとく計する者は、かえってこれ不可説の絶言の見なり、なんぞ正道に関わらん。徒《いたず》らに絶言をいうも、言はついに絶えず。

言語を絶したものであるとして、絶言の立場をとろうとする人は、ちょうど虚空を避けようとするような矛盾をおかすことになると智顗は言葉を続けている。真の道は言語を絶したものであるという立場は、老荘の思想や世の禅者の考え方であったことが、この後に続く老荘批判の説によって知られる。これに次いで、思の仮、すなわち貪・瞋・癡・慢・疑などの習性化した煩悩（思の惑）が仮象のものであることを明らかに知り、空のことわりをさとることを説いている。ここでは仮象の思の惑から自由になってどのような境界が展開するのか、修行が深まっていくようすを明示している。

### 空から仮に入る

次に(2)空から仮に入る破法遍では、大悲の心を有する菩薩の境界を示す。

(75c)有《う》に処《お》れども染まらず、法眼《ほうげん》(5)をもって薬を識り、慈悲をもって病に逗《とう》ず。博く愛して限りなく、兼ね済《すく》いて倦《う》むことなく、心を用いて自在なり。善巧《ぜんぎょう》の方便《ほうべん》は「空の中に樹を植《う》えるがごとく」、また「仰いで空中に射るに筈筈《かつかつ》としてあい拄《ささ》え地に堕とさしめざるがごとし」。もし空に住すれば、すなわち衆生において永く利益なからん。志を利他に存するは、すなわち入仮の意なり。

菩薩は、人々と同じ場所で同じように生活しているが、生活の苦労に負けるようなことがない、ものごとを正しく判断できる確かな眼でどのようにすべきかを知っており、その深い愛情を苦しんでいる人に注ぐのである。人のことを自分のことのように愛してやまず、人々の苦悩を助けて疲れることがないのであり、心をはたらかせて停滞することがない。それはさながらあれこれ工夫して空中に樹を植えようとするかのようであり、空中に次々に矢を射て、最初に射た矢が地に落ちないようにするかのようである。

このように菩薩は空のことわりだけでは人々の心にとどかないことを知って、人々の利益を優先させようとするのであり、これが仮に入る、すなわち仮象の現実を見すえるということであるという。空中に樹を植えるということも、空中に二の矢・三の矢を射て、一の矢が落下しないようにすることも、常識では全くの徒労であろう。仮象の現実に生きるということは、そういうことだというのである。一見、徒労とも思えることも、菩薩は内にたぎる熱い思いのゆえにひるむことなく、一筋に己れの信ずる道を行くばかりであるというのは真実であろう。私たちの身近にいくらでもいる人生の達人たちの生きざまは、さながらそのような風情を示しているからである。

そして空から仮に入る理由を、次の五つにまとめている。

(75c)入仮《にっけ》の因縁は、略していえば五あり。一つには、慈悲の心が重きなり。はじめ仮《け》を破すとき、もろもろの衆生が顚倒《てんどう》して獄《ごく》に縛《ばく》され出ずることを得ること能わざるを見て、大慈悲を起し、愛すること一子に同じ。いますでに惑を断じて空に入れば、同体の哀傷はますますまた隆《さか》んに重く、人を先にし己れを後にする、与・抜(6)はいよいよ篤し。

まず、仮象の現実を見捨てることができないのは、慈悲の心が深く大きいからである。いくら現実は虚仮のもので、仮のものでしかないと説いてみても、その教えが人々の心まで届かないので、最悪な事態が少しも好転しないのを知って、我が子の心配をする親のように、じっとしていられない慈悲の心が起こるのである。自分が迷妄を断じて空のことわりが真実であることがわかっているだけに、かつての自分と同じという心が起こり、そんなことではいけないという心がますます盛んになる。そこでまず人のことを先にしてやり、自分のことは後回しという慈悲の心が一層、深まることになる、という。

与抜とは、与楽と抜苦の略語で、楽しみを与えようとする慈しむ心と、苦しみを抜いてやろうとする悲《いたわ》る心のことで、慈悲の心を指している。

次に、空から仮に入る理由の第二は、次のようなことである。

(75c)二つには本《もと》の誓願《せいがん》を憶《おも》うとは、もとより弘誓《ぐぜい》を発して、苦を抜き楽を与え、安穏を得せしめんとす。いま衆生は苦多く、いまだ度を得ること能わず、われもし独り免《まぬが》れば、先の心に辜違《こい》せん。本懐《ほんがい》を忘れず、あに含識《がんじき》(7)を捨てんやと、仮《け》に入り事《じ》を同じくしてこれを引導す。「二乗の初業は法において愚ならず」、また大願あるも、生を隔てて、中ごろに忘れて、大を退き小を取る、衆聖の呵《か》するところなり。菩薩はしからず、母が食を得ればつねにその児を懐《おも》うがごとし。

すなわち菩薩は、最初に仏道に入ることになった動機を忘れることなく思い出す。四弘誓願の心を起こして、人々の苦悩を救い、人生の楽しみや喜びを知ってほしい、平安で穏やかな生活をしてほしいと願って仏道修行の道に入ったのではなかったか。現に苦しんでいる人たちが沢山おり、救済の方法も示されないままに放置されているのに、自分だけさとりすましているのは、初心にたがい遺憾なことである、と反省して、本来の願いを忘れず、含識、すなわち衆生の、人々の苦悩を見捨てることがないのである。そこで菩薩は仮に入って、人々にまじって、人々を救済するために努力することになる。

二乗の人たちも最初はこのような大願を立てて修行を始めたが、時間がたつうちに途中で忘れてしまい、大乗の立場から後退することになり、小乗の立場に甘んずることになってしまったのである。仏の教えはそうではないと教え、菩薩は二乗のような立場はとらない。何かおいしいものを手に入れると、母はまず可愛い子供に食べさせてやろうと考えるように、菩薩も人々の暮らし向きはどうかと、いつも心配して、頭から離れることがないのである。

(75c)三に、智慧が猛利《みょうり》なり。もし空に入るときは、すなわち空のなかには他を棄つるの過《とが》ありと知る。なにをもっての故ぞ、もし空に住すれば、すなわち仏国土を浄め衆生を教化することなく、仏法を具足することみな弁ずること能わずと、すでに過《とが》を知りおわって空を非として仮に入るなり。

三つ目の理由は、智慧のはたらきが必然的にそのことに気づかせることになるという。空を知る智慧は、仮を知る智慧と別のものではない。すなわち、空を知ると、空のことわりには何者も寄せつけない、そういう一面の意味があることがわかる。なぜ、それが一面の意味なのかというと、空の意味にとどまる限り、仏が活躍される国土を浄化したり、人々を教化したり、仏の教えを成就することはできず、自利・利他の悲智を円満にする仏の教えを行ずることはできない。このように空の教えの一面性を知り、空から仮に入ることになる。

(75c)四つには、善巧《ぜんぎょう》の方便《ほうべん》なり。よく世間に入り、生死《しょうじ》、煩悩といえども智慧を損すること能わず、遮障《しゃしょう》や留難《りゅうなん》もいよいよ化道を助けるなり。

第四は時宜をえた発想や工夫があるからである。現実の世界に入っても、どんな場面に直面しても、どんな苦悩に出会っても、その智慧のはたらきをくもらせることはなく、困難な事態になればなるほど、ますます救済への意志は固く、智慧をしぼることになるという。

(75c)五つには、大精進力なり。仏道は長遠なりといえども、もって遙かなりとなさず、衆生の数は多しといえどもしかも意に勇あり、心は堅く退くことなく、精進し発趣《ほっしゅ》して、初めより疲怠することなきなり。これを五つの縁と名づく。

第五は努力してやまない大きな力がそなわるからである。仏道修行の道は遠く長いものであるが、それを遥かなものであるからといってあきらめることはないし、救いを要する人々が数えられないほどいても勇気をもって臨むことができる。心に期することがしっかり固まっていて後退することがなく、努力して前進し、疲れたり怠ったりすることがない。以上が、空から仮に入る五つの理由である、という。

このようにして、仮に入ったときは、(1)病状をよく診察し、(2)この病状にはどの薬が一番効くか判断して、(3)薬を投与して治療に当たることになる。病状には、見の惑、思の惑があって、人それぞれで違いがあり数え尽すことができないほどであるが、菩薩にはわからない病状は一つもないという。また、投与する薬にも、(1)世間の法薬があり、(2)出世間の法薬があり、(3)出世間上上の法薬があって、それぞれに異なる投与の仕方があるのは当然であるが、湯飲《とうおん》・吐下《とげ》・針灸《しんきゅう》・丸散《がんさん》などがあるように、病気を治す方法も、種々の仕方がある。

したがって、(1)志楽《しぎょう》狭劣（志が低い人）、(2)行力微弱《みじゃく》（実行力のない人）、(3)五濁《ごじょく》(8)障重（資質が乏しく時代や環境に適応できない人）、(4)智慧極鈍《ごくどん》（愚かな人）の下根のものには、それぞれが、好み、実践でき、少しでも煩悩を軽くすることができ、自分が納得できるようなことから説き示していかなければならない。つまり、世間の法薬として、

(77b)十善を束ぬれば、すなわちこれ五戒(9)なり。深く五常(10)・五行(11)を知るは、義はまた五戒に似たり。仁慈、矜養《きょうよう》して他を害せざるは、すなわち不殺戒なり。義譲、推廉にしておのれを抽《ぬ》いてかれに恵むは、これ不盗戒なり。礼制、規矩《きく》をもって髪を結い親《しん》を成すは、すなわち不邪婬戒なり。智鑑《ちかん》

は明利《みょうり》に、所為は秉直《へいじき》に道理に中当するは、すなわち不飲酒戒なり。信契、実録して誠節に欺むかざるは、これ不妄語戒なり。周孔[12]はこの五常を立てて世間の法薬となし、人の病を救治す。また五行は五戒に似たり。不殺は木を防ぐ、不盗は金を防ぐ、不婬は水を防ぐ、不妄語は土を防ぐ、不飲酒は火を防ぐ。また五経[13]は五戒に似たり、礼が節に擠《おもむ》くことを明かすは、これは飲酒を防ぐ、楽が心を和するは婬を防ぐ、詩が風刺するは殺《せつ》を防ぐ、尚書が義譲《ぎじょう》を明かすは盗を防ぐ、易が陰陽を測るは妄語を防ぐなり。かくのごとき等の世智の法は、精《くわ》しくその極に通じ、よく逾《こ》ゆるものなく、よく勝るものなく、ことごとく信伏せしめてこれを師導するなり。

すなわち、十善の教えは五戒の教えとして示すことができるが、儒教が説く五常（仁義礼智信）や五行（木火土金水）の教えを実践することは、仏教の五戒の教えと通底するものといえる。人に愛情をもって接し、危害を加えるようなことをしないのは、仏教で教える殺さないという教えに当たる。正義を行い人を推し己れに誠実で、自分のことはおいて人に恵むことは、盗まないという教えに当たる。礼を行い節度ある言動をなし、身なりを正して交際するのは、間違った異性関係をもたないという教えに当たる。智慧が明らかにはたらき言動が素直で道理にかなっているのは、酒を飲まないという教えに当たる。信があり裏表のない真心で接し決して裏切らないのは、嘘をつかないという教えに当たる。孔子はこの五常の徳を人間である限り常に践《ふ》み行わなければならない条件として、人の病を救い、治したのである。

五行の教えも五戒と似ている。殺さないことは木を防ぐことに当たり、盗まないことは金を防ぐことに当たり、淫行しないことは水を防ぐことに当たり、嘘をいわないことは土を防ぐことに当たり、酒を飲まないことは火を防ぐことに当たる。また、五経も五戒と似ている。『礼』は節度を重んずるから、酒を飲むことを防ぎ、『楽』は心を和らげるから、淫行を防ぎ、『詩』は風刺することで殺すことを防ぎ、『尚書』は正義を明らかにするから盗むことを防ぎ、『易』は陰陽の動きを測るので嘘をつくことを防ぐことになる。これらの世間の智慧も、突きつめてみると仏教の教えと共通するところがあり、これを出るものではなく、これに尽きる。こう説いて信服させ、人々を仏教へ導くのである。

仮に入ったところで、このように世間の一般的な価値を認め、それを次第に仏教の真実へと導入してくる道が開かれることになる。

### 中道を正しく観る

次に、中道を正しく観る破法遍は、前で説いた、仮から空に入る観と、空から仮に入る観の、つまり自行と化他、すなわち自分の修行と人々を教え導く実践との両観を踏まえ、これをバランスよく成立させるための中道の立場から、偏向した考えを正す。その理由は、(1)無縁の慈悲のために、(2)弘誓の願を満たすために、(3)仏の智慧を求めるために、(4)大いなる方便を学ぶために、(5)牢強の精進を修するために、この立場から点検してみることが必要になるという。

第二の、横の破法遍では、これまで無生の一門について、竪に順次、空・仮・中の三観を修め、空・仮・中の三諦のことわりを照らし出して、坐禅の最中のどんな宗教体験も、充分なものではないとしてすべて払ったのであるが、ここでは諸経論に出る、たとえば『中論』の八不(14)の説や、『金剛般若経』や『仁王般若経』に出る「金剛三昧(15)」の説などに照らしてみても、その程度のものが仏が教えている境界であるはずがないことを明らかにする。

そこで最後の第三、横と縦は別のものではないという立場から偏向した考えを正すと、次のようになる。

(84b)無生《むしょう》門は、千万に重畳すれども、ただこれ無明《むみょう》の一念の因縁所生の法は、即空《そっくう》・即仮《そっけ》・即中《そくちゅう》にして不思議の三諦《だい》、一心《いっしん》の三観《さんがん》、一切種智《いっさいしゅち》、仏眼《ぶつげん》等(16)の法なるのみ。無生門はすでにしかり。もろもろの余の横の門もまたまたかくのごとし。種種に説くといえども、ただ一心の三観なるのみ、故に横なく竪なし。

無明の心が一瞬のうちにしかるべき原因や条件のもとにきざすのであるが、この心は全体が空であり、仮であり、中であり、思議を超えた三つの真実のことわりを露呈しているにほかならず、仏道修行は、このことわりを一心に三観することをおいてほかになく、それが仏の眼によって見られていた、すべてをそれぞれにあるがままに見るという智慧にほかならないのである。順序を追って説いてみても、あるいは他の諸説によって説いてみても、それはとどのつまり、一心に三観するということに尽きるのであるという。すなわち、「心はすなわちこれ不可思議の境であると観る」ことという十乗観法の最初の定義に帰るわけである。

次に、一心に止観を修することについて、(1)総じて無明の一念の心について説明し、(2)余の一心について説明している。

(85b)余に歴《ふ》る一心の三観とは、もし総の無明の心がいまだ必ずしもこれ宜《よろ》しからざれば、さらに余の心に歴るなり。あるいは欲心、瞋心、慢心の、これらの心が起るも即空・即仮・即中なり、かえって総のなかに説くところのごとし。云々。

すなわち、無明の心を観じても、貪欲の心、瞋恚の心、上慢の心を観じてみても、現に起こっているその心が、即空・即仮・即中であって、空・仮・中の真実を示しているという。

いうまでもなく、貪欲の心、瞋恚の心は、十境第二の煩悩境にほかならず、上慢の心は、第八上慢境の心にほかならないわけで、詳細を極める破法遍の説が行き着くところは、いかなる問題も即空・即仮・即中のことわりを出ないというところに落ち着く。

## 十九　閉塞を切り開く・仏の教えを行う

### ─神通をもって通塞を破す─

止観の坐禅における諸種の宗教体験を、空・仮・中のことわりにおさめることによって、二度と煩悩の迷妄に振り回されることがない境涯が確立するはずであるが、充分な効果が現れないのは、是非の判断が充分でないからその点を反省してみなければならないとして、次に、通《つう》と塞《そく》、すなわちその修行が正しく行われているか、偏向を生じているか、点検してみなければいけないという。

たとえば、外道の人のように、空を観る智慧に愛著を生ずるようなときは、その誤りを徹底的に究明し偏向した考えを正さなければいけないが、即空・即仮・即中のことわりに照らして空に愛著することがなければ、それは正しい修行であるからそのまま行じていけばいいわけである。

このことを『法華経』「化城喩品《けじょうゆほん》」に出る五百由旬(1)の距離にある目的地まで行き着く工夫にたとえて説明している。すなわち空を観る智慧は三百由旬の風光であり、仮を観る智慧は四百由旬の風光であり、中を観る智慧が五百由旬の風光であるという。したがって、この五百由旬の場所に位置する中を観る智慧を実現するために、今の修行が通じているのか、塞がっているのか点検する必要があるのである。

横の通塞、竪の通塞

しかるに、このような通と塞を点検する方法には、横の通塞と竪《たて》の通塞の二種があり、それを次のように提示している。

(86c)横は具《つぶ》さに三法に約す。苦《く》・集《じゅう》を塞となし、道《どう》・滅《めつ》を通となす。無明《むみょう》の十二因縁を塞となし、無明が滅するを通となす。六蔽《へい》が心を覆うを塞となし、六度を通となす。

竪《たて》の通塞は、見《けん》・思《じ》の分段《ぶんだん》の生死《しょうじ》を塞となし、従仮入空《じゅげにっくう》の観を通となす。無知の方便の生死を塞となし、従空入仮《じゅぐうにっけ》の観を通となす、無明の因縁の生死等を塞となし、中道《ちゅうどう》の正観を通となす。

すなわち、横では、四諦と十二因縁と六波羅蜜の教えについて、通と塞を明らかにし、竪では、空の観・仮の観・中の観について、通と塞の義を説明している。苦諦と集諦の塞を、道諦と滅諦の通に転換し、無明が生ずることによって生・老死ありと示す順観の十二因縁の塞を、無明が滅することによって生・老死が滅すと示す逆観の十二因縁の通に転換し、慳貪《けんどん》などの六種の心を覆う弊害（塞）を、布施などの六種を成就すること（通）によって進展させるよう指示する。この説は、『法華経』で明示しているように、声聞に示されたとされる四諦の教え、縁覚に示されたとされる十二因縁の教え、菩薩に示されたとされる六波羅蜜の教えのすべてが、その真義を正しく理解すれば、いずれも一つの仏道修行へ通じることを示そうとしている。

また竪の通と塞は、修行が順次深まるようすを示している。つまり、見の惑や思の惑がだんだんに断じられてその分、智慧が明らかになるのだと解するのは塞であり、これを仮から空に入る観によって正すのは通である。そして無知で何の手立ても打てないような現状は塞であり、これを空から仮に入る観によって正すのが通である。根本の無明によって生じている現実は塞であり、これは中道のことわりを正しく観ることによって通ずることになる。この説は、低い境涯の修行で甘んずることなく、より高い境涯に向けて深めていくよう促していると解することができよう。

(86c)まさにこの意をもちいて一一の心に歴《へ》、一一の能に歴、一一の所に歴て、もし三の塞を起さば、これを破して通ぜしめ、もしこの三の通あれば、養いて成就せしむべし。

すなわち、通と塞に意を用い、修行の場面場面で適用し、それぞれの教えについて、その教えに相当する現実の問題について、閉塞した状況を切り開き風通しをよくして、教えに照らして誤りがなければさらにその修行を進めて修行を成就させるようにするのである。

このように初心者の修行について通と塞があるが、それにも歩いて渡るような修行があり、馬に乗って行くような修行があり、神通力《じんずう》に乗るような修行があって、相違する。『摩訶止観』の修行はさながら神通力に乗るような修行に当たるといい、次のように記している。

(87b)もし一心三観の法相は、すなわち竪のなかの通塞を破し、三観一心は横のなかの通塞を破す。空はすなわち三観なるが故に、山壁を歩渉する三百の通塞を破す。仮はすなわち三観なれば乗馬の四百の通塞を破す。中はすなわち三観なれば神通《じんずう》の通塞を破すなり。まことにおもんみるに一心はよく即空・仮・中なれば、一切の山河や石壁、衆魔の群道も、みな虚空のごとく、一心三観はこれに遊ぶこと無礙《むげ》なれば、ついに下《ひく》きを去って高きを陵ぎ、山を避け谷にしたがわず、触処の諸塞はみな通じて礙りなく、「よく五百由旬を過ぎて宝所にいたる」なり。これを名づけて通となす。通はもとより塞に対すれば、すでに触処が空のごとくなれば、すなわちまた塞あることなく、塞なければすなわち通もなきなり。もし塞もなく通もなきにおいて、苦集・無明・障蔽を起さば、ただ神通を失うのみにあらず、また馬・歩をも失うなり。

一心に空・仮・中の三を観ずれば、修行は滞ることはなく、空・仮・中の三を一心に総べるなら、すべての教えを正しく解することができるという。すなわち空を観ることは、空・仮・中を観ることにほかならないのであり、仮を観ることも、空・仮・中を観ることにほかならず、中を観ることも、空・仮・中を観ることにほかならないので、修行の途中で出会うであろう閉塞した状況もみな克服されて滞ることはなく、まっすぐに修行の目的を成就することができる。

このような場面では、いたずらに低きを嫌って高きに居るということはなく、また高きを嫌って低きに居るということもなく、何のこだわりもとらわれもない。したがって歩いて渡ること（空）も、馬に乗ること（仮）も、神通力に乗ること（中）も、それぞれに意味があるわけであり、もしもこのような場面で苦の現実に後退するようなことがあれば、即空・即仮・即中の真実のことわりを見失うことになるという。どこまでも即空・即仮・即中のことわりに照らして閉塞した修行の事態を切り開くことを示している。

### 三十七道品を検証する

次に、十乗観法の第六は、道品を適切に調整することである。仏教の修行論として一般的に認められている三十七道品の教えを「円頓止観」の立場から検証し、「円頓止観」が三十七道品の修行と別のものではないことを明らかにする。三十七道品(2)とは、四念処・四正勤・四如意足・五根・五力・七覚支・八正道の教えを総称した修行法で、これらの修行が仏のさとりを開くための要件であるという意味で「三十七品菩提分法」などという。ちなみにこの修行法は、後にわが国の道元によって継承され、『正法眼蔵三十七品菩提分法』の巻で、この教説が由緒正しい仏の教えであることが説示されている。これら七類の修行法の関連は、次のようにたとえられるという。

(90a)いま、譬をもってこの義を顕わさん。種を地に植え、芽嘴がはじめて開き、根を生じて下に向かい、枝葉が上に布《し》き、その華が敷栄して、果を結び実を成ず。法性、法界を大地となし、念処《ねんじょ》の観《かん》を種子となし、四正勤《ししょうごん》は芽を抽《ひ》くがごとく、五根《こん》は根を生ずるがごとく、五力《りき》は茎や葉の増長するがごとく、七覚《かく》は華を開くがごとく、八正《しょう》は果を結ぶがごとし。果を結ぶ者は、すなわちこれ銅輪《どうりん》(3)の位に入り、無生忍《むしょうにん》(4)を証するなり。また宝所に到ると名づけ、また秘蔵《ひぞう》に入ると名づけ、また醍醐《だいご》を得ると名づけ、また仏性《ぶっしょう》を見ると名づけ、また法身《ほっしん》が顕われ八相作仏《さぶつ》すと名づく。(5)「道品《どうほん》は善知識なり、これによって正覚を成ず」とは、この謂《いい》なり。(6)

ここでは果実が実を結ぶまでの過程にたとえて、三十七道品の修行が相互に関連するものであることが記されている。すなわち四念処観は修行の最初で種子に相当し、四正勤はその種子を育んで発芽させるようなものであり、(四如意足を省き)五根は根を張るようなものであり、五力は茎や葉を伸ばすようなものであり、七覚は華を開くようなものであり、八正道は果実を結ぶようなものである。種がやがては実になるように三十七道品の修行者は必ず証果《さとり》を得ることになり、修行の目的を成就することになるという。

この道品の説は、小乗の修行論とされてきたが、ここでは大乗の意味で読みなおされ、それも即空・即仮・即中の「円頓止観」の立場で読みなおされている点が注目されよう。たとえば、「念処は、力用、広博にして、義は大小を兼ね、ともに八倒を破り(空)、双《なら》べて栄・枯を顕わし(仮)、双べて栄・枯を非し(中)、すなわち中間において般《はつ》涅槃に入る」(大正蔵四六巻八八頁下)というように、四念処の説一つをとってみても、その意味は大乗と小乗の教えに通じていて、意味するところは広いから、真意を正しく汲み上げなければならない。そのためには、仏の説かれた教えの一々について即空・即仮・即中の意味を正しく理解しなければいけないという。

これら智顗の主張は一貫していて、「円頓止観」は仏が説いた教えを正しく頂戴する修行法であるということになり、仏が説いた教えの真意を正しく発揮することができるのは「円頓止観」にほかならないということになる。そのようすを、たとえば四念処の初めの身念処についてみると、次のように記している。

(88b)いま、一念の心が起り不思議《ふしぎ》なるは、すなわち一切種なり。十界の陰入《おんにゅう》は、あい妨礙《げ》せず。もし法性《ほっしょう》は因縁より生ずるが故に一種は一切種なりと観ずれば、すなわち一色は一切色なり。もし法性は空《くう》なるが故に一切色は一色なれば、すなわち一空は一切空なり。法性は仮《け》なるが故に一色は一切色なれば、一仮は一切仮なり。法性は中《ちゅう》なるが故に一にあらず一切にあらず、双《なら》べて一と一切を照らし、また、空にあらず仮にあらず、双べて空と仮を照らすと名づくれば、すなわち一切は空にあらず仮にあらず、双べて空と仮を照らすなり。九法界《ほうかい》の色が即空・即仮・即中なることも、またまたかくのごとし。これを身念処《しんねんじょ》と名づく。

一瞬の間にきざすこの心が不可思議なものであると観察できれば、この心はあらゆるものごとの種子であり、十種の仏法の世界のあらゆる身心であることになる。もしも、ものごとのあるがままは因縁によって生じたものであるからこの心がすべてであると観ずるなら、すべては因縁によって生じたものと知られよう。もしも、ものごとのあるがままは空であるから、すべては空であると観ずるなら、これが空であるようにすべては空であると知られよう。ものごとのあるがままは仮であるから、このようにすべてが仮であると観ずるなら、これが仮であるようにすべては仮であると知られよう。ものごとのあるがままは中であるから、すべてが空であるのでも、すべてが仮であるわけでもないと観ずることができれば、すべては空でも、仮でもないことを正しく知ることになる。

こうして今当面している一つの仏法の世界の身体を観察すれば、そこに即空・即仮・即中のことわりが現れる。他の仏法の世界の身体についても同様のことがいえる。これが、身体を観察の場所として行う（身念処）仏道修行の意義であるという。

以上のように、三十七道品のすべてについて即空・即仮・即中のことわりが現れ、かくして、三十七道品を修することが、「円頓止観」を具体化する一つの方法として意義づけられるわけである。

助道を用いて対治する

次に、十乗観法の第七は、助道を用いて対治することを示す。これは鈍根で遮障の重い修行者は修行の実際の場面で種々の不都合を生ずることになるから、そのときは仏が説かれた諸種の教えに照らして、そういう局面を打開していかなければならないと教える。己れは鈍根で遮障の重い修行者であると弁《わきま》えるべきなのであろう。この辺のようすを次のように説明している。

(91a)(1)もし人が、四の三昧《さんまい》(7)を修して、道品《どうほん》を調適《じょうじゃく》するも、解脱が開けず、しかも慳貪《けんどん》(8)がたちまちに起り、観心を激動して、身・命・財において守護し保著せん、また貪覚の縁想がすべからく欲念を生じ、作意して遮止すといえどもしかも慳貪がうたた生ぜば、このときは、まさに檀《だん》(9)の捨《しゃ》をもちいて治をなすべし。

(2)三昧を修するとき、破戒の心がたちまちに起り、威儀が麁獷《そこう》にして、また矜持することなく、身口が乖違《かいい》して、制度を触犯《そくぼん》し、浄禁が淳ならざれば、三昧は発し難し。このときは、まさに尸《し》羅《ら》をもちいて治をなすべし。

(3)三昧を修するとき、瞋恚が悖怒《ぼつど》して、常に忿恨《ふんこん》を生じ、悪口し両舌して、諍計《じょうけ》し是非すれば、この毒は三昧を障《さ》う。このときは、まさに忍《にん》を修して治をなすべし。

(4)三昧を修するとき、放逸に懈怠《けだい》し、身・口・意を恣《ほしいまま》にし、縦蕩《じゅうとう》にし閑野《げんや》にして、慚《はじ》なく愧《はじ》なく、苦節すること能わず、火を鑽《き》るにいまだ熱からざるに数数《しばしば》してしかも止むるがごとし。事慮《りょ》の人はなお世務を弁ぜず、いわんや三昧の門をや。このときは、まさに精進《しょうじん》をもちいて治をなすべし。

(5)三昧を修するとき、散乱して定まらず、身は独楽《こま》のごとく、口は春の蛙のごとく、心は風の灯のごとくなれば、散逸をもっての故に法は現前せず。このときは、まさに禅定《ぜんじょう》をもちいて治をなすべし。

(6)三昧を修するとき、愚癡に迷惑して、断・常を計著し、人我・衆生・寿命ありと謂《おも》い、事に触れて牆《かべ》に面《むか》い(10)、進止は常に短かくして、物《もつ》の望みに称《かな》わず、意慮は頑拙にして智黠《ちかつ》(11)の相にあらず。このときは、まさに智慧をもちいて治をなすべし。

この文章では、要するに、修行の実際の場面で生ずる(1)慳貪の心は布施の教えに照らして対治し、(2)破戒の心は持戒の教えに照らし、(3)瞋恚の心は忍辱の教えに照らし、(4)放逸の心は精進の教えに照らし、(5)散乱の心は禅定の教えに照らし、(6)愚癡の心は智慧の教えに照らして、それぞれに対処し、修行が滞ることがないよう適宜に打開の方策を工夫するよう教えている。

すなわち、⑴四種の三昧法を実践し、三十七道品の教えを実践しても何の効果も現れず、かえっていじましく物惜しみするような心が起こり、心を観察する修行を動揺させて、体やいのちや財物のことばかり気になるというようなありさまで、心が外に向かってはたらき、どうしても手に入れたいと思うようになり、これはいけないと考えて、この思いを意識的に止めようと思ってもその貪欲な心は止まないので、そういうときは布施の教えによってすべてをきっぱり捨てるようにする。このような対治が可能であるのは、それほどに仏の教えの有効性を信じているということでもあろう。

⑵修行中に戒を破るような心が突然起こって、言動が粗雑になり、たしなみがなくなって、言動がちぐはぐになり、してはいけないことをして、仏が説かれた教えが実践できなければ修行が成就することはない。だからそういうときは改めて持戒の教えによって対治する。

⑶修行中に突然、怒る心が生じて、ずっとその心が続き、悪口雑言の限りを尽して、是非を争うようになれば、この毒が修行を妨げることになる。そういうときは忍辱の教えを修めて対治しなければいけない。

⑷修行中に放逸な心が生じ、怠けようと思う心が起こって、体や言葉や心のはたらきがしまりがなくなり、何もはばかるものがなく、したい放題というありさまで、みずから恥ずかしいと思うこともなく、したがってもっと言動を慎もうという気持ちもなくなる。それはちょうど、火を熾《おこ》すときまだ熱くならないうちに何か事情ができて途中で止めてしまうようなもので、これでは修行をやり遂げることなどできない。つまらないことにかかずらっていてはどんな仕事も仕上げることはむずかしい。

仏道修行はなおのことである。だからそういうときは、「初めも、中ほども、終わりも怠ることなく努力せよ」と教える仏の精進の教えを想い起こして怠けがちな心を対治しなければいけない。

(5)修行中に心が散乱して定まらず、体は独楽《こま》が回っているかのように、口は春の田んぼで蛙が鳴いているかのように、心は風前の灯のように定まるところがないときは、修行の効果は現れない。そういうときは禅定の教えに照らして対治しなければいけない。対治の方法としては、後の十境の第六禅定境でも説かれる五門禅（数息《すそく》観・不浄観・慈心観・因縁観・念仏観）を説いている。

(6)修行中に愚癡の心が生じて迷惑し、虚無主義や楽天主義のような極端な考えにとらわれたり、自分があり、人々があり、寿命の長い短いがあるというようなことばかり考えて、ことごとに頭をぶつけ、言動が足りず、人望がなく、思慮が浅く頑迷で、充分智慧がはたらかないことになる。そういうときは仏が説いた智慧の教えによって対治しないといけない。

この対治の仕方としては三十七道品のなかの、四念処・慧根・慧力・択・喜覚分・正見・正思惟の七種を挙げ、その理《ことわり》を観ずることを示している。身念処の観では五種の不浄を観ずることを示し、また、心念処の観では、次のように無常のことわりを観ずる方法を記している。

(93c)また、諸業を観ずるに、なお怨家のごとく、鳥が肉を競うがごとし。経にいわく、[12]「刹那も悪を起せば、殃《わざわい》ありて無間《むげん》に墜《お》つ」と。促促の時節にすらなお重業を成ず、いかにいわんや長夜の悪念をや。業はすなわち無辺なり。業は怨責のごとく、つねに人の便を伺う。もしまさしくこの責を償えば余業を牽《ひ》かざるも、償いがやや畢《おわ》らんと欲するに余業は争い撮り、去住に期なし。無常の殺鬼は豪賢を択《えら》ばず、危脆《きぜい》にして堅《かた》からず、侍怙《じこ》すべきこと難し。いかんぞ安然として百歳を規望し、四方に馳求《ちぐ》して、貯積し聚斂《じゅうれん》し、聚斂いまだ足らざるに溘然《こうねん》として長く往き、所有の産貨は徒らに他の有となり、冥冥として独り逝く、誰か是非を訪《とぶら》わんや。

人がしていることは、はげ鷹《たか》が腐肉をとり合っているような醜態である。経は「一瞬でも悪いことをすれば必ず地獄に堕ちる」というが、ひっきりなしに悪業を積み、昼となく夜となく悪だくみをしている始末であり、いつ果てるとも知れないありさまである。このように悪業は仇敵のようにいつも人のすきをうかがっている。その責めを償ったならその他の業をすることはないが、間もなく償い終わろうとするそのときに、他の業が競い起こり、逃れるときを失うことになる。無常（死）の殺人鬼は健康であろうとなかろうと、少しぐらい賢くても関係なく訪れる。実に脆《もろ》く危ういものであり、頼りになるものは何一つない。どうして安閑として百歳まで生きるつもりで、右往左往走り回って、名声や財産の奴隷となっているのであろうか。まだ修行も充分達成できないうちに、死出の旅へと旅立つことにでもなれば、遺産はみな他人の財産となり、暗澹としてただ一人で逝くだけではないか。そんな生き方でいいわけがないという。仏道修行では無常を観ることが一番大切なことであるというのである。

六波羅蜜の教えを助道に用いて対治することを説いた後で、⑴三十七道品、⑵六根を調伏すること等、都合十二条の教えは、すべて六波羅蜜の教えに共通する内容を有することを示している。したがって「円頓止観」の修行は、仏のすべての教えを実践することになるという。決して仏の教えと別なものとして「円頓止観」が説かれているのではない。

## 二十　己れを知り・耐え・妥協しない

### ―五悔の方便を勤行す―

十乗観法の第八は、次位を知ることである。ここでは己れの修行が本物であるか、偽物であるかを真正面に見すえて点検するよう教える。充分に修行が進んでいないのに、自分はもうさとったと勘違いしないよう注意が必要になる。

(97c)法門を結正して行位に対当す。修に方便あり、証に階差あり、権実《ごんじつ》・大小・賢聖《げんしょう》を濫《みだ》さざれば、増上慢の罪は、いずれより生ぜん。

と記すように、法門、すなわち諸種の教えの理解がどの程度のものか、しっかり反省してみなければならない。修行にも色々工夫すべきことがあり、修行によって得られるさとりにも浅い深いがあるのは当然であって、かりのものと真実のもの、大きな立場と小さな立場の違いがあるわけで、そういうことをしっかり銘記していると、それがどの程度のものかよくわかり、自分はもう仏弟子や仏たちと同等のさとりを得ているというような高慢な態度になることをまぬがれるという。この増上慢の罪については、十境の第八に上慢境が設けられており、六即説と合わせ二重三重にチェックされていることが知られる。

### 五悔の修行

また、ここで説くべき諸位については、十乗観法の第四の破法遍の段で破思仮を説く個所で示したから、それを参照するよう指示している。そして、最終的な次位については、十境の第十の菩薩境で説かれるはずのもので、そこでは菩薩のさとりとは何かということが明らかにされるはずであるが、ここで次位を知るというのは、そこまでにいたる前段階の修行において注意すべきことというほどの意味であることが明かされている。「五悔《げ》」の修行法によって、円頓止観の修行を誤りなく前進させることができるという。

(98c)五悔の方便を勧めて行ずれば、観門を助開し、一心に三諦が豁爾《かつに》として開明す。浄き鏡に臨んであまねく諸色を了するがごとく、一念のなかにおいて円解が成就す。

と記している。五悔の工夫に勧めることで、修行が滞ることなく前進し、空・仮・中のことわりがはっきり理解でき、心から納得できる。ちょうど一点の曇りもない鏡にすべてのものが全部映し出されるように、一瞬のうちに本当の道理が理解できることになるという。そのとき、仏の教えに誤りはないことを心底、信ずることができ、この信仰心が確立すると、仏の教えを聞いて喜ぶ随喜《ずいき》の心が生じ（初随喜品）、さらにその教えを読誦して意味を深く理解することになり（第二読誦品）、理解したことを人々に説いて導き、そうすることによって一層、自身の理解を深め（第三説法品）、併せて布施・持戒・忍辱・精進・禅定・智慧の完成をめざすようになり（第四兼行六度品）、最終的には菩薩行を成就することになるのである（第五正行六度品）。

以上のように、五悔の修行によって、五品弟子の位を達成することになるという。すでにみたように智顗は生涯をこの五品弟子位で終わったと、臨終の枕辺で告白したというから、智顗はこの五悔の修行によって、五品弟子と呼ばれる境涯まで達したということであろう。この先には十信位があり、十住位から妙覚までにいたる四十二位のさとりの諸層が示されるはずであるが、ここでは五品弟子位までが詳しく示されているだけで、十信位以上の詳細は何も示されていない。次位を知るということは、とにかく五品弟子の位まで修行を進めることが大切であり、それから先は修行にはずみがついて楽しみも増えるので、問題は少なくなるということであろうか。

さて、修行を前進させるために必要な五悔の修行とは何かというと、それは懺悔《さんげ》・勧請《かんじょう》・随喜《ずいき》・回向《こう》・発願《ほつがん》を行ずることである。懺悔とは、過去の罪を告白し悔い改めることであり、勧請とは、仏の援助を祈り求めること、随喜とは、人の善を喜ぶこと、回向とは、勧請や随喜によって得られるすべての善を仏のさとりを実現することに振り向けること、発願は、心から誓うことで、四弘誓願や他の願いの心をいうのである。これは智顗が著した『法華三昧懺儀《ほっけざんまいせんぎ》』（「法華懺法《ほっけせんぼう》」ともいう）のなかでも、重要な修行法として位置づけられている。最初の「懺悔」は、

(98a)まず逆・順の十心(1)を知って縁を実相《じっそう》に繫《つな》げるは、これ第一の懺なり。つねに懺悔して懺せざるときなし。

と記すように、順次に十心を観察（順観）して、いかにして因果のことわりを否定するような最悪の事態になってしまったのかを反省し、この現状を打開するためには、生き方を逆転して、まず深く因果のことわりを信ずるところから始め、順次に十心を観察（逆観）する。こういう懺悔の心を忘れず、仏の教えが示す真実に契《かな》うよう修行を進めていくことが大切だというのである。

次の「勧請」は、懺悔は自分自身の罪悪を悔い改めればすむが、勧請は人々を救済しようとするときどうしても必要になるので、次のように十方の仏たちの援助を願うのだという。

(98a)われはいま罪を知るも、なお脱することを得ず、衆生は知らず、劫《こう》を歴《へ》て流転すれども、われには救う力なければ、十方の仏を請ず。仏は衆生を愍《あわ》れんで巨細を簡《えら》ばず、必ず冀《こいねがわ》くは願いに従いたまえ。

私は自分の罪悪を知ることができたが、まだその罪悪から抜け出せないでいる。周囲の人はどうかというと、このような罪悪にすら気づくことなく永久に迷っているありさまである。自分一人ではどうすることもできないので、十方の仏たちの助力を頂きたいと願うのである。仏は人々のどんな苦悩にも救いの手を差しのべてくださるから、私のこの願いも聞きとどけて欲しいと祈り求めるわけである。

「随喜」は、人々が仏の教えに出会い大きな利益を得るようすを見て、自分のことのように喜ぶことである。香を売る人と香を買う人とそれをそばで見ている人が、三人三様に芳香を楽しむように、教えを説く人と教えを聞く人とそれを傍らで喜んでいる人の、三人の効果は同等であると説いている。

次の「回向」は、周囲の人々に善いことをしてやって人々を菩提に向かわせることである。ただし真実の正しい回向は、自分がこの人にこうしてやった、という一片の思いもなく、仏たちが認めてくれる回向にならなければいけない。すなわち勧請の心や随喜の心をそっくり人々の方に振り向けるようにするのである。

最後の「発願」は、誓い願うことである。心から誓うことによって、やることなすことが充分な結果を現すことになる。もしも誓願がなければ、人に宝物をやっても、この宝物はこの人のものと示す証明書がないようなもので、この人は半信半疑でいるようなものである。また、人にせっかく善いことをしてやっても、確かな願いにもとづいていないと、かえって事態を悪化させることにもなりかねないから、誓願が必要になる。これには総願[2]として四弘誓願と、法蔵菩薩の四十八願[3]などのような別願[4]がある。

四弘誓願は、大意章の発心の段でも説かれていたし、十乗観法の第二の慈悲の心を起こす段でも説かれていた。次位を知るために行ずる五悔の修行法の最後に、発願を位置づけ、菩薩の総願としての四弘誓願に合わせて、現実の具体的な事例に対応する別願がなければならないことが明示される。現実の社会生活の中では、むしろ別願こそが大切になるという。どんな小さなことも、誓願の思いを込めて丁寧にすることが大切であると教える。

> (98c)いま、道場において、日夜六時(5)にこの懺悔《さんげ》を行じて大悪業の罪を破し、勧請《かんじょう》して謗法《ぼうほう》の罪を破し、随喜《ずいき》して嫉妬の罪を破し、回向《えこう》して諸有《う》のためにする罪を破し、空《くう》・無相《むそう》(6)の願に順えば、得るところの功徳は限量すべからず、譬算《ひさん》し校計《きょうけ》(7)すともまた説くこと能わざるなり。

修行道場で、日に六回、五悔を行ずるなら、懺悔によって悪業の罪をまぬがれ、勧請によって謗法（仏法をそしること）の罪をまぬがれ、随喜によって嫉妬の罪をまぬがれ、回向によって誰かのためにする、何かのためにするという罪をまぬがれ、仏、菩薩の広く大きな願いを我が願いとして生きることができるようになる。その効果ははかり知れないものがあり、とても想像もつかないほどであると結んでいる。

このような五悔を行ずることによって、身のほど知らずの思いをほしいままにして、おごるようなことは防げるのであり、修行があるべき方向に向かって順調に深まっていくことになるのだという。

### 譲れ、隠せ、去れ

次に、十乗観法の第九は、よく安忍することである。安忍とは、仏道修行に安んじて、種々の困難に耐え忍ぶというほどの意味である。前述した八種の観法を順次進めてくると、次第に智慧の眼が開かれて、活発に智慧のはたらきが現れるようになり、初めて見るような経論の意味も理解でき、人が書いた研究書なども何をいっているのか理解できるようになって、人前でその一句を解釈しようとすると縦横に表現することができることになる。こういうときは宝を懐に抱くように説話をひかえ、人から隠れるようにして修行に励み、心を移さないことが、一番勝《よ》い方法であるという。この一段の文章は、智顗の来し方に対する痛切な反省も込められていて、極めて現実味のある文章となっている。

(99b)ただ錐《きり》は嚢《ふくろ》に処せず、覆い難く露われ易し。あるいは講者が理に称《かな》わざるを見て、あるいは道を行ずる者が轍《てつ》に当たらざるを見て、慈悲をもって示語すれば、すなわち囲繞《いにょう》せられ、およそ講説せしむるに、あるいは勧めて衆主とされ、内に痒《むず》がり外に動いて、すなわち一両句の法を説き、あるいは一両節の禅を示す。はじめは一人に対するも馳伝することようやく広ければ、すなわち止《とど》むることを得ず、はじめは益ありと謂《おも》えども、他を益することけだし微《すく》なく、自行を廃損す。ただ品秩《ほんちつ》が進まざるのみにあらずして、障道がかえって興《おこ》る。象の子の力が微にして身を刀《とう》・箭《せん》に没し、湯を掬《く》んで氷に投ずるに翻《かえ》って氷聚《ひょうじゅ》を添うるなり。毘婆沙《びばしゃ》(8)に「破敗《はは》の菩薩《ぼさつ》なり」というなり。

鋭く突出した錐《きり》は、袋に入れて隠しても隠しおおせない。これと同じで、道理に合わないことをいったりしたりしている人を見て、同情して教えてやるとすぐ名声が広まり、大勢の人たちが集まってくるようになる。講説を求められ、人々のためだからと一言半句の教えを説き、少しばかり禅定を教えると、最初は一人に教えたのに、だんだんと噂が広まり、もう止めることができない状態になる。

最初は有益に思えても、実際に人々を利益《りやく》することはほとんどなく、自分の修行を損ない、修行が進まないだけでなく、かえって様々な修行の障害が現れる。それはちょうど、まだ充分な力がない象の子が矢を射られて倒れるようなものであり、湯をかけて氷を溶かそうとしたのに、かえって氷の固まりを大きくしただけというのに似ている。これを『毘婆沙論』は、仏道修行から「敗退してしまった菩薩」という。

こう語る智顗の胸の中には、なまじ有名になったみずからの身の上の不自由さを反省するところがあったであろうし、天台山に入山することを決意したありし日の苦い思いがあったに違いないと思う。智顗は、師の南岳慧思が臨終の間際に「自分は一生のうちに銅輪（十住）の位に入ろうと願っていたが、早い時期から修行僧を指導する地位に立たされたために、残念ながらそれは実現できなかった」と述懐したことを思い起し、慧思が書いた『立誓願文』(9)のなかに「択《えら》べ、択べ、択べ、択べ」と四度も同じ言葉を繰り返していたことを印象深く紹介している。仏道修行には、こういう名誉とか、権威などの誘惑が一番気をつけなければならないものだというのである。もしも名声とか、有利な地位が目の前にあるときは、どうしたらいいか。そのときは次のようにするといいと教える。

(99b)もし名誉の羅羂《あみなわ》や、利養の毛縄を被って、眷属《けんぞく》が樹に集まり、妨蠹《ぼうこ》が内を侵し、枝葉が外に尽きれば、まさに早くこれを推《す》つべし、受けることなかれ、著することなかれ。推《す》つるにもし去らず、翻《かえ》って黏繋《ねんげ》せらるれば、まさに徳を縮めて瑕《きず》を露《あら》わし、狂を揚げて実を隠すべし、密《ひそ》かに金唄《こんばい》(10)を覆《おお》って盗に見せしむることなかれ。もし、迹《あと》を遁《かく》すも脱《のが》れざれば、まさに一挙に万里の絶域の他方にして、あい諳練《あんれん》することなく、快く道を学ぶことを得よ。求那跋摩《ぐなばつま》(11)のごとくすべし。云云。もし、名利《みょうり》の眷属が、外より来たりて破らば、この三つの術(12)を憶《おも》い、歯を齧《くいしば》って忍耐せよ。千万も請ずといえども、確乎《かっこ》として抜き難し、譲れや、隠せや、去れや。

名誉なことや利益になることがあって、仲間が集まってくることになれば、修行の妨げが内に巣食うことになり、何の進展もないことになるので、できるだけ早く辞退しないといけない。またそれを受けたり、それに未練を示すようではいけない。辞退しようとしても、一層それがついて回るようであれば、そのときはみずからの本心が人にわからないようにしたり、過失を示したり、役に立たないふりをして本心を隠し、宝物を盗賊の目に触れさせないようにするのである。こうしても逃れることができないときは、一挙に万里の遠隔の地に去って、腐れ縁をひきずらないようにして存分に修行に励むことである。たとえば求那跋摩（三七七―四三一）がしたようにするのが一番いいであろう。もしも名利の仲間が外から来るようなときは、三つの方法を思い起こし、歯をくいしばって誘惑に耐えないといけない。何回求められても断固としてはねつけることである。そういうものは譲れ、隠せ、去れ、といっている。そして、もしも心のうちに煩悩や業相や禅定や諸見や上慢などの諸境が起こるときは、同様に三つの方法を思い出すことである。それは即空・即仮・即中という方法であると記している。

## 法愛を断じる

次に、十乗観法の第十は、法愛（自分が理解した仏教に愛著すること）をなくすことである。なぜなら、前述した九種の観法を行じても充分な効果が上がらないのは法愛があるからで、それ以上修行は前進しないことになる。これを「頂堕《ちょうだ》」という。頂堕とは真実がわかるところまで修行が進んだのに、そこから後退することになり、かえってまずい事態になってしまうというのがもとの意味であるが、智顗は、この意味をさらに次のように展開している。

(99c)いまの人は、道を行ずるに、万にしてここにいたらず。ここにいたらば善くみずから防護せよ。この位は内・外の障なく、ただ法愛のみあり。法愛は断じ難し、もし稽留《けいりゅう》することあらば、これは小事にあらず。譬《たと》えば、同じく帆をあげるも、一つは去り一つは停まるがごとし。停まるはすなわち住著《じゅうじゃく》するなり。また沙《すな》に著かずまた岸に著かずといえども、風が息む故に住す。沙に著かざるを内の障なきにたとえ、岸を外の障にたとう。しかして法愛を生じ、無住の風が息み、進まず退せざるを名づけて頂堕となすなり。

すなわち、智顗がいう頂堕とは、後退もしないが、何の進展もみられない、そういう状況をいう。今時の修行者は万に一人も頂堕にまで修行が進む人はいないという。しかし、円頓止観の修行者は、法愛が心配になるところまで修行が深まるわけである。ここまでいたれば、前述してきた九種の観法は終わっているから、内外の障害は除かれ一つ法愛の問題だけが残されていることになる。しかしこの法愛はなかなか厄介であり、小さな問題ではない。

たとえば同じ帆船が一方は前進するのに、一方は進まないようなものである。少しも進まない船は何かに著《つ》いているはずであるが、船底が砂に著いているわけでも岸壁に著いているわけでもなく、それはただ風がやんだために止まっているようなものである。すなわち砂に著いているのでないのは、内の障害がないのにたとえ、岸壁に著いているのでないのは、外の障害がないのにたとえ、風がやんで進まないのは法愛を生ずることにたとえる。このように、進むこともなく後退することもない状態が頂堕にほかならない。だから修行の途中で愛著することがないよう、くれぐれも注意しないといけない。平たくいえば、修行の途中で妥協しないことであろう。仏道修行は向上の一事があるだけだという。

以上でみてきた十種の心の観察方法、すなわち十乗観法によって、仏道修行は滞ることなく一筋に向上の一路を実現することになるという。このように修行する人を「大乗」の菩薩という。大乗とは、『法華経』の「譬喩品《ひゆほん》」で説く「大白牛車《だいびゃくごっしゃ》(13)」のようである。すべての人が「大白牛車」に乗って、支障をきたさない行楽を、すなわち仏道修行を楽しむことができるからである。『法華経』「譬喩品」には、このように記されている。

(100a)「おのおの諸子に等一の大車を賜う(14)。その車は、高・広にして、衆宝をもって荘校《しょうきょう》す、周匝《しゅうそう》して欄楯《らんじゅん》あり、四面に鈴を懸《か》け、またその上に幰蓋《けんがい》を張り設け、また珍奇の雑宝をもってこれを厳飾《ごんじき》し、宝縄を交絡し、もろもろの華瓔《けよう》を垂れ、綩綖《えんえん》を重ね敷き、丹枕《たんちん》を安置す。駕《が》するに白牛《びゃくご》をもってし、肥荘にして力多く、膚色は充潔し、形体《ぎょうたい》は殊好にして大いなる筋力あり、行歩は平正にして、その疾《はや》きこと風のごとし。また僕従が多くしてこれを侍衛す」と。

止観の坐禅は大乗、すなわち大きな乗り物であり、誰にでも普遍的な修行法なのである。要するに、その時々の心を観じてみれば、まさにそのようなものとして、ありのままの真実を露にしているわけで、これがあらゆる人に同じように与えられているという「等一の大車」の句の意味なのである。また、どの局面の身心についてみても、即空・即仮・即中であるというのは、それぞれの人に「大きな車が与えられている」ということである。空・仮・中の三つの真実に透徹すること、すなわち「三諦の根源に徹底すること」が、その車が「高い」ということであり、十種の仏法の世界が心にそなわるということが、その車が「広い」ということであり、無量の修行方法がそなわっていることが、「衆宝をもって荘校す」、すなわち種々の宝物で荘厳されているということである。かくして、法愛の無明を処理して、迅速に仏道の真実をさとることができるので、「その速さは風のようである」というのであり、一度この車に乗った人はみな心から満足することになるという。十乗の観法が仏の教えをみずからの問題として充分に理解する道を開くことになる。

また、『法華経』の経文によって十乗観法を照合しているところに、智顗の止観の坐禅が、いつも『法華経』の教えにもとづいて証明されているということが知られる。湛然が『摩訶止観』は「法華三昧」の異名である、すなわち『法華経』の教えにもとづいた坐禅であるといった意味も、このようなところから首肯できると思う。

# 二十一　生活のすべてが止観

## ―臥のなかにも観行あることを得る―

### 十乗観法を六縁・六境に応用する

これまでみてきた十乗の観法の説は、坐禅において注意すべきものとして説かれていた。十乗の観法の説明が終わったところで、『摩訶止観』は次のように記している。

(100b)端坐して陰入《おんにゅう》を観ずることは、上に説けるがごとし。縁に歴《へ》、境に対して陰《おん》・界《かい》を観ずれば、縁とは六作《さ》をいい、境とは六塵《じん》をいう。大論にいわく、(1)「縁において作者を生じ、塵において受者を生ず」と。(2)随自意のなかに説けるがごとし。

すなわち、端坐調身して坐禅のなかで身心を観察する方法は上述した通りである。そこで次に、この十種の観察法を、縁に歴て、境に対しても応用していく。縁というのは、六縁・六作のことで、人間のすべての行動様式、すなわち歩くこと（行）・立ち止まること（住）・坐ること（坐）・眠ること（臥）・話すこと（言語）・労働などの諸行動（作務）を指す。また境とは、六塵・六境のことである。六境はいうまでもなく、色境・声境・香境・味境・触境・法境など現象世界のことである。『大智度論』でも人は六縁によって行動し、六境によって知覚したり認識したりするという。

したがって、この六縁と六境の修行の問題は、「随自意三昧」とか、「覚意三昧」と呼ばれる、四種三昧の「非行非坐三昧」のなかで説かれていた枠組を再確認するにほかならない。天台教学では、その場面場面で新たに問題になることを改めて再考し、再編していくから、こういう仏教理解の手法が、一見すると難解さを示すことになるが、それだけ綿密な理解のプロセスが明らかにされているわけである。この辺が智顗教学の特色であるといえよう。

さて、坐禅の一行三昧では問題にならないことも、他の常行三昧や、半行半坐三昧や、非行非坐三昧の修行法では、掃除や沐浴やその他の行動があるので、そういう面についても、十種の観察法の有効性が示されないと、修行の理論としては完結しないであろう。見方を変えれば、坐禅の修行が単なる修養法として特殊な訓練のようなもので終わるのではなく、坐禅の修行を中心にして、坐禅の前も後も、日常の生活のすべてが、仏道修行として一貫性をもってくるのでなければならない。

### 行の縁に約して観をなす

それでは歩くことについて、どのように観察できるというのか。

人は足を上げ足を下ろして歩く。足は体の一部であるが、この足を動かすのは心であり、ここからあそこまで行こうという心が、足を動かすわけである。これは体の領域（色陰）であるが、この足の動きを知るのは知覚の領域（受陰）であり、足を動かしている自分を知るのは表象作用で、想像の領域（想陰）であり、善いことをしたり悪いことをしたりするのは意志の領域（行陰）であり、そこに一貫してはたらいている心は意識の領域（識陰）に属する。

歩く行動における身心が、対象物と出会い触れ合うことによって、眼と色、意と法というように、十二入・十八界と数えられるその人の世界が成立することになるわけである。こうして足の上げ下げのなかに世界のすべてが現れることになるが、無反省である限り私たちは無明からまぬがれることはできない。しかし、この無明の歩みそのままが仏法の世界であるから、すべては歩くという行動のなかに顕現している。歩くことが不可思議であり、歩くことに三千の諸法がそなわるということになる。

不可思議な真実のことわりがわかれば、そこに慈悲の心が起こり、自分の愚かさを知れば知るほど、同じことをしていて気がつかない人々に対して同情心が起こり、どうにかしてあげたいという気持ちが強くなる。

その心を禅定と智慧の止観で調え、見思（知的と情的な二つ）の迷いも、無知の迷いも、根本的な無明の迷いも除かれ、空・仮・中の三つの真実のことわりが明らかになる。こうして閉塞した局面を打開し、適宜に問題を処理し、仏の教えに照らして修行を進め、その修行を六波羅蜜（布施・持戒・忍辱・精進・禅定・智慧）の教えによって支え励まし、己れの修行の現在を知って、己れのいたらなさをバネにして一層、修行に励み、歩くなかで、名声欲や権勢欲に負けないようにし、あらゆる誘惑に耐え忍んでひたすら修行に励み、その上へ、その前へと修行を進めて、妥協しないようにするのである。

このように歩く行動のなかでも十種の観法を実践して、坐禅以外の日常生活のあらゆる場面を素材にして仏道修行が行われるようすを示す。

(100c)これは行《あゆみ》の縁に約して観をなし、無明《むみょう》の糠《ぬか》を治し、法性《ほっしょう》の米を顕わすなり。足を挙げ足を下げ、道場のなかに来たって仏法を具足することは、前に例して知るべし。行の縁はすでにしかり。住も坐も臥も語も作作も、前に例して解すべし。三の三昧には臥の法なけれども、随自意にはすなわちあり。昔、国王(3)が臥のなかにおいて辟支仏《びゃくしぶつ》を悟れるあり。まさに知るべし、臥のなかにも観行あることを得るなり。

歩くという行動についても、十種の方法で観察し修行を進め、無明の糠を除いて、法性の米を得るのであり、足の上げ下げの場所が仏のさとりが実現する場所となって、仏のすべての教えを実現することになるわけである。そして歩くという行動についてみたことは、立ち止まること・坐ること・体を横にすること・話すこと・労働することなど他のあらゆる行動についても同様であるという。

たとえば四種三昧のなかで常坐と常行と半行半坐の三種の修行法には、体を横にすることについては何の説明もないが、非行非坐の修行法ではそのことを明記している。昔、国王が体を横たえていたとき縁起のことわりをさとったように、体を横たえる行動についても、修行の心得があるのは当然のことである、という。

禅宗に影響を与えた六縁の説

智顗のこのような修行観は、その坐禅観同様に、後の禅宗の修行観に大きな影響を与えたように思われる。たとえば、唐代の禅僧永嘉玄覚《ようかげんかく》（六七五―七一三）の『証道歌』には、「六祖慧能の教えが体得できてからは、生き死にの現実にまどわされることはなく、歩くことも禅となり、坐ることも禅となり、話していても黙っていても、動いていようが静かにしていようが関係なく、身心は安らかに落ち着いて、どんな困難なことに出会っても常に平静でいられ、どんな欲望にも同様に振り回されるようなことはなくなった」と述懐しているが、文中に出る「行もまた禅、坐もまた禅、語黙動静体安然」という一句は、まさしく『摩訶止観』のこの修行の理論と重なる。

また、玄覚が教えを受けた慧能は、二十四歳のとき、蘄《き》州東山（湖北省黄梅県）の東禅院の五祖弘《こう》忍《にん》（六〇一―六七四）を訪ね、碓房、すなわち米つき部屋で精米の労働に従事すること八か月にして、「菩提、本と樹なし、明鏡また台にあらず、本来無一物、何れの処にか塵埃《じんない》あらん」（菩提樹の下にだけさとりがあるわけではないし、一点の汚れもない鏡のようなものがあるわけではない。最初から何もないのに、どうしてそのようにさとりとか、鏡とかといって、汚そうとするのか）という有名な詩偈を作って、弘忍の正統の後継者として認められたというのは、よく知られた話である。慧能の米つき部屋における仕事ぶりは、『摩訶止観』が説く、「無明の糠を治し、法性の米を顕わす」ではなかったか。

また、弘忍によって力量が認められた慧能の詩偈の境涯なども、『摩訶止観』の無法愛の説と同様に、どんな奇特なこともとらわれてはならないのである。そして、鏡像のたとえのように、空・仮・中に展開され、これといった鏡の本体はないわけで、「本来無一物」も、すべては空・仮・中で位置づけられるから、一点の塵やほこりも付着することはないわけである。

こう解することができると、慧能の定慧不二（禅定と智慧は一体のもの）という主張も、慧思の禅定と智慧の一体化をめざした教学や、智顗の止と観の円融相即《えんにゅうそうそく》（円かに融け合って一体のものである）の思想とそれほど違うものではないことが知られる。

また、馬祖道一《ばそどういつ》（七〇九―七八八）の弟子の百丈懐海《ひゃくじょうえかい》（七四九―八一四）が、禅宗寺院の規則（清規《しんぎ》）を制定したことは有名であるが、百丈はみずから清規に定めた規則にしたがって、亡くなるまで毎日、労働を続けたという。

ある日、弟子たちは百丈が老齢であるのをいたわって、田畑でする労働をやめてもらおうとして、百丈が使う農具を隠しておいたのであったが、食事の時間になっても師の姿が見えない。心配になった弟子が師のもとを訪ねると、「一日作《な》さざれば、一日食らわず」（一日不作、一日不食。『勅修百丈清規』大正蔵四八巻一一一九頁中）といったというのである。こんなことがあってから百丈は亡くなるまで、若い修行僧たちと一緒に畑仕事を続けたと伝えられている。

一日、労働しなかったら、その一日は食事を取らないというのは、いわば仏道修行者の覚悟を示すのであって、「働かない者は食べるな」ということをいおうとしているわけではない。社会福祉の立場からはむしろ、働けない者も食べられるような社会の実現をめざさなければならない。百丈のこの言葉は、労働が仏道の修行だといっている。仏道の修行をしないものが、仏道修行のための食事をとることはできないというのは、清規の精神に照らせば当然のことなのである。

このように、六祖慧能から始まる肉体労働も仏道修行にほかならないという禅宗の思想は、淵源を遡れば『摩訶止観』の六縁について止観を行ずる思想へと行き着くのである。智顗は五十八歳の秋に、丸十年間留守にした天台山の旧寺に帰ってすぐに、諸方から集まってきた修行僧たちに「御衆制法十条」を制定して、約束を守らせている。このなかで、四時の坐禅と六時の礼仏の修行法を中心にして、食事や労働、雑務にわたる毎日の生活で注意すべきことを示している。

また、智顗は特別に「知事《ちじ》の人に訓《さと》す」(4)という一文を書いて、知事の人、すなわち山内の事を司る人、寺の中の仕事を分担している僧侶たちに向かって、そのような労働や事務が単なる労働や雑務で終わるのではなく、立派な仏道修行として一貫するということを強調している。

ここでは智顗が記した「知事の人に訓す」文章を紹介する余裕はないが、内容を要約すると、次の三点にまとめることができる。

第一は、現前の仏教教団が最も尊いもので絶対のものであることが強調されている。仏教教団が興るのも倒れるのも、修行僧一人一人の道義にもとづくのであり、どんなことがあっても教団のものを私用で使ってはならない。たとえわずかな野菜でも、ひとつまみの塩でも、決して許されない。このような教団の運営を優先させる立場で、智顗自身も教団の構成員の一人として位置づけ、たとえ智顗に布施されたものであっても、それは教団のものであり、ロバのような乗り物も私有化することは許されず、山を訪れる客の送迎用に使うよう決めている。

第二は、揚簸《ようは》(脱穀)、洮汰《とうた》(米を洗う)のような日常的な労働が、修行生活では重要なさとりの機縁になることが明示されている。浄・不浄の問題や、迷・悟の問題が、単なる学問による理解として処理されるのではなく、毎日の労働作業の現場で検証されなければならないといい、明らかに修行論が大きく展開されている。経典の読誦や、聞法聴学と同様、供養や労役にいたる日常的なすべての営みが、仏道修行の本義にかなうかどうか、という一点に集約されていくことになる。

第三は、師徒、数百人が止住していた寺であったこと、智顗自身がみずから南岳慧思の門下で見聞した出来事を記し、智顗の当時にすでに一定の規則のもとに修行僧が共同の修行生活をする教団が各地に存在していたことを伝えている。これらの寺々では、上座の住持を中心に、山内の綱紀や事務を管掌する維那《いな》（禅宗清規の監院・監寺）や、二時の粥飯を司る知事（禅宗清規の典座《てんぞ》）、送迎接待にたずさわる知事（禅宗清規の知客《しか》）などが存在し、一山の経営のために職務が分担されていたことが知られ、後世の禅宗清規で定着することになる六知事六頭首の原初的な形態がみられる。

## 修行を高める認識の世界

六縁の説に続いて、次に、六境について、十種の観法を適応することを説いている。

ここで、改めて六境について触れるのはどういうことなのか、考えてみる必要があろう。六縁は歩く、立ち止まる、坐る、臥《ね》る、話す、労働するというような行動様式を示していた。そして、六縁を示すことは坐禅における坐る作法が、生活の場面における他のすべての行動様式と関連しているもので、仏道修行というものは特殊な修行法だけで終わるものではなく、生活のすべてが修行なのだということを説明するために必要だったのである。

しかし、このような六縁の行動様式が、さらに十種の観察法と密接な関連を有することは、それらの行動様式のなかで種々に認識し判断し行動することになる六境、すなわち見ること・聞くこと・嗅ぐこと・味わうこと・感触・意識などを通路として、人それぞれの具体的な問題になる。

これまで説いてきた十乗観法は、十境の第一陰・入・界境についてみてきたが、坐禅同様、生活のすべての場面でこの十乗観法を適用しなければならないことを示したのに次いで、それは結局、陰・入・界境、すなわち六根・六境（十二入）・六識（十八界）という認識世界の問題に行き着くのである。所詮、仏道修行は五陰（身心）の課題を離れることはないことを再確認することになる。

したがって、六縁の後に説く六境の説は、六縁において生ずる六境、すなわち陰入界境とでも解すべきもので、六縁と六境を単純に分けて並列的に解する従来の解釈方法は修正を要するであろう。また煩悩境以下の諸境についても、六縁における諸境の課題は当然問題になるはずであろう。

さて、眼根によって色境をとらえる一瞬の眼の色の心を観察してみると、これは仏法の世界にほかならず、あらゆる教えがそなわり、即空・即仮・即中であることが知られる。因縁によって生ずる粗大な色や形を照らすのは肉眼であり、微細な色や形を照らすのは天眼であり、色や形が空であることを照らすのは慧眼であり、色や形が仮であることを照らすのは法眼であり、色や形が中であることを照らすのは仏眼である。

五種の眼がこの心の中にそなわるようすは、凡夫の充血した肉眼とは異なり、諸天が得るという天眼とも異なり、二乗の修行者が空に偏向する慧眼とも異なり、菩薩の仮象を分別する単なる法眼でもないのであり、仏にそなわる五眼と同じものなのである。すなわち空と仮と中の三観がこの心にそなわるわけで、私どもの視覚が色や形を認識するときに、五つの眼の力がそなわっているということになる。これが色境を認識する視覚の不可思議にほかならない。

自分の眼の能力と人々の眼の能力とは違うものではないが、人々はそのことに気づくことがないので、慈悲の心を起こして人々にそのことを知ってもらおうと願うわけである。この願いを実現しようとすれば、禅定と智慧に安んずる必要がある。禅定と智慧が一体となった止観によって、誤った仏教理解を正して、空・仮・中のことわりを明らかにするのである。見ている色や形について閉塞した考えを通ずるようにし、仏の教えに照らして現在の修行を点検し、適切な方法によって処理し、自分の現在の位置を六即（理即、名字即、観行即、相似即、分真即、究竟即）の教えに照らして反省し、高慢な心にならないよう謙虚に学び、少しぐらい修行ができ名が知られるようになったからといっても、修行の支障になるような内外の誘いは断固として断り、しかも修行で得られたさとりに愛著することなく、一筋に向上するよう修行に邁進することが大事である。

こうして、十種の観法を他の耳と声・鼻と香・舌と味・身と触・意と法の五境についても適用し、同様にそれぞれの塵境が即空・即仮・即中の不可思議の境であることを観察するのである。

## 日常のなかで十乗観法を実践する

したがって、私どもの生活のあらゆる面に及ぶこれら十種の観法の有効性が理解できても、それを実際に使用することがなければ、宝の持ちぐされということになる。その辺のことを『摩訶止観』は、次のように記している。

(101b) もしよく上のごとく勤めてこれを行ずれば、一生のうちにおいて必ず空しく過ごさざるも、聞くといえども用いざれば、「黒蚖《がん》が珠を懐《いだ》けるがごとく」、なんぞ長蛇を益せんや。いま、三譬をもって得失を譬えん。匹夫に隻勇《せきゆう》あり、一刀一箭《せん》を修治して一寇《こう》、両寇を破し、一金一銀を賜うことを獲て、禄《ろく》は一妻一子を潤す。かくのごときの人は、ただ利なる器械をもちいて戟《ほこ》を負って前駆し、命をもって貨に博《か》えるなり。なにをもってかひろく兵法を知らんや。もし国の麴蘖《きくげつ》、舟楫《しゅうしゅう》、塩梅《えんばい》、霖雨《りんう》(5)とならんと欲すれば、すべからく文と武を善くすべし。計《はかりごと》は帷帳《いちょう》にありて衝《しょう》を万里に折《くじ》き、学ぶところの処は深く、破するところもまた大なり。賞を獲ることすでに重く、禄が潤すこともはなはだ多し。知るといえどももしかももちいず、用うれどももしかもしばしば北《に》ぐれば、なお身を済《すく》うこと能わず、沢《めぐみ》はあに人に及ばんや。

上述した十種の観法をしっかり修行すれば、必ずや一生のうちに仏道の何たるかをさとることができるはずである。せっかく十種の観法があることを知ってもこれを実践することがないなら、蚖蛇《へび》が摩尼宝珠を懐《いだ》いているようなもので、それはいつまでたっても何の利益ももたらさないであろう。たとえてみれば、こういうことである。勇気がある一人の男が、刀や弓をとって賊を一人か二人討ちとって、わずかな賞金を手にして、妻子を養う糧にするようなものである。このような人は生まれながらに恵まれた素質によって武器をもって先駆けし、命をかけて褒賞にあずかるので、広く兵法を学ぶ必要を認めない人である。

しかし国の指導者になろうとすれば、文・武の両道を修めなければならない。執務室で計略をめぐらして、はじめて遠隔の地の戦いに勝利をおさめることになるのである。学ぶことも深く、得るところも大きなものがあり、さながらずっしりと重い褒賞金を手にして、大勢の人がその恵みにあずかるようなものである。このことを知っていたとしてもそうしなかったり、かりにしたとしても充分でなければ、自分のためにならないばかりか、周りの人に利益を与えることなどできないわけである。

止観の坐禅を学ぼうとする人もこれと同じで、わずかに「止」の何であるかを知り、「観」の何であるかを知れば、相応の効果があるので、心を静めて仏道を行じ、わずかな禅定を得て、わずかな理解者を得て、これで修行が終わったと思うのは、さながら匹夫の闘いのようなものである。

この程度の修行ではいけないわけで、大禅師となって、あらゆる煩悩に打ち勝ち、無量の善い教えを示し、無量の人々に利益を与えようとすれば、まさに十種の観察法を学んで、その真意を理解して、行・住・坐・臥・言語・作務のあらゆる行動様式を通じて、布施・持戒・忍辱・精進・禅定・智慧の成就をめざし、見るもの・聞くもの・嗅ぐもの・味わうもの・感触・意識などあらゆる認識について応用しなければいけない。

突然、煩悩のほむらが燃え上がったら、ただちに十種の観法を応用してみると、どんな煩悩も克服できないことはないであろう。困難なことであればあるほどこの十種の観法は効果を発揮し、やがては人生の最高の歓びを体験することにもなる。修行の方法が理解できても、自分自身で実践してみようとせず、相変わらず迷妄の心にひきずられているなら、覚醒の道はいつまでたっても実現しようがないのである。

## 二十二　煩悩の諸相・病気の諸相

―五欲を断ぜずして諸根を浄む―

前でみてきたように、坐禅において、まずは身心の問題をとりあげて、第一の陰入界境について、初めに心は不可思議の境であると観ずることから始めて、いかなる法にも愛著しないという観察までの十種の観察法、すなわち十乗観法を実践したわけであるが、このような止観の坐禅を実修することによって、それが充分な成果をみせないときは、種々の問題が生ずることになる。

坐禅中に現れる問題点を『摩訶止観』は十境にまとめ、第一陰入界境の後に、第二煩悩境、第三病患境、第四業相境、第五魔事境、第六禅定境、第七諸見境、第八上慢境、第九二乗境、第十菩薩境を説く。十境は、坐禅の最中に現れる諸課題であると同時に、坐禅以外の修行法や生活のすべてにおいてのっぴきならない問題となって修行者を迷わせるものである。

ちなみに、『天台小止観』においては、『摩訶止観』の十境に相当する説は、善根・魔事・治病の三種を説くだけである。善根の内容は第六の禅定境で説くことと重なり、魔事は同名の第五の摩事境で、治病は第三の病患境で説く内容であるから、『天台小止観』では、『摩訶止観』にみられるような十境の問題としてまだ熟していなかったことが知られる。それだけ『摩訶止観』が、仏道修行における諸種の問題点を明らかにし、それらの問題を正しく位置づけ、解決の筋道を明示している点に注目しなければならない。人生の機微に通暁した晩年の智顗の円熟した仏教思想がいかんなく発揮されている。

### 煩悩の境を観察する

さて、煩悩の境がなぜ問題になるのかというと、前述した陰入界の、すなわち身心の世界の真実のありようが充分に理解されないまま、坐禅を続けていると、激しく煩悩を刺激することになり、貪欲の心や瞋恚の心が発作のように生ずることがあるからである。そこでこういう場合は、陰入界の境を観察することをやめて、煩悩の境をよく観察してみなければならない。

すでにみたように、見るもの・聞くもの・嗅ぐもの・味わうもの・触れるものについて貪ってやまない五つの欲望はその過ちを知って捨てることができたのであり、また、修行を妨害することになる貪欲・瞋恚・睡眠・掉悔・疑の五つの覆いのなかの貪欲と瞋恚などは、日頃のそういう生き方は誤りであることを知って捨てることができるのであるが、今ここで改めて煩悩としてとりあげるのは、普段は忘れているが坐禅を行ずることによって突然、思い出したように起こる貪欲や瞋恚があるからで、この煩悩はなかなか制御することがむずかしいので、この煩悩を観察の対象として調える必要があるわけである。

それはたとえてみると、火を加えないと鉄はただ黒い固まりにすぎないが、火を加えると真っ赤に熱して、これに触れれば火傷を負い、ひどいときは死んでしまうようなものである。日頃の怒りの感情はこういうことではいけないと知れば抑えることができるが、坐禅の中で生ずる怒りの感情はたけり狂って手に負えないほどのものとなる。

また、日頃の間違った考えは起こったと思う間に消えてなくなるが、坐禅のなかで生ずる間違った考えはいつまでも居すわってなかなか消えてなくならない。そして、日頃の色欲などは抑制しようとすれば抑制できるが、坐禅のなかで起こる色欲は、死んだ馬にも色情をもよおすように相手を選ばないほどになる。一度、このような惑いが心の中に起こり、だんだん勢いを増すようになると、見るもの・聞くものに心は振り回され、もだえ苦しみ、智慧の眼を失うことになる。

(102a)たとえば流水はその急なることを覚えざるも、これを概《はか》るに木をもってすれば、漣漪《れんい》漂起《ひょうき》するがごとし。また、健人が力あることを知らざるも、これに触れれば怒り壮《さか》んなるがごとし。煩悩は臥伏して、あるがごとくなきがごとくなるも、道場にして懺悔し陰界入を観ずれば、睡《ねむ》れる師子に触るるに哮吼《こうく》して地を震わすがごとし。もし識らざればすなわちよく人を牽《ひ》いて大重罪を作《な》さしめ、ただ止観を成ぜざるのみにあらず、さらに悪業を増長し、黒闇の坑に堕《お》ちて、よく勉出することなし。この義のための故に、すべからく煩悩の境を観ずべきなり。

坐禅の最中に煩悩が起こるようすは、たとえてみれば流れている水の速さがわからないようなときに、木を投げ入れてみれば種々の波が立ってその早瀬がわかるようなものであり、また平常は静かな人でも、癇《かん》に触ると猛烈に怒るようなものである。普段は眠っていてそのような煩悩があるかないかわからない状態でも、修行道場に入り懺悔して身心を観察することによって、さながら眠れる獅子が触られてむっくり起きあがり、地を揺り動かすほど咆哮するようなものである。

したがって、坐禅の最中に煩悩が起こることを知っておかないと、坐禅をすることによってとんでもない重罪を犯すことになる。ただ止観が成就しないだけでなく、さらに悪業を増長させることになって、二度と立ち上がれないような最悪の事態になることだってある。そういう意味で、第二に煩悩の境を観察するように勧めるわけである。

煩悩とは、心のはたらきを悩ませ乱すものであり、心を煩わせ悩ませるものという意味で、これには見惑と思惑の、種々の現れ方を示す煩悩がある。これらの煩悩が起こる原因には、(1)習因《しゅういん》の種子《しゅうじ》と、(2)業力《ごうりき》の撃作《ぎゃくさ》と、(3)魔《ま》の扇動との三種がある。

習因の種子によって煩悩が起こるのはどういうことかというと、これまでずっと煩悩の生活を積み重ねてきたので、すっかりしみついてしまった煩悩が、坐禅をしたときに現れるわけである。坐禅をしないときはそれが当たり前の習慣になっているから気づかないまま過ぎてきたが、日常生活とは違う坐禅の行をすることによって、その煩悩を思い知らされることになる。したがって、このような煩悩が現れたときは、坐禅のなかで処理するように、昼に夜を継いで修行に勤めないといけない。

次に、業の力が刺激を与えて煩悩を生ずるということは、第四の業相境で詳しく解説している。これまでやってきた悪い行為が修行者を責めさいなむのである。こんな悪業の限りをした自分のようなものが仏道修行などする資格があろうかといって、自分を必要以上に責めることになる。

三つ目の魔に扇動されて煩悩が生ずることは、第五の魔事境で詳しく説明される。魔に魅入られた行為をしているときは気づかないが、仏道を修行するようになってその境涯から出ようとすると、突然それを妨害する魔の大軍にからめとられることになり、深くて強い煩悩が起こることになる。

したがって煩悩境では、第一の習因の種子によって起こる煩悩を問題にし、第二の業の力によって起こる煩悩は第四業相境で、第三の魔に扇動されて起こる煩悩は第五魔事境で、改めてとりあげる。

## 煩悩と折り合って生きる智慧

それでは、これまでずっと長い間、煩悩の盛んな生活を続け、ほとんど習い性となったこの煩悩が修行を妨害するときは、どうしたらいいのであろうか。そのときはこの煩悩の境を不可思議の境として観察するのである。

(103b)不思議《ふしぎ》の境《きょう》とは、無行《むぎょう》にいうがごとし、(1)「貪欲《とんよく》はすなわちこれ道なり。恚《い》も癡《ち》もまたかくのごとし。かくのごとく三法のなかに一切の仏法を具す」と。かくのごとく四分はすなわちこれ道なりといえども、また随《したが》うことを得ず、これに随えば人を将《ひき》いて悪道に向う。また断ずることを得ず、これを断ずれば増上慢となる。癡《ち》・愛《あい》を断ぜずしてもろもろの明脱を起すを、すなわち名づけて道となすなり。調伏《ちょうぶく》に任せず、不調伏に任せず。不調伏に住するはこれ愚人の相なり、調伏に住するはこれ声聞《しょうもん》の法なり。(中略)菩薩《ぼさつ》はしからず、生死《しょうじ》においてしかも勇あり、涅槃《ねはん》においてしかも味わわず。生死において勇なれば、無生にして生じ、生法のために汚されず、花が泥にあるごとく、医が病を療するごとし。涅槃を味わわざれば、空は空にあらずと知って、空法のために証されず、鳥が空を飛んで空に住せざるがごとし。煩悩を断ぜずしてしかも涅槃に入り、五欲を断ぜずしてしかも諸根を浄む。すなわちこれが調伏に住せず、不調伏に住せざるの意なり。

この煩悩が不可思議の境であるというのは、『無行経』が、「貪欲がそっくりそのまま仏道なのであり、瞋恚も愚癡も、そっくりそのまま仏道なのである。このような現実の生存のあり方のなかにすべての仏の教えがそなわっている」といっていることである。しかし、貪欲や瞋恚や愚癡がそっくりそのまま仏道であるからといって、文字通りに解してこれに随《したが》うわけにはいかない。これに随えば人々を悪の道に導くことになるからである。だからといって、これらの煩悩を断ずるわけにもいかない。これらの煩悩を断じたという人は身のほど知らずの人といわなければならない。これらの煩悩を断じないで、智慧と解脱を実現するのが仏道なのである。すなわち、煩悩を調伏しようとするのでもなく、煩悩を調伏しないというのでもない。煩悩を調伏しないでおくのは愚かな人の姿であり、煩悩を調伏しようとやっきになるのは小乗の人の教えである。

菩薩の生き方はこれとは違う。生き死にの煩悩の現実の世界に勇気をもって向かい、煩悩が滅した理想の世界を夢みるようなことがない。生き死にの煩悩の現実の世界にたくましく生きるようすは、生き死にを超越した生き方であって、生き死にの煩悩に汚れることがなく、蓮華の花のように汚泥に深く根を張って美しい花を咲かせ、それはどんな重病の患者にも同じように治療をほどこす良医のようである。

煩悩を滅した理想の世界を夢みることがないのは、空の教えは決して虚無ではないと知って、空の教えにとらわれることがなく、さながら鳥が天空を飛んで空にとらわれることがないようなものである。煩悩を滅しないが煩悩を滅した境涯にあり、五欲を断じないが、視・聴覚などの認識を正しくはたらかせることができる。このように菩薩は煩悩を調伏しようとやっきになることも、煩悩をそのまま放置しておくこともない。

要するに、人間の煩悩は生きている限りなくなるものではないから、煩悩とどう折り合って、あるべき仏の道に調えていくかが問題になる。いわば煩悩の手綱を引きすぎてもまずいし、ゆるめすぎてもまずいということであろう。

この辺のことを『摩訶止観』は、次のように説いている。

(103c)いま、末代の癡人は、菴羅果《あんらか》(2)が甘甜《あま》くして口によきことを聞いて、すなわちその核《たね》を砕いてこれを嘗《な》めるにははなはだ苦く、果種の甘味は一切をみな失う。智慧なきが故に核を刻むことははなはだ過ぎたること、またまたかくのごとし。調伏にあらず不調伏にあらずと聞いて、また調伏を礙《さまた》げずまた不調伏を礙げずとし、礙げざるをもっての故に無礙《むげ》の道《どう》と名づけ、無礙をもっての故に灼然として淫泆《いんいつ》し、公に非法を行じて、片の羞耻《しゅうち》もなければ、もろもろの禽獣《きんじゅう》とあい異なることなきなり。これはこれ塩を噉《くら》うことははなはだ過ぎて、鹹渇《かんかつ》(3)して病を成ずるなり。

私どもの身近でもよく見受けることである。たとえば、菴羅果、すなわちマンゴーの果実がおいしいからといって、その種まで砕いてなめるような愚かしさだという。そんなことをしたら、マンゴーのせっかくのうまみは台無しであろう。煩悩に対する私どもの態度にもこういうことがないかという。煩悩それ自体は、生きている証拠といえ、一種の生命現象であるから、根だやしにしようとするのは愚かで、それこそ智慧をはたらかせ、煩悩のうまみを上手に生かすようにすることの方が大切だというのである。

また、菩薩は小乗のように煩悩を調伏しようとやっきになることもなく、また凡夫のように放っておくこともないのだと聞いて、それでは煩悩を調伏しようと調伏しまいと関係ないのだと早合点して、むしろ何ものにも妨げられないことが、無礙《むげ》道、すなわち自由を得た仏のさとりであるといって、白昼堂々と不倫をし、公に法律に反することをしたい放題して、少しも恥じることがないということにでもなれば、これは禽獣にも等しい、人にあるまじき所業といわなければならない。さながら塩分をとりすぎて高血圧の病になるような愚行であるという。

このように、煩悩の不可思議なありようを説いた後で、順次、慈悲を起こすこと、巧みに止観におさめること、空・仮・中でおさめること、閉塞を切り開くこと、仏の教えをすべて行うこと、それを知ること、内外の誘惑に耐えること、一定のところで妥協しないこと、という十種の観法（十乗観法）が説かれている。

### 禅病は坐禅で治す

次に、十境の第三の病患境《びょうげん》は、病気が仏道修行の重要な契機になることを教えている。身体がある限り誰も病気をまぬがれることはできないとわきまえるべきである。だから日常の挨拶でも「お元気ですか」というのである。仏教でも、維摩居士の病気を見舞う話はよく知られている（『維摩経』）し、仏も病の体を押して最後の教えを示された（『涅槃経』）。

したがって、病気は憎むべきもの、厭わしいものではなく、人間を大きくする機縁ともなるものである。こう達観している人は病気の苦しみに耐えることができるが、このように考えることができない人もいるので、改めて病気について観察するのである。

(106b) 大樹を蹹《たお》すには万斧《まんぶ》をもってしてすなわち倒れるがごとく、巨石を琢《き》るには億下《おくげ》(4)してすなわち穿《うが》つがごとし、故に重ねて説くなり。

仏道修行も、このように根気よく何度もくり返し綿密に行ずる必要があるという。我が身の病気を克服するにも、日々病気を忘れず療養することが必要である。病気にかまけたり、病気にうろたえて我を忘れるようなことにでもなれば、仏道修行どころの騒ぎでなくなるからである。しかし、元気なときはぼんやりしていて考えてもみなかったことが、病気になってはっきり見えてきて、自分の本当の生き方を知ることになることだってあり、病気もなかなかのものなのだという。

病気は、声や顔色、脈などに現れるが、五臓、すなわち肝臓・心臓・肺臓・腎臓・脾臓の変調によって種々の症状となるので、その症状を正しく診断して、それぞれに適した呼吸法で治療するといいと記している。これなどは中国古来の、道家などで深められてきた吐古納新《とこのうしん》（汚れた気を吐き出し、新鮮な気を注入する）の呼吸法として知られる服気法とか胎息法などの伝統思想を受けている。

どうして病気にかかるのかというと、⑴四大《しだい》が不順なため、⑵飲食が度を超すため、⑶坐禅が調わないため、⑷鬼神が便りを得るため、⑸業が起こるための五つの理由が考えられる。

まず、⑴四大が不順なためにかかる病気は、寒気の中や、猛暑の中にいたたために健康を害する病気である。⑵飲食が度を超してなる病気は、辛いものを食べすぎたり、甘いものを食べすぎたり、酒を飲みすぎたりということが原因で体をこわすことである。これらは一般的な病気であり、それ相応の対処の仕方があり、医療によって治療する病気である。五つの修行の条件をそなえるなかでの食事の注意や、五事を調えるなかでの食事の注意は、いずれも病気にならないために必要なことであった。

しかし、ここでは、⑶坐禅が調わないために病気になる場合を詳説している。

(107a) 三つに、坐禅が節《ととの》わざるは、あるいは壁や柱や衣服に倚《よ》り、あるいは大衆がいまだ出でざるにしかも臥し、その心が慢怠なれば、魔がその便《たより》を得て、身体を背脊《はいせき》し、骨節を疼痛ならしむ、名づけて注病となす、最も治しがたきなり。つぎに数息《すそく》が調わざれば、多く人を痁癖《てんべき》し、筋脈を攣《れん》縮《しゅく》せしむ。もし八触《そく》(5)を発するに、息をもちいること触に違すれば、病を成ず。八触とは、心と四大と合すればすなわち四の正体の触あり、また四の依の触あれば、合して八触となるなり。重《じゅう》は沈下するがごとく、軽《きょう》は上升するがごとく、冷《れい》は氷室のごとく、熱《ねつ》は火舎のごとく、渋《じゅう》は挽逆のごとく、滑《かつ》は磨脂のごとく、軟《なん》は骨なきがごとく、麁《そ》は糠肌《こうき》のごとし。この八触は、四は上り、四は下る。入る息は地大に順じて重く、出る息は風大に順じて軽し。また入る息は水大に順じて冷たく、出る息は火大に順じて熱く、また、入る息は地大に順じて渋く、出る息は風大に順じて滑らかなり。また入る息は水大に順じて軟かく、出る息は火大に順じて麁《あら》きなり。もし重の触を発してしかも出る息を数えれば、触と相違し、すなわち病となるなり。余は例して知るべし。

こうして、「禅病」（坐禅をしてかかる病気）が起こることになるという。坐禅をしていて壁によりかかったり、柱にもたれかかったり、衣服が窮屈であったり、あるいは他の人たちがまだ坐禅をしているのに自分だけ先に眠ったりして、心が怠慢なときに、魔がつけ入るすきができ、その人の背骨や関節に疼痛を起こすことになる。これを注病《ちゅうびょう》といい、魔に魅入られた病気であるから一番やっかいなものである。怠慢な坐禅はこのような病気になるという。また呼吸法が調わないために、体が窮屈に縮こまったような感じがあり、そういうときに病気になる。

すなわち、心が体と相関する四つの感触と、体に感ずる四つの感触の、八つの感触（八触）である。沈み込むような重い感じ、浮き上がるような軽い感じ、氷室のような冷たい感じ、ボイラー室にいるような熱い感じ、逆に挽《ひ》くような渋い感じ、油を塗ったような滑る感じ、骨が抜けたような軟らかな感じ、糠のような麁《あら》い感じである。この八種の感触は、四つは上《のぼ》り、四つは下《さが》る感触である。入る息は地大に順《したが》って重く、出る息は風大に順って軽く、入る息は水大に順って冷たく、出る息は火大に順って熱く、入る息は地大に順って渋く、出る息は風大に順って滑らかで、入る息は水大に順って軟らかく、出る息は火大に順って麁《あら》い。

したがって、重い感触がするときに誤って出る息の方に注意すると、その感触と相違することになるので病気になる。他の感触についても、みなこれと同様であるという。このように呼吸がちぐはぐになって起こる病気もあるという。

また、坐禅の最中に止観のバランスがくずれて生ずる病気もある。

(107b)また、観が僻《かたよ》って四大を動かすは、もし境を観ずること定まらざれば、あるいはこれを縁じ、あるいはかれを縁じて、心はすなわち諍《あらそい》を成じ、諍うが故に乱風が起って風の病を成ず。嬰児《ように》の行を御するごとくただこれに任せるのみ、急に牽《ひ》いて速《すみや》かに達せんことを望めばすなわち患となるなり。また、専専に一境を守って希望の心を起せば、報風の熱勢(6)が尽きずして熱病を成ず。また、境を観ずる心が生ずるときに滅せんと謂《おも》い、滅するときに生ぜんと謂えば、心は相違して痒痛《しょうつう》を致せば、地の病を成ず。また、所観の境を味わわずしてしかも強いてこれをなさば、水大が増して水の病を成ずるなり。

観察の仕方が性急にすぎて充分でないために体の調子をくずし、何を観察したらいいのかわからなくなって、これを観察していたかと思う間に、あれを観察しているというような具合になって、心が乱れると、呼吸も乱れて、そのために病気になることもある。それはちょうど親が幼児のゆっくりした歩みに合わせて行動しなければならないようなものであり、幼児をせかせて早く目的地に行こうとすれば、色々不都合なことが生ずる。また、一途に一つのことばかり観察して、何とか成果を出そうと一所懸命になると、その熱い思いが身心に影響を与えて発熱することになる。

さらに、そのことを観察しなければならないような場面で、そんなことがなければいいのにと面倒に思ったり、そういうことがなくなるような場面でそれに執著するようなときは、心がちぐはぐになって痛痒を感ずるようになり、身体が不調をきたすことになる。また、そういうことを観察する場面ではないのに強いてそれを観察し続けると、血液の流れが急になって、そのために病気になるということもある。

坐禅が正しく行われないと諸種の禅病が現れるので、坐禅の調身・調息・調心の作法をもう一度しっかり点検する必要がある。坐禅によって生じた病気は坐禅によって治療すべきで、薬で治すことのできない種類の病気であるからである。

これには六種の治療法が考えられる。それは⑴止を用いる方法、⑵気を用いる方法、⑶息を用いる方法、⑷仮想を用いる方法、⑸観心を用いる方法、⑹方術を用いる方法である。最後の方術は、出家の人が用いるものではなく学ぶ必要のないものであり、かつて学んだことがある人も、方術に頼るようなことをしてはいけないと注意している。やむをえない場合は、呪文《じゅもん》の読誦は許される。また⑸観心については、この段の最後に病患の境について十乗観法が詳細に記される。

⑷仮想は、針や飲食物によって患部を治す方法である。⑶息は、音がする呼吸（風）、ひっかかるような呼吸（気）、呼気吸気が途中で切れるような呼吸（喘）を調え、音がせず、ひっかからず、呼気と吸気が連続する呼吸（息）を持続させるようにするのである。⑵気は、吹・呼・嘻《き》・呵・嘘《こ》・呬《し》と呼ばれる呼気法で、息を口から強く吐き出して、その後、きれいな息を鼻から入れる方法である。坐禅を始める前にするよう指示していた深い呼吸法に相当する。⑴止は、心を臍下二寸半にある丹田に止める方法である。吸った息はこの丹田まで入り、丹田で転じて、吐く息も丹田から出るようにす

るわけであり、いわば腹式呼吸法の要領を教えている。

以上のように、坐禅によって生じた病気は坐禅によって治すよう、その対処の仕方を示している。しかし、こういう対症療法も、最終的には、十乗の観察方法によって根本的に解決されることになる。すなわち、身心に現れている病気は丸ごと仏法の世界のことであり、この病気は即空・即仮・即中というう真実のありようを示し、不可思議なものである。この病気は不可思議なものであると観ずることが充分でないときは、以下の九種の観察方法を適用することになる。

# 二十三　業相の諸相・魔事の諸相

―深く罪福の相に達す―

### 六種類の業相

十境の第四は業相境《ごっそうきょう》である。この業相は、普段の生活のレベルでは忘れられていて記憶にのぼることがなくても、坐禅をすることによって、これまで自分がやった善悪の行動の諸種の業の様相があぶり出されるように現れてくるので、そういうときはこの業の相を放置しないで、業相のことわりを徹底的に観察するようにしないといけないと示す。

業の相が起こるようすは、次の六種に整理される。

(1)報果《ほうか》[1]の相が現れる場合、(2)習因《しゅういん》[2]の相が現れる場合、(3)報が前に現れ習が後に現れる場合、(4)習が前に現れ報が後に現れる場合、(5)習と報が同時に現れる場合、(6)前・後が定まらずに現れる場合である。

習因は、習果《しゅうか》と一組の概念であるが、自分が習い続けたことが種子になり、次に起こる心はこの種子に記憶されている心とつながって前のものと同じように繰り返されていく。連続している、前の心を習因といい、後の心を習果という。

また、報因は、報果《ほうか》と一組の概念であるが、これは相当の時間的な間隔をおいて現れることを示す。すなわち前の習因と習果が報因である。つまり習因・習果が因となって未来の果を導くことになるので、これを報因、すなわち報いを招くことになる原因という。この報因によって、諸種の苦悩に満ちた身心を受けることになり、これを報果、すなわち報いとして受ける結果という。

したがって、最初の報果の相が現れる場合とは、ずっと以前になした業のようすが坐禅の最中に突然、現れてくることである。次の習因の相が現れる場合とは、今、現にしている身近なことが坐禅の最中に思い出されることである。三番目のケースは、ずっと前にしたことに続いて、今やっていることが関連して思い出されることである。四番目のケースは、今やっていることが先に現れた後で、ずっと以前にやった似たようなことを思い出すことである。五番目の場合は、今やっていることと昔やったことが同時に思い出されることである。そして六番目の場合は、昔のこと、現在のことが思いのままに走馬灯のように現れては消え、消えては現れ、坐禅の修行を妨害することである。

## 業相を見すえる

業の相が起こるようすはこの六種にまとめられるとして、それでは坐禅の最中に実際に起こる業の相とはどういうものであろうか。この点について『摩訶止観』は、善の業の相は、六波羅蜜すなわち布施・持戒・忍辱・精進・禅定・智慧などの修行をしたときに、あるいはしているときに善の業の相が現れるとしている。一方、悪の業の相は、六蔽、すなわち六波羅蜜に反するような慳貪《けんどん》・破戒《はかい》・瞋恚《しんに》・懈怠《けだい》・散乱《さんらん》・愚癡《ぐち》などの行為をしたときに、あるいはしているときに、悪の業の相が現れると説明している。たとえば破戒の行為をしたり、したことがあると、坐禅の最中に、次のようなおぞましい光景が現れる。

(113a)破戒の相は、もし三宝《さんぼう》(3)の形像、師僧、尊長、および父母《ぶも》の頭首《ずしゅ》が断絶して、地に陥《お》ちて騰《あが》らず、あるいは身体が破裂し、鞭ち打たれ苦悩するを見、あるいは身と首と処を異にし、寺舎が零落するを見、あるいは父母が訶罵《くめ》し、三宝を呵責《かしゃく》するを見、あるいは殺を喜ぶ屠児《とに》が来たってその前に住《た》ち、また悪禽や毒虫がその身首に縁ずるを見る。みなこれ瞋の蔽《へい》の報の相なり。また六つの意あり、前に例す。云々。

すなわち、破戒の行為をしたり、したことがあると、坐禅の最中に突然、このようなことが現れるという。たとえば三宝、すなわち仏と仏の教えと教団の、仏像や師僧や先輩の修行僧や、父母の頭が切られて地に落ちて転がっている光景や、体がめちゃめちゃに破壊されたり、鞭打《むちう》たれて苦しみもだえているようすなどが現れる。体と首がばらばらになって、寺の建物が荒れはてて見る影もないようすが現れる。また父母がしかっていたり、仏や仏の教えや教団から責められているようすが現れる。殺すことを何とも思わない殺人鬼が眼の前に現れることがある。はげ鷹のような鳥や猛毒を持った虫が体や首を襲う情景が現れる。瞋恚にまかせてやった言動がもとで、このようなおぞましいことを思い起こすことになる。おぞましい思いに悩まされるようすについても、前述のような六種の現れ方があるわけである。

こういう情景が坐禅の最中にかりに現れたとしても、それに振り回されるようなことがあってはならないと指示する。自分のこれまでの生き方はその程度の生き方であったと反省して、今の修行によってこれらの業の相に応えていこうとする方が大事であるという。

たとえば、ずっと以前になした三宝に属するものを私用で使ったという罪業を思い出したとき、どうするかというと、私用に使ったものを弁償するために修行を中断するようなことはいけないと戒めている。智顗は師の慧思が生前教えた言葉であるとして、次のように記している。「もしも今すぐ弁償するだけのものを自分が持っているときは、弁償するがいい。しかし、自分がそれだけのものを持っていないときは、修行をやめてまで、それを弁償するために奔走するようなことはいけない。なぜなら、私たちの罪悪というものはそれっぽっちのものではなく、もはやはかり知れないほどのものがある。それなのに修行をやめて、それを償うために数年を費やすなどということはまさしく悪魔の仕業といわなければならない。気になっている負債はしばらく猶予してもらうつもりで、その分を一心に仏道修行に励み、修行の力が充分に身についたところで、その功徳をひろく三宝に供養し、苦しみの現実にもどって多くの人々に向かって償うがいいであろう。いましばらくは己れの責を果たすのは延期してもらって、まず修行の成就を先決にすることこそ、大切なことである」と。

智顗は、この慧思の考え方は、『優婆塞戒経《うばそくかいきょう》』(4)で、「三宝のものを損なうようなことをした人でも、仏道修行に励み、人から供養を受けるに値する阿羅漢《あらかん》のさとりを成就しようとしている人は、そのものを弁償する必要はない。仏道修行をしない人は、急いで弁償しなければいけない。阿羅漢《あらかん》のさとりを得た人が、かりに仏のものを使うことがあったとしても、それは罪にはならない」という教えと同じであるとして、かりにこれまで己れがなしたどのような業の相が現れようとも、修行をやめることがあってはならない。その業の相をしっかり見すえて、今のこの止観の坐禅の修行によって、業の責めに応えていくようにしなければいけないと説示する。

坐禅の最中に現れるこういう業相を、十乗観法によって観察し、あるべき生き方を実現するためのスプリング・ボードとして転換していく。たとえば、業相が不可思議の境であると観察することについて、次のように記している。

(114a)不思議《ふしぎ》の境《きょう》は、経(5)に「深く罪福の相に達す」というがごときは、罪はすなわち三悪、福はすなわち三善なり。ただ三悪の業相を解して、人天《にんでん》の三善の業相に達せざるは、すなわち「深く達する」にあらず、悪に達し善に達するを、「深く達す」となす。もし善・悪の業相はただこれ善・悪なりと達するは、「深く達す」と名づけず、また善・悪はともにこれ悪なり、善を離れ悪を離れるはみなこれ善なりとするを、これを「深く達す」となす。また、人・天の善・悪に達するは、これは生死《しょうじ》の辺なり、二乗《にじょう》の善を離れ悪を離れる涅槃《ねはん》に達するは、空の辺なり、ただこれは二辺にして、「深く達す」と名づけず、また二辺がみなこれ悪なるも、また、「深く達す」と名づけず。別教《べっきょう》(6)の菩薩《ぼさつ》はよく二辺の浅きに達して漸漸《ぜんぜん》に深く達する故に、「深く達す」と名づく。また、別教の漸深なるも、また「深く達す」るにあらず。円教《えんぎょう》は浅業に即して深業に達すれば、まさにすなわち「深く罪福の相に達してあまねく十方《じっぽう》を照らす」と名づけることを得るなり。かくのごとく「深く達す」れば、実に曲《つぶ》さに三界《さんがい》を弁ぜず、また径庭《けいてい》して空に入るにあらざるは、すなわちこの意なり。

業相が不可思議の境であるのは、『法華経』「提婆達多品」が、「深く罪福の相に達して、あまねく十方を照らす」(大正蔵九巻三五頁中)といっている通りである。この罪福の罪とは三悪、すなわち地獄界・畜生界・餓鬼界の業を指し、福とは三善、すなわち修羅界・人間界・天上界の業を指すにほかならない。したがって三悪の業の相を理解するだけで、修羅・人間・天上における三善の業の相を理解することがないなら、それは「深く罪福の相に達」したことにはならない。悪の業相にも、善の業相にも通ずることが「深く達す」ることになるのである。

善と悪の業の相は、これは善、これは悪と理解したとしても、それは「深く達」したことにはならない。人間界や天上界の善悪を理解するのは、まだ生き死にの苦悩の辺の理解である。二乗の人たちが善や悪を離れることを理解するのは、煩悩を断ずる空の辺の理解であり、これも充分なものとはいえず、したがって「深く達す」るということにはならない。またこのような不充分な理解は悪であると知ったとしても、「深く達」したことにはならない。

別教の菩薩が不充分な理解を不充分なものとしてよく理解して、だんだんと理解を深めていくのを「深く達す」というのである。しかし、別教の菩薩が次第に深めていくのは、まだ「深く達」したことにはならない。円教の菩薩は、そのような浅い理解をそっくり深い理解へと深めるので、これが本当の「深く罪福の相に達して、あまねく十方を照らす」という意味になる。このように業相を深く理解することができれば、三界、すなわち欲望や物質や精神などに煩わされることもなく、ことさら空だ空だという必要もないことになる。

こうして業相の境の不可思議なようすが明らかになれば、そこに正しい慈悲の心がはたらくことになり、しかも法愛を生ずるようなこともなくなるわけで、十乗観法が成立することが順次、確認されていく。

## 魔の諸相

次に、十境の第五は魔事境《まじきょう》である。魔事とは、魔の仕業《しわざ》というような意味で、修行者の向上心に水をさすようなもののことをいう。

(114c)悪がまさに謝せんとし、善が生ぜんと欲するに、魔が逈《はる》かにその境を出ることを恐れ、また、まさに他を化度《けど》して、わが民属を失い、わが宮殿《くでん》を空しからしむべし、また、その大神力《じんりき》と大智慧《ちえ》力《りき》を得て、また、まさにわれと大戦諍《せんじょう》を興し、調伏《じょうぶく》し控制《こうせい》してわれを触悩《そくのう》すべしと慮《おもんぱか》り、そのいまだ成ぜざるに遽《およ》んで、彼れの善根《ぜんこん》を壊すが故に魔事があるなり。

これが「魔がさす」ようすである。俗の言葉にも「好事、魔多し」というが、せっかく順調にいっていたことも、魔がさした途端におかしくなって、ついには破滅することにもなる。だから仏道修行においてもこの魔事に注意しなければならないのである。

どのように「魔がさす」のかというと、悪いことを清算して善いことをしようとするとき、二度と再びこういう悪いことはできなくなるというような心がよぎり、そのときに魔がさしてせっかくの心が台無しになってしまう。また、善いことを人に勧めることにでもなれば、悪いことをする仲間は少なくなり、仲間の縄張りには誰もいなくなってしまうのではないか、と心配して、そうならないうちにと、善いことをしようとしている人の心をくじかせるようにはたらくことになるのが魔事の境である。

魔事の境は修行に入るとき、あるいは修行が進んでいる途中できざす、かつて己れが慣れ親しんできた生き方への未練とか逡巡の気持ちであり、また、揺らぐ気持ちにつけ入る外からの種々の勧誘や誘惑を魔事境としていることが知られる。しかし、このような魔事の境が現れ、どんなに修行者を悩ませることになったとしても、これをいたずらに避けようとする必要はない。それらの魔事を真正面に見すえて仏法の世界のこととして転換することを教える。これには、釈尊の成道における好い手本があるわけである。

ところで、このような魔には、(1)陰魔《おんま》、(2)煩悩魔《ぼんのうま》、(3)死魔《しま》、(4)天子魔《てんじま》の四種があるという。(1)陰魔とは身心に巣食う魔であり、この魔については、十境の第一陰入界境《おんにゅうかいきょう》で説いたような問題である。また(2)煩悩魔は、思い煩い苦しみ悩む魔で、これは十境の第二煩悩境《ぼんのうきょう》で説いたような問題である。(3)死魔は、病気が死の原因になるから、これもすでに十境の第三病患境《びょうげんきょう》で説いたような問題である。したがってこの魔事境で説こうとしていることは、(4)天子魔の領域の問題である。すなわち、欲望と物質と精神の、三種の世界に付随する誘惑や逡巡の心を、この魔事境の課題とする。

さて、修行中にどういう魔が現れるのかというと、(1)慥惕鬼《ついちょうき》、(2)時媚鬼《じび》、(3)魔羅鬼《まら》(7)の三種の魔が現れるという。慥惕鬼は、顔は琵琶《びわ》のようで、四つの眼を持ち、二つの口がある鬼だという。何をするかというと、坐禅をしているときに頭や顔にくっついたり、体にくっついたりして上ったり下りたりを繰り返し、苦痛はともなわないが、耐えられないほどせわしなく動き回るという。また、耳や眼や鼻に何かしこりがあるような感じがあり、それを除こうとしても除けず、払ってもすぐにまた現れ、耳鳴りのように鳴って心を乱すという。いわば幻聴や幻覚に似たもので、これに類する身体の感覚を、このように鬼にみたてたのであろう。

次の時媚鬼は、昼、夜の時々に現れる獣が、その時々の魅惑すべき状況をつくり出すので、誘惑されないようにしないといけないという。三十六獣を数え、さらに百八の獣を数えて時々の意味づけをしているが、そういうところに意味があるというよりは、修行者の性格に応じて、眠気をもよおす時間帯とか、元気がでない時間帯とか、空腹になる時間帯とか、あるいは気持ちのいい時間帯とか、そわそわする時間帯とか、そういう時間帯によって一喜一憂することがないよう、常に変わらぬ気持ちで修行に励むよう教えているのであろう。あるいは季節によって、気持ちが浮ついたり、沈んだりするようなことも含まれよう。

魔羅鬼は、五根からしのび入る強賊《ごうぞく》と軟賊《なんぞく》のことで、これが心を壊すことになるという。たとえば愛著の強いものを見るのは軟賊であり、怖いものを見るのは強賊であり、別に何の感興ももよおさないのは、いずれにも入らない賊である。これらの賊に少しでもとらわれると病気になり、修行を妨げ

るこ とになり、その影響は大きい。これは内に起こる魔であるが、外に起こる魔は施主《せしゅ》や師僧や学友の姿をかりて現れ、誉めたりけなしたり、耳に逆らうような言葉となって修行者を悩ませるので注意しなければいけない。

これらの魔がさすと、(1)身心を病ませ、死にいたることもあり、(2)正気を失って、何をしていいのかわからないようなことになり、(3)わけもなく間違った教えにだまされてそれに随うようなことになり、種々の不都合をきたすことになる。

したがって、もしも魔につけ入られたなと気づいたときは、これをそのまま放置しておくような智慧のないことではいけない、しかるべき手を打って処理しないといけない。修行を邪魔する鎚惕鬼のような魔には、過去仏(8)のときもそういうことがあったことを思い起こし、自分は今、仏の教えに随って修行しているのであるから、お前などちっとも怖くないとしかりつけ、そっと「戒《かい》の序《じょ》」を復誦《ふくしょう》すれば、そのような鬼がつけ入るすきはなくなる。

魔の時間帯に現れる時媚鬼は、この時間帯にはいつも同じような状況が現れることを反省して、たとえば鏡に己れの姿を映してみて、そのような魔の誘惑から逃れることができるという。

内外に迫る魔羅鬼は、(1)その危険を察知したときに、守衛が門を閉じるように、断固として魔の誘惑を受け付けないと決意することである。(2)すでに魔に魅入られてしまったときは、ちょうど家に侵入した悪人を探し出すようにして、所詮、魔が誘惑しているのは実体のないものであり、何の値打ちもないものだと徹底的に点検してみることである。(3)そのように観察してもまだ居座ろうとする魔には、心を励まして抵抗し、死んでもお前と一緒に住むことはできないと宣告し、一心不乱に仏道修行の世界に一歩を進めることであると教える。

こういうふうにして、魔事の境を修行の力に転換することができるが、充分な効果を得るためには、十乗観法によって魔事の境を一つ一つ点検する必要がある。十乗観法の第一では魔事の境が不可思議の境であると観察することがどういうことなのかを説き、続いて第二の慈悲心を起こす段では次のように記している。

## 魔界はすなわち仏界

(116b) 魔界《まかい》はすなわち仏界《ぶっかい》(9)なれども、しかも衆生《しゅじょう》は知らず、仏界に迷い横《ほしいまま》に魔界を起し、菩提《ぼだい》のなかにおいて煩悩を生ず、この故に悲《ひ》を起こす。衆生をして、魔界においてすなわち仏界ならしめ、煩悩においてすなわち菩提ならしめんと欲し、この故に慈《じ》を起す。慈は無量の仏なり、悲は無量の魔なり。無量の慈悲はすなわち無縁の一大慈悲なり。

思うに魔界と仏界とは紙一重である。魔界は仏界とは全く異質なものではあるが、魔界の全体はそっくり仏界なのであって、仏界から除外されるようなものとして魔事の境がいわれているわけではない。第一に魔事の境が不可思議の境であるというのは、まさにそういうことをいおうとしているわけで、それは釈尊の降魔《ごうま》成道《じょうどう》の事跡の真意を伝えるものといえよう。釈尊が三十五歳のとき、菩提樹の下で、強軟の魔を降伏《ごうぶく》して道《さとり》を成就したのは、魔事の境が不可思議の真実を顕現していることを証明されたのにほかならなかったというのである。魔事の試練を克服することによって一層、確固とした信念が現れるからである。

しかし、魔に魅入られたときはどうか。そのときは魔界が仏界などとは気づかずに、仏界の光明に照らされることもなく、わけもなく魔界のとりこになって七転八倒しているていたらくなのである。せっかく仏のさとりの世界にいながら、煩悩熾盛《しじょう》の生き方しかできていなかった。ここに、こういう生き方を痛ましく感ずる悲《いたわ》る心が生ずるわけである。こんなことではいけない。何としてもこの魔界がそっくりそのまま仏界に転換するような工夫をしなければいけない、思い煩い苦しみ悩んでいる現実の生き方をそっくり仏のさとりの世界へと変革しなければたまらないと思いなおし、少しでも向上しようという慈《いつく》しむ心が起こることになる。

慈しむ心は仏の世界をめざし、悲《いたわ》る心は魔の世界を見すえて、大きな慈悲の心は仏や菩薩たちのはかり知れない大きな愛情となって、人々に希望を与え、生きる者を励ましてやまない。

釈尊が諸魔を調えその力によってさとりを成就したように、仏道修行者も魔事の境を調えて、それを修行の力に変換していくよう工夫することが大切である。このように一度、魔事を調えたら、冬が終わって春が来るように、後は順調に修行が進むというわけではない。一難去ってまた一難という場合もあるので、魔事には常に心して、つけ入るすきを与えないようにし、一筋にあるべき仏道修行に精進することこそ一番大切なことであると、最後に念を押している。

# 二十四　禅定の諸相

## ―禅味に貪著すれば、これ菩薩の縛なり―

### 十種の禅定

十境の第六は禅定境である。禅定がなぜ問題になるのかというと、諸種の禅定に諸種の障害が現れて仏道修行の妨害になることがあるからだという。どういうことかというと、禅定は修行者に何ともいえぬ甘美な体験をさせることがあり、その味が忘れられず禅定にふけるようなことになると、種々の汚れや弊害が生ずることになる。

もしもその禅定体験をさとりであるといえば、これは増上慢であり、仏道修行者にあるまじき傲慢な態度といわなければならない。日蓮がいったような「天魔の禅」になってしまうのである。だからといって、「禅天魔」(1)ということを心配するあまり禅定を不要なものとするなら、仏道修行の方法を失うことになるであろう。前述したような魔事の害から逃れることができても、今度はこの禅定の弊害にとらわれるようになると、それはちょうど火災を避けようとして水害にあうようなもので、少しも仏道修行の利益にはならない。そういうことにならないように、改めて禅定の境を問題にするのである。

また、禅定は仏道修行を進めるために重要なはたらきがあり、大乗・小乗を問わず諸経論で禅定を讃えているので、禅定の正しい運用の仕方を、是非一度、点検してみる必要があるという。

そこで、沢山の禅定の教えのなかから、『摩訶止観』は、次の十種をとり出し、禅定に関する問題点を逐次、検討している。

(117b)禅門は無量なり、しばらく十門に約す。

一つには根本の四禅《しぜん》、二つには十六特勝《じゅうろくとくしょう》、三つには通明《つうみょう》、四つには九想《くそう》、五つには八背捨《はちはいしゃ》、六つには大不浄《だいふじょう》、七つには慈心《じしん》、八つには因縁《いんねん》、九つには念仏《ねんぶつ》、十には神通《じんずう》なり。

(1)根本の四禅とは、欲界の迷いを超えて色界で生ずる四段階の精神統一で、具体的には初禅・第二禅・第三禅・第四禅というように深まる禅定である。

(2)十六特勝とは、呼吸を数え心の散乱を除く十六種の精神統一の方法で、それは①息が入るのを知り(知息入)、②息が出るのを知り(知息出)、③息の長短を知り(知息長短)、④息が全身に行きわたるのを知り(知息偏身)、⑤身の動きがなくなり(除諸身行)、⑥喜びが感じられ(受喜)、⑦楽しくなり(受楽)、⑧心の動きがわかり(受諸心行)、⑨心から喜び(心作喜)、⑩心が調い(心作摂)、⑪心が解き放たれ(心作解脱)、⑫無常を観じ(観無常)、⑬散乱することがないことを観じ(観出散)、⑭欲望を離れているのを観じ（観離欲）、⑮煩悩を滅したことを観じ（観滅）、⑯何ものにもとらわれないことを観ずる（観棄捨）という内容である。

(3)通明とは、先の根本の四禅に合わせて四無色定と滅尽定をいう。これは九次第定ともいわれる禅定である。この禅を修するときは、六神通[2]や三明[3]などの能力を開発することになるから、通明禅という。四無色定とは、無色界における、すなわち色界の物質的な束縛から解き放たれて純粋に精神だけがはたらく境界で、空無辺処定・識無辺処定・無所有処定・非想非非想処定と、精神の統一が四段階で深まるようすを示す。滅尽定は、呼吸が止まり心のはたらきがなくなる定である。

(4)九想とは、貪欲の煩悩を除いて、貪欲の煩悩によって起こるあらゆる行為から自由になるために、人が死んだ後に変化していくようすを観察する九種の観察法である。それは①死体が膨張するようすを観察すること（脹想）、②死体の色が変わるようすを観察すること（青《しょう》瘀《お》想）、③死体がくずれるようすを観察すること（壊《え》想）、④くずれた死体から流れた血塗が大地にへばりついているようすを観察すること（血塗《けつづ》想）、⑤死体が腐爛するようすを観察すること（膿爛《のうらん》想）、⑥鳥獣が死体を食い散らしているようすを観察すること（噉《たん》想）、⑦鳥獣たちに食いちぎられて、手足や頭がばらばらになった死体を観察すること（散想）、⑧ばらばらになった死体が白骨化した姿を観察すること（骨想）、⑨その白骨も火に焼かれて灰になって土に化すようすを観察すること（焼想）をいう。

(5)八背捨とは、新訳では八解脱と訳されるが、三界の煩悩を捨て、その束縛から解脱するための八種の禅定の意である。すなわち、①対象を心に念じてその欲情を除くこと（内有色想外観色）、②その心を一点に集中させて精神を統一させること（内無色想外観色不浄思惟）、③対象から心を離し、身心を冷静にたもつこと（浄背捨）、④外界の諸相を無限の空間に融かし込むこと（空処背捨）、⑤その心のはたらきも解き放つこと（識処背捨）、⑥そのような空間も心のはたらきも超越したところに達すること（無所有処背捨）、⑦その境界が常に現実のものとなっていること（悲想非非想処背捨）、⑧すべてのはたらきがなくなること（滅尽定背捨）の八種をいう。

⑹大不浄は、身の不浄を観ずるだけでなく、この世の世界のすべてが不浄であると観察することである。⑺慈心は、慈悲の心をめぐらせること、⑻因縁は、十二因縁を観察すること、⑼念仏は、念仏三昧のこと、⑽神通は、六神通のはたらきの面から、神通のはたらきを生ずることになる諸禅定の問題を明らかにしようとする。

これらの諸禅が起こるようすは、大地にまいた種が、雨の恵みを受けて、芽を出し、生長して花を咲かせ、実を結ぶのであるが、梅は六月、桃は七月、梨は九月、柿は十月というふうに、同じ条件の下であっても実を結ぶときが違うように、修行者がこれまでしてきた修行によって、今、止観の修行を始めたために起こる禅定にも種々の違いが生ずるという。『摩訶止観』はこの十種の禅定を逐次、詳細に検討しているが、ここでは⑴根本四禅についてみたい。

これらの諸禅は、常坐三昧において起こる場合が多いので、まずは坐禅について説明する。身を正し心を摂《おさ》めて、呼吸が調ってくると、心の動きが静かに澄むような感じに落ち着いて外界のものごとに振り回されないような効果（麁《そ》住）が現れる。この感じが次第に深まる（細住）と、身体はまっすぐに調い、疲れたり痛んだりすることもなく、坐禅を継続することができる。もしも強い痛みがあったり、坐禅を終えてけだるい感じや極度の疲れを感ずるようであれば、それは身体の保ち方にどこか無理があるからである。

このように坐禅をして、一時、ふた時を過ぎ、あるいは一日二日を過ぎ、一月二月を経て、身心にしっくりなじんだ深い細やかな感じが得られると、これはと思うようなからっと晴れた心境になり、「豁爾《かつに》として心地に一分の開明をなす」（大正蔵四六巻一一八頁中）のである。身は雲か影のように感じられ、明るく清浄な感じになって、心はすがすがしく一点に集中して動くことがない感じになるが、この段階の禅定は欲界における禅定である。まだこの段階では、禅定にそなわる諸種のはたらき（支林の功徳）が現れるようなことはない。

こういう欲界の禅定は、閃光のようなもので、灯火のような持続性がないので、これを「電光三昧《でんこうざんまい》」という。しかし、この電光三昧に入ることができると、欲界から仏のさとり（無漏《むろ》）に入る条件が調うので、すぐに仏のさとりを得ることができる。その意味で、この電光三昧のことを「金剛三昧《こんごうざんまい》」ともいう。

しかしこの禅定は、まだ無生のことわり、すなわちすべてのものごとは生ずることもなく、滅することもないという真理をさとる無生忍《むしょうにん》のさとりではない。まだ初禅の禅定にも入っていない（未到地《みとうじ》）のであるから、間違ってもこれが無生忍の禅定であるというふうに思い込まないようにしないといけない。

ともあれ、この欲界の禅定から初禅の禅定へ入るところが、坐禅の修行の分かれ道ともいえる重要なところである。そこで欲界定・色界定・無色界定と禅定を深めていくに際して、それぞれの禅定の境界線上で、⑴退分・⑵護分・⑶住分・⑷進分というように四種の状況があることを知っておかないといけない。⑴退分とは、そこから後退していくような事態のことで、これには、自然に後退する場合と、内・外の縁に触れて後退する場合とがある。つまり、二十五種の修行の条件（二十五方便）が調わないで後退したり、静まった心に三障・四魔[4]のような十境の諸相が起こって、憂慮したり愛著したりして後退することになるのである。

⑵護分とは、内・外の条件を調えて、禅定の心に損失がないように育てることである。⑶住分とは、禅定の心に坐り続けることである。⑷進分とは、禅定が自然に深まることであり、また、禅定を深めるよう励まし前進することである。禅定の深化にともなって、特勝や通明などの諸種の禅定のはたらきが生ずることになる。

## 初禅の成立

こうして禅定がさらに前に進むと、身心は微妙な感覚を生ずることになり、初禅に入ることができる。それは麦が麹《こうじ》になり、麹が糟《にごりざけ》になり、糟が酒になるように、欲界定はさながら糟のよう、初禅は酒のようである。修行の状況に応じて、欲界定が初禅の禅定に進展することになる。

このときに八種の感触（八触）が得られる（覚触）という。八触とは、動・痒、軽・重、冷・煖《なん》、渋・滑の感じのことで、これが四大（身体）に現れるという。すなわち風大（呼吸）に動の触と軽の触が、火大（体温）に痒の触と煖の触が、水大（血脈）に冷の触と滑の触が、地大（皮肉骨）に重の触と渋の触が現れるという。動の触は、なにか風が起きるような微《かす》かな感じであるが、それが頭や背中や腰や脇腹や足などの部位から起こって体全身にゆきわたる感じをいう。そういうふうに体に感じられても外見は何の変化もない。頭から足へ下っていく場合は後退しがちな禅定であるが、腰のあたりから起こる場合は禅定が持続し、足から起こるときは禅定がさらに進む場合が多い。

この動の触には、次の十種の効果（支林の功徳）が付随して現れる。それは、(1)空、(2)明、(3)定、(4)智、(5)善心、(6)柔軟、(7)喜楽、(8)解脱、(9)境界、(10)相応である。(1)空とは、動の触が起こるときに、からっと晴れわたり何も妨げるものがないような心になることをいう。(2)明とは、たとえようもないほど明るく清らかなようすである。(3)定とは、心が穏やかに静まり散乱することがないことである。(4)智とは、迷ったり疑ったりすることなく理解が鋭くなることである。(5)善心とは、これまでこういう体験があるとは考えてもみなかったことを心から恥じ、仏の教えが正しかったことを信じ敬うことである。

そして(6)柔軟とは、欲界の粗雑な生き方から思いのままに離れることができること。(7)喜とは、この禅定体験を心から喜ぶことで、楽とは、動の触が心を楽しませること。(8)解脱とは、五蓋の覆いがなくなること。(9)境界とは、そういう状況をはっきり知ること。(10)相応とは、心が動の触の効果にかなって乱れることなく持続することである。

以上が、八触のうち動の触に生ずる十種の功徳の内容であるが、他の七種の触についてもこれと同様の効果が起こる。多くの場合は種々に錯綜して生ずるわけであり、その禅定体験は種々の料理を味わい楽しむようなことになるという。

しかし、初禅の八触についても、正しい感触（正触）と間違った感触（邪触）があるから、その辺のことをよく知って、間違った感触は捨てて、正しい感触を選びとるようにしないといけない。なぜかというと初禅は禅定の第一段階にすぎず、欲界に隣り合っていて、欲界の心もひきずっているので間違ったものも混入しやすいからである。もしも欲界定の八触が雑《ま》じれば、これは病患の触であり、煩悩の触であり、正しくない触であるという。

正しくない触とは、前にみた八触の十種の功徳が度を超したり、あるいは充分でないような場合で、たとえば動の触が起こったときなどは、体の中をのろのろと動き回るような感じがあったり、あるいは手足が痙攣《けいれん》するような場合は動の触が度を超している悪い状態であり、またつなぎとめられたように一箇所にとどまって動かないのも充分でない悪い状態である。他の七触についても同様である。

十種の功徳についても度を超すことがなく、充分に効果が現れているのが正しい禅定の姿なので、たとえば空の功徳についていえば、からっと晴れて何ものも妨げるものがないのが正しい空の功徳であるが、ずっと長い間、何も覚知することがないような空は度を超したようすであり、しこりのように気になるものがあるのは、まだ空とはいえないものである。他の九種の功徳についても同様に点検する必要がある。

以上のように八触の十種の功徳を正しく自覚するとき、初めて初禅といわれる禅定が成立することになる。正しくない間違った八触の十種の功徳を自覚するときは禅定を壊すことになる。一つでも邪悪なものがまぎれ込んでいたら、すべてがそれに染まるような性質のものであるという。

かくして正しい禅が実現する。初禅には、このような覚と、観・喜・楽・一心という五種の内容がそなわることになるという。(1)覚とは、前述してきたように最初の感触が身心に感じられることである。(2)観とは、これも前述のように細かに八触や十種の功徳を分別することができることである。(3)

喜とは、そういうことができるようになったことを喜ぶことであり、⑷楽とは、そうすることを楽しむことであり、⑸一心とは、身心を静けさが包んでいることである。

初禅が成立した後、順次に二禅・三禅・四禅の色界定が成立し、さらに空処定・識処定・無所有処定・非想非非想処定という無色界定が成立するわけである。殊に、最後の非想非非想処定は、三界の頂にある禅で、世間の究極の禅定であり、外道の人はこれを涅槃、すなわち煩悩がなくなった境涯とするのであるが、仏の教えに照らしてみればこれはさとりでも何でもなく、苦悩の現実から解放されたつもりでも、かえって三悪道（三途）の世界に堕ちることになるものであるという。

最初の⑴根本四禅を点検した後に、根本四禅に通じ、さらにそれを深めたものとして、⑵十六特勝と、⑶通明について点検している。さらに⑷九想、⑸八背捨、⑹大不浄について、九想から十一切処までは観の禅定であるとし、九次第定の練の禅定、獅子奮迅の薫の禅定、超越三昧の修の禅定と位置づけて、観・練・薫・修というふうに、根本の禅定が深められていくようすを詳細に説き明かす。次いで⑺慈心、⑻因縁、⑼念仏、⑽神通について点検していくが、殊に⑻因縁については、十二因縁の禅定を説き、また、十二因縁について十乗観法を詳説している点が注目されよう。

なかでも十二因縁が不可思議の境であると観ずるところで、『華厳経』(5)や『大集経《だいじっきょう》』(6)の説を引用して、「一人の一念の心に、みな十界・十如を具足するように、十二因縁を具足するということが、大乗の不可思議の十二因縁の理解である」（大正蔵四六巻一二七頁上）と結んでいる点は注目されよう。それは釈尊が菩提樹下の三七日（三週間）の思惟において順観・逆観の二通りに十二因縁のことわりを観察されたということと重なり、仏が説かれた教えをすべて自らの身に頂戴しようとする智顗の観心釈の根拠が十二因縁も一応の内容にほかならないとする説き方によく現れているように思われる。
また、念仏三昧については、根本四禅などの禅定の心には諸仏の姿が現れて感動することもあるので、それがどのような効果なのか意味もわからずに、奇特な現象ばかりにとらわれているのは魔の仕業と明らかにしなければいけないとし、「今時の人、仏を見れども心に法門なきは、みな仏にあらざるなり」と戒めている。仏の姿はこうと決まったものではなく、人が喜ぶような身近な姿で現れ、適宜に人々の苦悩を救うために現れ、人々に希望や生きる力を与えてやまないのが真の「念仏三昧」であるという。
最後の神通は、禅定において現れるすぐれた能力のことで、今まで閉じられていた感性が覚醒されて、見えなかったものが見えるようになり、聞こえなかったものが聞こえるようになるという。

禅定は衆生の現実の中に

ところで、十種にまとめられた諸禅定の境が、止観の坐禅で改めて問題となるのはどういうわけであろうか。

(130b)止観《しかん》を修することを明かせば、もし行人が諸禅を発得《ほっとく》して方便《ほうべん》あることなく、「禅味に貪著《とんじゃく》すれば、これは菩薩《ぼさつ》の縛なり」。禅にしたがって生を受け、生死《しょうじ》に流転《るてん》す。もし出要を求めれば、まさに十意を観察すべし。云々。

すなわち、止観を行じなければならないわけは、修行者がこのような諸禅定を得たとしても、その禅定体験を現実に生かしていく工夫を怠れば、それはいたずらに禅定体験をひけらかすだけのことになって、かえって修行者を迷わせるものになるという。なまじの禅定体験が修行者をあらぬ方へと導き、それが生き死にの現実に連れ戻すことになるので、こういう禅定の境について十種の観察法を適用しなければいけないという。

どのように観察するかというと、次のように禅定の境は不可思議であると観察するのである。

(131a) 不思議《ふしぎ》の観《かん》は、もし一念の定心《じょうしん》が、あるいは味、あるいは浄、ないし、神通《じんずう》を発《おこ》せば、すなわちこの心はこれ無明《むみょう》・法性《ほっしょう》・法界《ほうかい》にして、十界、百法の無量の定乱が一念に具足することを知る。なにをもっての故ぞ。法性に迷うによるが故に一切の散乱の悪法あり、法性を解するによるが故に一切の定法あり。定《じょう》・散《さん》はすでにすなわち無明なり、無明もまたすなわち法性なり。迷・解、定・散は、その性は二にあらず、微妙《みみょう》にして思い難し、言語《ごんご》の道を絶す。情想をもって図度《ずたく》すれば、いたずらにみずから疲労す。あにこれ凡夫が二乗《にじょう》の境界ならんや。常情を超越すといえどもしかも群有を離れず。経にいわく、(7)「一切の衆生《しゅじょう》はすなわち滅尽定《めつじんじょう》なり」と。心に即して定と名づくといえども、しかも衆生はいまだはじめより是《ぜ》ならず、しかも衆生はいまだはじめより非《ひ》ならず。なにをもっての故ぞ、もし衆生を離るればいずれの処にか定を求めん、故に衆生はいまだはじめより非ならざるなり。もし衆生に即せば定《さだ》んで衆生にあらず、故に衆生はいまだはじめより是ならざるなり。いまだ是ならざるが故に即せず、非ならざるが故に離れず、即せず離れず、妙にしてそのなかにあり、量《はか》り難きことは空のごとく、「ただ仏と仏とのみすなわちよく究尽《ぐうじん》したもう」。

結論から先にいうと、どんなに殊勝な禅定体験であったとしても、それが修行者を得意にするだけのものであっては断じてならず、人々の苦悩の現実から遊離したような禅定は仏の教えではないというのである。すなわち、禅定の境が不可思議であるというのは、もしも一瞬に生じた禅定の心を味わったり、深めたり、あるいは不思議な能力が開発されたりするようなことがあったら、この心は無明であり、これ以上でもこれ以下でもないそれだけの性質のもので、仏の教えの世界のものであって、この心には十種の仏法の世界のすべてが、数え上げることができない禅定と散乱が見事に含まれているという。

なぜそういうことになるのかというと、あるがままの真実に迷うことによって散乱の諸悪が生ずることになり、あるがままの真実をさとることによってあらゆる禅定の教えが生ずることになるからである。

このように禅定と散乱は無明の心にもとづいており、この無明の心があるがままの真実にほかならないわけで、迷いとさとり、禅定と散乱という相対するものは、本当は二つに分けることのできないものなのである。二つの関係は微妙で、人間の思惟を超えたものであり、言葉で説明し尽くすことができないもので、あれこれ考えをめぐらしているうちに、くたびれてしまうようなものである。だから断じて凡夫や小乗の立場の仏教理解とは異なるのであり、常識を超えたものであるが、衆生の現実から遊離することはない。経は、「すべての衆生は滅尽定にある」といっているが、この心が滅尽定だといっても、衆生が最初からそうだというわけではないし、最初からそういうものとは無関係だというわけでもない。なぜかというと、衆生の現実を離れて禅定は求めようがないからである。だから衆生は最初から禅定とは無関係であるとはいえない。

また衆生がそっくりそのまま禅定であるなら、衆生であるわけがないから、衆生が最初から禅定にあるともいえないわけである。禅定が実現していないから衆生なのであるが、衆生は無関係であるというわけでもなく、衆生の現実を離れてあるわけではない。

衆生の現実において禅定を実現することが妙なのである。その不可思議なようすは空をつかむようであるが、ただ仏と仏が肝胆相照らしてこのことを究め尽くしている。

以上でみたように、禅定はすべての人の課題であるということを示している。身心の平安はどうしたら得られるのであろうか。不動の信念はどのようにしたら確立できるのであろうか。とどのつまりは、即空・即仮・即中という真実のことわりに坐るということをおいてほかにないという結論になる。

# 二十五　邪見の諸相

―見を成ずれば、実語もこれ虚語なり―

## 仏教に対する誤った考えとは

　これまで見てきた十境の説も、第七の諸見境で終わっている。多くの場合、それ相応の禅定体験にもとづいて仏の教えに関する様々な誤った考え方や理解が生じ、これが仏のさとりなのだといい、これこそが正しい考え方であって、他の考えはみな誤っているというような態度が生じがちであるので、禅定の境の次に諸見の境を観察しなければいけないわけである。

　問違った考えが起こるようすは一通りでないから「諸」といい、誤った理解や見解のことを「見」という。道理にかなっておらず、偏見であることが誰の目にも明らかなのに、この考えこそが決定的な解釈であると主張するのが「見」である。

　話を聞いて仏教を学ぶ人は、言葉から理解するが、限定された意味しか理解しないで、その本当の意味がわからず、心眼が開かれないので、その言葉が拠って立つ道理に思いいたることがない。言葉尻にとらわれ真意をさとることがないので、生き死にの現実の苦悩を解決することはできない。一方、禅定を学ぶ人は、ものごとの道理を観察することを重視し、ものごとの道理はよくわかるが、それが仏の教えに照らしてどういうことなのか何も知らないということになる。

このように仏の教えを読む者はそこから一歩も前進することがなく、禅定を学ぶ者は深い宗教体験を得てもそこから一歩も前進することがないという具合では仏道修行は充分とはいえない。ここに天台教学が大前提に掲げる教と観が相資《あいたす》ける学び方、すなわち「教観相資」の主張が成立するわけである。教理の正しさはその実践によって証明され、実践の正しさはその教理によって証明されるはずであるからである。

天台三大部では、一応、教の面は『法華玄義』と『法華文句』、観の面は『摩訶止観』と振り分けられるが、三部それぞれの叙述の中において、教の叙述における観の意味が、観の叙述における教の意味が確認されていることはいうまでもない。すなわち、『摩訶止観』では、観の叙述に終始しているが、その背景には必ず教の裏付けがあり、常に仏の教えの筋道に照らして仏道修行のあり方が示されている。

仏教に対する誤った理解や考え方は普通は仏教の話を聞くことによって生ずると考えられるが、多くの場合は禅定において生ずるという。なにがしの禅定を体験した後に誤った考えが生じたり、あるいは禅定にともなって誤った考えが生ずることがほとんどであるから、前の禅定境の後に、この諸見境を問題にしなければならないことになる。

さて、仏教に対する誤った考え方にはどんなものがあるかというと、(1)最初から仏法と異なる外道の考え方があり、(2)仏法を学んで外道の考えを主張するものがあり、(3)仏法に執著して外道になるものがあるという。

(1)仏法とは異なる誤った考えは、一般に「六師外道(1)」と呼ばれる、釈尊の当時に行われていた代表的な六種の哲学思想が相当する。

(2)仏法を学びながら誤った考えを主張するものは、仏の教えを伝える経論を読んで誤った考えに行き着いた者で、究極の我を想定する考え方や、幻化のように虚無な空の理解を強調した一部の大乗の人の考え方であり、いずれも龍樹によって退けられた考え方である。

(3)仏法を学んで外道になる者は、仏法を学びながら仏の教えに執著して、かえって煩悩を生じ、仏の教えが示している本当のことわりを理解することができない人のことである。せっかく、大乗の教えを学んでも、仏のさとりの智慧の真意がわからず、かえって邪悪な火に焼かれてしまう結果になる。

要するに、仏道修行に励んで、仏教とは似ても似つかないような理解にいたるようなことがあってては断じてならないと注意するわけである。

誤った考えが起こるようすを『摩訶止観』は、次のように説いている。

(133a)見《けん》が発《おこ》ることを明かせば、あるいは禅《ぜん》に因《よ》り、あるいは聞に因る。衆生は久劫《くごう》より作《な》さざるところなし。かつて諸見を習いて、生を隔てて中ごろに忘れるも、罪が本の解を覆えば心は速やかに開けず。いま障がもし薄ければ、よく諸禅を発し、あるいは禅と見とともに発し、あるいは禅ののちに見を発し、あるいは他の説を聞いて豁然《かつねん》として見が生ず。泉水あり、土石に礙《さ》えらるるも、壅滞《ようたい》を決却すれば濬《しゅん》として川と成るがごとし。闇障《あんしょう》がすでに除けば、分別はいよいよ去り、一日、十日して、綿綿として已《や》まず、番番にみずから難じ、番番にみずから解し、執するところの処は、実にして通ずることあり、執せざるところの処は、虚にしておのずから破す。また弁才は滞ることなく、巧みにおのれの法を説き、言辞を荘厳して、他が来たって撃難するも妙によく申釈す。かくのごとき見の慧は、いずれのところより出るや。禅のなかに観支あるに由《よ》りてなり。

仏教に対する間違った考えが起こるのは、禅定や聞法を契機とする。人は長い間、仏の教えとは無縁な考え方で生きてきたのであり、仏の教えに反する様々な了見で生活してきたが、長い時間が経つうちにそれが当たり前になって、積み重ねた罪悪が仏の教えに示されている正しい人間理解を阻止していたため、なかなか心を開くことができなかった。

今、仏道修行に入り道理がわかりかけたところで、諸種の禅定が得られたが、禅定とともに諸見が同時に起こったり、また禅定が起こった後に諸見が起こり、人の教説を聞いて突然、諸見が起こることになる。そのようすは、土石でせき止められていた泉の水も堤を決壊したとたん、勢いよく川となって流れ出すようなものである。心を暗く覆っていた障害物が除かれると、分別するはたらきが盛んに起こることになるわけである。

こうして連日、分別が起こり、これはどういうことであろうか、それはこういうことであるというふうに、自問自答をくり返し、執著している問題であれば実際に解決され、執著していない問題もそれ相応に処理される。言語表現の才能も自由にはたらいて、自分の見解を説き示そうとすれば、美辞麗句が口をついて出ることになり、反問したり疑問を呈する人があれば、実に巧みに応答して説得するというようなことにもなる。こういう諸見の智慧がどこから生まれるのかというと、禅定のなかに含まれている観のはたらき（観文）(2)によっている。

この辺の文章は、南岳慧思の門下で説法第一といわれた智顗自身の経験に照らして思い当たるところがあったであろうと考えられる。所詮、禅定にそなわる観慧のはたらきは、正しく制御しないと似ても似つかぬ諸種の邪見をたくましくするだけということになりかねないと、修行者に反省を迫るのである。かくして、三蔵の教えについても邪見を生じ、通教の教えについても、別教の教えについても、円教の教えについても邪見を生ずることになる。

(134a)大乗の四門(3)がみな見《けん》を成ずれば、実語もこれ虚語なり、語の見を生ずるが故なり。涅槃《ねはん》もこれ生死《しょうじ》なり、貪著を生ずるが故なり。多く甘露を服して、命を傷つけ早夭《わかじに》す。方便《ほうべん》の門を失い邪執に堕す、故に内の邪見《じゃけん》と称するなり。

大乗の円教でも、四種に邪見を生ずることがあり、仏の真実の教えも虚偽の教えになってしまう。そのわけは仏の教えにとらわれて邪見を生ずることになるからである。仏の教えに執著すると、仏のさとりも苦悩のもとになり、それはさながら甘いものばかり食べて体をこわし若死するようなものである。仏の教えがなんで説かれたのかも知らず、いたずらに誤った考えにとらわれ、仏法を学んでいながら仏法を離れた邪見をたくましくすることになる。

## 中国思想に内在する諸見

諸見の過失は、たとえば中国の哲学思想にもみられるといい、智顗も面識があった陳朝の重臣周《しゅう》弘政《こうせい》(4)の学説を紹介し、次のように説いている。

> (135a)周弘政は三玄《げん》を釈していわく、「易《えき》は八卦《け》をもって陰陽の吉凶を判ず、これは有《う》に約して玄を明かす。老子《ろうし》の虚融《きょゆう》は、これは無《む》に約して玄を明かす。荘子《そうじ》の自然《しぜん》は、有《う》・無《む》に約して玄を明かす」と。自外の枝派も、源祖はこれより出《い》ず。いまはしばらくこれに約してもって得失を明かす。荘子に(5)「貴賤、苦楽、是非、得失は、みなそれ自然なり」というがごときは、もし自然といわば、これは果を破さず、先業を弁ぜざれば、すなわちこれは因を破すなり。礼に仁義を制するは身を衛《まも》り国を安んず、もし行い用いざるときは族を滅し家を亡ぼす。ただ現世に徳を立てて、後世の報を招くことをいわず。これは果を破して因を破さずとなす。もし慶を後世に流すといわば、前に并《あわ》せてすなわちこれまた果ありまた果なきなり。一の計《け》に約して、すなわち三行《ぎょう》あり、いわく、一つには有《う》を計して善を行ず、二つには有を計して悪を行ず、三つには有《う》を計して無記《むき》を行ずるなり。

周弘政は、『易』と『老子』と『荘子』の三つの書物の教説を大づかみにして、それぞれの書が有について、無について、有と無について、その奥義を説き明かしていると要約したという。智顗もこのまとめ方は当を得たものであると判断して、周弘政の学説にしたがい、有と無と有無の考えにもとづいて、善を行い、悪を行い、いずれともいえないことを行うことの是非を明らかにしていく。

すなわち、周弘政は三玄の書について、『易』は、八卦《け》を立てて、陰陽の動きを見て人の行動の吉凶を判断する教えを説くが、これは有について奥深い真理を説くものである。『老子』は、虚無に融ずることを説くが、これは無について奥深い真理を説くものである。『荘子』は、自然を説くが、これは有と無の両面から奥深い真理を説くものであるという。諸派の学説ももとを正せばこの三種の考え方に行き着くから、こういう考え方の是非を明らかにすれば充分であろうという。

たとえば『荘子』は、「貴いものも賤しいものも、苦しみも楽しみも、正しいことも間違ったことも、得るのも失うのも、みな自然のままである」という。この考えは、そういう結果は自然だというのであるから、この結果をどう解決したらいいかわからないし、その結果がどうして生じたのか説明することはできないであろう。

また、礼を実践し人を愛し正義を行うことによって、みずからを養い国を治めることができるが、この教えが行われず、用いられなければ、そのときは一族を亡ぼすことになり、国家を亡ぼすことになると説く儒教の教えは、ただ現実の生き方を教えるだけで、礼や仁の言動が将来どういう果報を招来することになるのか何も説かない。この考えは、こういう結果にならないよう言動を正すことは教えても、言動を正すことにどういう意味があるのか、明らかにすることがない。善いことをすればその余慶《さいわい》は子孫に及ぶという教えもないわけではないが、そういう善い結果が本当にあるのかどうか、その理由が明らかに示されない。

智顗は、道教の考えも、儒教の考えも、仏教の考えと比べると、まだ充分な教えとはいえないというのである。

ちなみに、我が国の道元は、智顗の考え方を正当と判断して、『正法眼蔵深信因果』の巻（『岩波文庫本』㈣二九一頁）に、次のように記している。

龍樹祖師云《ク》、如《キハ》二外道《ノ》人《ノ》一、破《スレバ》二世間《ノ》因果《ヲ》一、則《チ》無《シ》二今世後世一、破《スレバ》二出世《ノ》因果《ヲ》一、則《チ》無《シ》二三宝・四諦・四沙門果一。

あきらかにしるべし、世間、出世の因果を破するは、外道なるべし。（中略）因果の道理は、孔子老子等のあきらむるところにあらず、ただ仏仏祖祖あきらめつたへましますところなり。澆季の学者、薄福にして、正師にあはず、正法をきかず、この故に因果をあきらめざるなり。

「龍樹祖師云」として、道元が引用したのは、『摩訶止観』第四摂法章で止観の語が一切の位を摂《おさ》めることを説く個所で、「中論云、如外人」云云（大正蔵四六巻三二頁上）と記している文章を、道元は「龍樹祖師云」と変えてその文章をそっくりそのまま引用文の形で使っている。『摩訶止観』が「中論云」としていても、『中論』にはこのままの文章は探せないわけで、『中論』の教説を智顗が要約した文章であることが判明する。

つまり、道教や儒教の思想は、世間の因果、すなわち苦諦（果）と集諦（因）のような教えは説かないので、仏教のように現在と将来にまたがる深い考えはみられない。また、出世間の因果、すなわち滅諦（果）と道諦（因）のような教えは説かないから、仏教のように帰依すべき三宝や根本となる四諦や、修行によって実現する四段階のさとりの教えはみられない。世間と出世間の因果の道理を明示するのが仏の教えであり、孔子や老子の教えを学んでも、こういうことわりを理解することはできないというのである。道元の主張は、智顗の『摩訶止観』の見解を正しく評価したものとして注目される。

たとえば、『荘子』の「自然」の考えは、どういう不合理をきたすかというと、次のように記している。

(135b) また、自然を計《け》して任運《にんぬん》に気を恣《ほしいまま》にして、また運御して善にしたがわず、また、動役して悪をなさざるも、もし神和を傷《や》ぶれば自然に会せず。取捨なしといえども、しかもこれ無記《むき》を行ずるなり、行業はいまだ尽きず、受報なんぞ疑わん。もし、自然を計して悪を作《な》す者は、万物は自然なりと謂《い》って、意を恣《ほしいまま》にして悪を造り、ついに自然に帰す。これはすなわち無欲に背いてしかも欲を恣にし、妙に違いてしかも麁《そ》につくなり。荘周《そうしゅう》(6)が、仁義を斥《しりぞ》けて、「小盗を防ぐといえども大盗を意《おも》わず、仁義を掲げてもってその国を謀《はか》るがごとし」というは、もと自然をもって欲を息《や》むるに、すなわち自然を掲げてしかも悪をなすがごとし。

「自然」を理想として、自分の思いのままにふるまい、自然なのだからこのままでいいといって善いこともしないが、悪いことを企むことがなくても、いったん心の調和が乱れれば、これが自然だからといってもおれないだろう。自然のままに取捨選択することがなくても、善悪に分けられない、そういう行為をしているわけで、この業がある限り、必ず相応の果報を受けることになる。

また、これが自然だといって悪いことをする者は、すべては自然であるからといって、思うままに悪いことをすることになる。これでは無欲恬淡《てんたん》の境涯どころか、自分の欲望を思うがまま果たそうとしているのに等しく、玄妙な境涯とはほど遠く、粗雑極まりない人生というほかないであろう。『荘子』は儒教の教えを批判して、「小盗人《こぬすっと》を防ぐのに汲汲として、大盗人《おおぬすっと》には気づかないようなもので、儒教は仁義の教えを掲げて国をつぶそうとしている」というが、道家の教えこそ、自然の教えを掲げて欲望を静めるふりをして、悪いことを勧める思想といわなければならないと批判する。

智顗の口ぶりには、道教の考えの方が儒教よりも危険という見解が込められている。智顗は、仏教者として社会の一般的な倫理道徳は良俗として認めていたといえる。

この程度の考え方の誤りはわかりやすいが、仏教の理解も三蔵教の、通教の、別教の、円教の、それぞれにおいて邪見を生ずることがあるので注意しないといけない。

(137a)もし著心をもってこの直き門に著すれば、また邪見を生ず。あるいは名のために、衆のために、勝つために、利のために、門の相を分別すれば、瞋・愛・慢の結が、これによって生ずることを得る。たとえば、毒をもって良薬のなかに内《い》れるがごとし、いずくんぞ死せざることを得んや。

たとえそれがどんなに勝れた仏教の理解でも、ほんの少しでも、名声のために、仲間のために、勝つために、利益を得るために、とらわれるなら、人を生かす仏教も邪見にまみれ劇薬に変じてしまい、人を生かすどころか殺してしまうことになる。

## 諸見を点検し、心を磨く

しかし、見方を変えれば、誤った知見は正しい観察にほど近く位置しているので、正しい教えを聞けばすぐその誤りに気づくこともできるから、むやみに見を除こうとせず、誤った考えを見すえて、どこが誤っているのかしっかり点検して、心を磨くようにした方がいいという。なぜなら、次のような理由である。

(137c)(7)もし見なき者は、万斧《まんぶ》するも断ぜず、牛馬のために法を説くもあい領解せざるがごとし。獔獠《そうりょう》は全くいまだ語を解さず、なんすれぞ玄を論ぜん。故に仏はその人においては、すなわち世に出でたまわず、形を分かち、質を散じ、師となり、友となって、その見の法を導き、仏日がはじめて出るに、権者を実に引《みちび》き、法を聞いてすなわち悟るなり。

見も生じない人に、どんなに教えを説いても無駄である。それは牛や馬に向かっていくら法を説いても理解することがないようなものである。全然、言葉が理解できない人にどうして奥義を説くことができようか。だから仏は理解できない人に直接教えを説くことはしなかった。姿形を変えて、師となり友となり、その人が理解できる形で教えを示された。そして一度、仏の教化を受ければ、仮の教えを真実に導いて、教えを聞いた人はさとることができたのである。

諸見の境は、間違っている点を徹底的に否定していく面（折の義）と、利用できるところを受け容れていく面（摂《しょう》の義）の両面があるという。諸見の境の両義性は、次に説かれるはずであった十境の第八増上慢境、第九二乗境、第十菩薩境においては一層、顕著になるだろうと推定される。後の諸境においては、折伏《しゃくぶく》の義より、摂受《しょうじゅ》の義の方が多くなるはずのものであろう。しかし、天台止観に一貫しているのは、どんな悪い事態でも、単なるマイナスの意味で説かれることはなく、いずれの場合でも、間違った考えを改めて、まずはそこから修行を始め悪い事態をプラスの意味に転換することを説いてやまないことである。

諸見の境についても十乗観法が説かれ、諸見が不可思議の境であることを観察することについて、次のように記している。

(140b)不思議《ふしぎ》の境《きょう》を明かさば、一念の空《くう》の見《けん》に十法界《じっぽうかい》を具す。すなわちこれ法性《ほっしょう》なり。法性はさらに遠きものにあらず、すなわちこれ空の見の心なり。浄名《じょうみょう》にいわく、(8)「諸仏の解脱《げだつ》は、まさに衆生の心行のなかにおいて求むべし。まさに六十二見《けん》(9)のなかにおいて求むべし」と。

諸見の境が不可思議の境であるというのは、この一念の空の見のなかに十種の仏法の世界が含まれているからである。これが空の見の真実の性質にほかならず、仏の真実の性質はこの空の見から遠く離れたものではない。『維摩経』は、「仏のさとりは、衆生の心の動きのなかに求めるべきである。まさに人々の六十二種の見解について求めるべきである」という。

要するに、どんな考え方も、その間違いに気づきさえすれば、その時点で仏道修行に振り向けることができるので、その意味で仏の教えから除外されるような人々や考え方というようなものはないというのである。

以上、十境の説はこの第七諸見境で終わっている。『摩訶止観』の講説を始めた当初、予定していた第八上慢境、第九二乗境、第十菩薩境の三境と、十広の後の第八果報章、第九起教章、第十旨帰章の三章は、講説されないまま終わった。

仏道修行の現場で現れる「十境」それぞれの問題を「十乗」の方法で徹底的に観察するように教える『摩訶止観』の修行論は、一口でまとめると、「仏道修行は、仏の教えに照らして己れの身心の問題に決着をつけること」に尽きる。己れの身心（陰入界）に、煩悩や、病気や、業相やらの問題が横たわっていたわけである。しかし、たとえどんな難題でも、仏法の課題でないものはなく、仏法の課題である限り、そういう問題も仏法の問題として解決していかなければいけないというのである。その方法が「十乗」の観察方法に他ならなかった。

# おわりに

以上、『摩訶止観』の全体を読んでみたが、その構想は実に広大で、その内容は遺漏がなく行きとどいていた。仏道修行の可能性とその展望を無限に開きながら、その途次に現れる諸問題を細心の注意をはらって処理しており、まさに細大漏らさず論及している感があった。仏道修行の本当の姿は、こういうものであろうと気づかされる。

私は『摩訶止観』を読むたびに、風のように軽やかで、流れる水のように清々しいものを感じる。日常生活の有象無象がきれいに洗い流されるような思いを深くする。もう一つわからなかったところがはっきりし、胸につかえていたものがすっかり除かれるような、そんな感じがする。

人は死んだらみんな仏になるとか、死んだらみんなゴミになるのだとか、人はみんな同じであるとか、そういう言葉が氾濫しているが、本当にそうなのだろうか。同一性や均質性の立場で人間をとらえようとする、こういう考え方は、『摩訶止観』の世界からは一番遠いものであったように考える。『摩訶止観』が教えるのは、どこまでも個々の人の、それぞれに異なる人生において、場面場面に現れる現実の具体的な問題に真正面から向き合うことなのである。そういう現実の小さな問題を一つずつ解決していくなかで、初めてその人の人生（それが仏道修行にほかならないわけであるが）といえるものが現れてくるのであり、それ以外に何か人生読本か何かに書かれている人生（仏道）一般のようなものがあるわけでは決してない、と明記していた。

『摩訶止観』の修行論は、これで終わりということがなかった。説かれていないから未完という意味ではなく、なにごとも真実に生きようとしたらこれで終わりということはない、というほどの意味である。その意味で、智顗が、仏の教えに示されている究極の真実は、空・仮・中の三つの真実であると見立てる三諦三観の思想は決して形式的なものではなく、即空即仮即中と突きつめていくと、そこにはなんのカスも残らない工夫がほどこされていたのである。それは徹底的に人間性を真実に向けて解き放とうとする仕掛けであった。それはいわば仏教の原風景とでもいえるようなものであった。

最後に、後世の動向を含めて、智顗の修行論の特質について一言すると、智顗のそれは、修行者をとにかくあるべき姿に近づけようとする、何がなんでもあるべき姿にはめこもうとする、そういう性急な理念先行型の修行法（真心観《しんじんかん》―看話禅《かんなぜん》）ではなかったといえる。智顗のそれは己れのあるがままを徹底的に見すえることからすべてが始まると考える、そういう現実直視型の修行法（妄心観《もうじんかん》―黙照《もくしょう》禅《ぜん》）であったということができると思う。どうあってもこうでなければならない、そうでなければ意味がない、などという高圧的な考え方は、仏教に対する何かの誤解であろう。一足跳びに解決がつく問題など一つもないからである。そうしたくても、そんなふうにはできない、というのが普通の人の姿であろう。できないからといって、少しも卑屈になることはないし、劣等感を持つ必要はないのである。

まずは、己れの現実をしっかり見すえること、そこから納得できることを堂々と自分自身の歩幅で着実に一歩、また一歩というふうに歩みを前へ進めていくこと、そうするのが一番確かな修行法なのだと『摩訶止観』は人々を励まして止まない。

これを機縁に、さらに深く『摩訶止観』の世界に踏み入っていただけるなら、これに勝る幸いはない。

## 注

〈一　天台山の浄行者・天台智者大師の生涯〉

（1）智者　智顗のこと。晋王広（後に隋の煬帝）が、智顗から菩薩戒《ぼさつかい》を受けた際に、「総持」の戒名を与えられた返礼として、晋王広は智顗に「智者」の称号を与えた。以後、智者といえば智顗のことを指す。（2）荊州の玉泉寺　智顗は地恩に報いるために、荊州（湖北省）に玉泉寺を創建した。玉泉寺の落成を記念して『摩訶止観』の講説がなされた。天台山国清寺と並んで中国天台宗の二大拠点となった。（3）一夏　四月十五日〜七月十五日の夏安居《げあんご》三か月の期間。夏安居は、修行者が春〜夏の三か月の間、一か所にこもって修行に専念すること。（4）二時　午前と午後ほどの意。（5）楽説　説こうと思っていること。（6）見境　『摩訶止観』は十境の第七諸見境までの講説で終わっている。（7）法輪を転ずる　法を説くこと。「初転法輪」（釈尊が初めて法を説かれる意）などと同じ用例。（8）後分　十境の第八上慢境、第九二乗境、第十菩薩境、大章第八果報章、第九起教章、第十旨帰章は説かれなかった。（9）観音経　『法華経』の第八巻第二十五の一品である「観世音菩薩普門品」の別名。観世音菩薩が衆生の苦悩を救うことを説く。（10）法華経　紀元五〇〜一五〇年頃にかけて成立した大乗経典の一つ。永遠の仏そのものとして釈尊を讃え、すべての教えがその釈尊に発するから結局、唯一・究極の教えとしての一乗があるだけであると説く。（11）具足戒　出家者が教団内で守るべき戒律。基本的な修行を積んだ出家者が二十歳になると、この戒律を受ける資格があるかどうか審査され、認められて初めて受けることができる。これで正式な僧侶となる。（12）霊鷲山　インド・ビハール州ラージギルにある小高い山。釈尊が『法華経』『無量寿経』

等を説いた地とされている。（13）薬王菩薩本事品　『法華経』第七巻第二十三。薬王菩薩の前身である一切衆生喜見菩薩が仏の恩に報いるため自らの身を焼き、仏を供養した。諸仏は「これこそ本当の精進である」と称讃した。（14）菩薩戒　大乗戒、仏性戒ともいう。善を修め、人々のために尽くすことを勧める戒律。（15）大智度論　『大品般若経』の注釈書。「空」の思想を説くほか、六波羅蜜や菩薩について、さらには仏教文学や諸学説、戒律などについて幅広い内容が見られる。（16）頭陀行　身心を修練して、衣食住の欲望を払い捨てる修行。難行とされる。（17）光宅寺　梁の武帝の邸宅を寺にした名刹。『法華義記』の名著を著した法雲（四六七―五二九）が住んだ寺として有名。（18）慧遠　東晋代の名僧。廬山の東林寺に住し、仏教教義の研究に尽力する一方、念仏結社・白蓮社をつくり、念仏行を広めた。また『沙門不敬王者論』を著し、仏教の政治からの独立を説いたことは有名。（19）維摩経　大乗経典の一つ。維摩居士が、大乗仏教は在家主義であることを標榜し、出家の仏弟子や菩薩たちを次々と論破していく様子が説かれている。（20）観心論　別名『煎乳論』。門人たちへ遺言として口述された書。自己の心を観ずべきことを説き、観心による四種三昧の実修を勧め、天台の基本的立場を明らかにした書。

〈二　『摩訶止観』の構成と核心〉

（1）数の方　十の数は多すぎず少なすぎず適正な数という意。（2）荼　悉曇《しったん》（梵字の字母）四十二字の最後にある字。そのために荼字は字母の究極とされる。（3）宗　根本の主旨。（4）嚢括　袋に入れ、口をくくるように、全体の講説内容を総括して提示すること。（5）冠戴　冠を頭にのせるように、全体の講説内容を点描すること。（6）発菩提心　仏の菩提（さとり）の心（すなわち自利・利他の心）を発《おこ》す意。五略の第一節発大心のこと。（7）四つの三昧　五略の第二節修大行、そこで説かれる四種三昧のこと。　(8)果報の一章　第八果報章は五略の第三節感大果に相当する。自明のこととしてそのことをいわない。　(9)二辺　有《ある》と無《ない》の、いずれかの一辺にかたよること。　(10)起教の一章　第九起教章は、五略の第四節裂大網に相当する。　(11)九界の像　前の「仏身」を含めて、「十法界」の姿を示す。十法界とは十種の仏法の世界の意で、地獄界・餓鬼界・畜生界・修羅界・人間界・天上界・声聞界・縁覚界・菩薩界・仏界の十種の世界のこと。　(12)旨帰の章　第十旨帰章は、五略の第五節帰大処に相当する。

〈三　記録者灌頂の評価〉

(1)龍樹　初期大乗仏教の確立者。南インドのバラモン出身で、仏教に転じた。『中論』『大智度論』『十住毘婆沙論』など多くの著書を著した。とくに「空」の思想を基礎づけたことは有名。八宗の祖師とされる。　(2)円頓　末尾にある「円頓止観」の略で、それは「どこをとっても円かに調っていて究極的な意味を成就する止観」という『摩訶止観』の修行法のこと。『次第禅門』で説く「漸次止観」と『六妙門』で説く「不定止観」の三種に分ける。　(3)実相　『法華経』が説く「諸法実相」(あらゆるものごとは真実でないものはないという意)の教えを指す。『摩訶止観』は『法華経』の教えにもとづいて、その実践方法を解明した書である。　(4)境に造る　広くは正修止観章で示す「十境」のような諸境、狭くは陰入界境で示す「六境」(色・声・香・味・触・法)の諸境。　(5)中　中道。仏道に的中している、正しく仏道そのものであるというほどの意。　(6)縁　六縁。行・住・坐・臥・言語・作務からなる六種の行動様式のこと。　(7)念　六縁から生ずる種々の想念。　(8)一色一香も中道　どんなものごとも仏道そのものであるという意。　(9)己界・仏界・衆生界　自分の世界と仏の世界と人々の世界。『法華玄義』では、仏の世界はあまりに高く、衆生の世界はあまりに広いので、自分の世界から仏教を学ぶといいと示す。それはやがて仏の世界も、衆生の世界も、自分の世界と別なものではなく、身近なものであることを教える。(10) **陰入みな如**　陰入は、陰・入・界の三科の略。五陰と十二入と十八界のこと、如は真如で真実であるということ。五陰は五蘊ともいい、色（もの・身体）・受（知覚）・想（想像）・行（意志）・識（意識）の五つのものが集まったものとして人間存在を身心の両面から把握する教え。これを別の角度から説くと十二入・十八界になる。十二入は十二処ともいい、眼根（視覚）・耳根（聴覚）・鼻根（嗅覚）・舌根（味覚）・身根（触覚）・意根（意識）の六根が、色境（色や形）・声境（音）・香境（におい）・味境（あじ）・触境（ふれるもの）・法境（意味）の六境と接触すること。そこに眼識（視覚における認識）・耳識（以下同様）・鼻識・舌識・身識・意識の六識が成立し、都合十八種の世界（十八界）が成立すると説く。(11) **苦として捨つべきなく**　苦は苦諦のこと。以下の文中に集諦と、道諦と、滅諦とを示し、仏教の根本の教えである四諦の教えを示す。苦諦の教えは生存は苦であるということは真実であると教えるが、身心も世界もどれ一つ真実でないものはないから、捨てなければならないような苦の現実は一つもないという。(12) **無明塵労すなわちこれ菩提**　無明は根本の煩悩のこと。そこから種々様々な塵や砂のように沢山の煩わしい煩悩が生じてくるが、それらの煩悩はすべて仏の菩提（さとり）に直結している。だからこれらの煩悩が現実の苦の原因であるということは真実である（集諦）が、断じなければならないような煩悩など一つもないという。(13) **辺邪みな中正**　辺見（かたよった見方）を離れて中道が実現し、邪見（間違った見方）を離れて正見が実現するわけであるが、このような辺見、邪見が中道の正見に直結しているから、辺見や邪見を離れて別に苦の原因を滅する方法（道諦）があるわけではないという。(14) **生死すなわち涅槃**　生死は生き死にの生存の現実のこと。涅槃は仏のさとりで、そのような現実から離れて自由を得ること。生死の現実こそが仏のさとりを実現した土俵なのであるから、生死の現実を離れて別のところに仏のさとりがあるわけではないので、特別さとらなければならないようなさとりなどないという。(15)苦なく集なく（道なく滅なし）。『般若心経』の「無苦集滅道」と同義。苦諦（果）と集諦（因）は世間（反省なき世界）の因果を示し、道諦（因）滅諦（果）は出世間（仏道修行の世界）の修証を示す。すべて仏道でないものはないというのであるから、改めて世間だ出世間だといいつのる必要はない。(16)法性　ものごとの究極的なありかた。(17)寂然　静かにあるべきようにおさまっているようす。(18)初後　初心と後心。修行を始めたときと長い間修行をしたとき。その修行に価値の違いはない（二なく別なし）という。(19)この菩薩　前で説いた「円頓止観」を修行する人。「円頓止観」の修行者は、誰でも「菩薩」と呼ばれる。(20)円の法円の教えで、円頓止観の教え。以下、円頓止観を信じ、円頓止観を行じ、円頓止観を行じた境界にいたり、円頓止観によって成就したものを再確認し、円頓止観によって得られた力を人々のために役立てる、という方向で順次進展していく。(21)法身・般若・解脱　仏の大涅槃（さとり）の世界にそなわる三種のすぐれたはたらき（三徳）。法身の徳は、常住で不滅な究極のいのちを身体に具体化していること。般若の徳は、偏見なくすべてをありのままに理解できる智慧をそなえていること。解脱の徳は、あらゆる束縛を離れて自由であること。この三つの徳性が仏のさとりの世界では分かちがたく作用するという。(22)一切の法は即空・即仮・即中　智顗の教理学の核心ともいうべき表現。あらゆるものごとは空（実体がない）であり、仮（仮りの存在としてある）であり、中（正にそのもの）であるという意。このことわりを三諦（三つの真理）といい、このことわりをみずから理解することを三観（三諦を観る）という。「一切の法は即空即仮即中」と解するのは、伝統的には「円融の三諦を一心に三観する」ということで、究極的な仏教理解の立場とされる。(23)三諦を円かに修し　三諦は空諦・仮諦・中諦。最終的には前文の「一切の法は即空即仮即中」であるということを修行を通して実際に確認すること。ここでは無辺（ないという考え）、有辺（あるという考え）の二辺にかたよらず、それらを専ら均整のとれた中正な考えに調える方向で修行を進めるよう指示する。（24）初住　初めて初心が確立する段階。ここで一分の無明を断じ、一分の無明を断じたような修行の効果が現れるという。いわゆるさとりの最初であるが、このさとりはこの後にさらに深化されていかなければならないものであり、修行はこの後も無限に向上するものと示される。（25）自在荘厳　自覚・自利の面を成就すること。（26）正受　順次、妄念と乱れた心を調えて、仏教が示す究極の境界に合致したところ。（27）根　知覚器官とそれにそなわる機能。眼根（視覚器官）・耳根（聴覚器官）・鼻根（嗅覚器官）・舌根（味覚器官）・身根（触覚器官）・意根（意識）のこと。（28）塵　六根の対象・六塵・六境。〈三〉の注（10）参照。（29）正報　各自の身体と心。（30）依報　環境、世界。（31）建立衆生　覚他利他の面を成就すること。（32）行・住・坐・臥・語黙・作作　六威儀。人間の六種の行動様式。歩く・立ちどまる・坐る・横になる・言語生活・労働その他。（33）六天　六欲天。欲界にある六種の天。(1)四天王衆天、(2)三十三天、(3)夜摩《やま》天、(4)覩史多《とした》天、(5)楽変化《らくへんげ》天、(6)他化《たけ》自在天を数える。（34）四域　須弥山の四方に広がる海のなかにある四つの地域（四大洲）。東方に勝身洲、西方に牛貨《ごか》洲、北方に瞿盧《くる》洲、南方に贍部《せんぶ》洲（閻浮提《えんぶだい》）があり、これで全世界を表す。仏教徒が住んでいるのは南方閻浮提であると解する。（35）常啼　常啼菩薩。薩陀波倫《さったはりん》の意訳語。『大品般若経』「常啼菩薩品」などに出る求法の物語による。常啼菩薩は東方に法を求め、種々の難儀を乗り越えて、衆香城に至り、曇無竭《どんむかつ》菩薩の楼閣に安置されている『般若波羅蜜経』の教えを得た。（36）善財　善財童子。『華厳経』「入法界品」に出る求法物語による。善財童子は南方に順次五十三人の善知識を尋ね、最後に普賢菩薩に会い、その十大願を聞いて仏法の理解を確立した。（37）薬王　薬王菩薩。『法華経』「薬王菩薩本事品」で、かつて一切衆生喜見菩薩として活躍したとき、両臂を焼いて修行したことを説く。（38）普明　普明王。『仁王般若経』「護国品」に出る王の物語。班足王に捕らわれたが、七日間猶予してもらい、自国に帰って仏事法会をすませてから班足王の下に帰って斬首の刑に服したという。

〈四　転機になる心〉

(1) 菩提　ボーディの音訳語。仏のさとり。仏のさとり（自覚と覚他の両面にはたらく）を求める心を「菩提心」（ボーディ・チッタ）という。「道心」とも訳す。　(2) 天竺　インドのこと。　(3) この方　中国を指す。　(4) 質多　チッタの音訳語。心の意。　(5) 汗栗駄　フリダヤの音訳語。肉団心、堅実心と訳す。心臓の意。　(6) 矣栗駄　同じフリダヤの音訳語。同じ語を『摩訶止観』は草木の心と、肝要なものの二義に分ける。　(7) 自・他・共・離みな不可　それ自身で生じたのではない。他からそうさせられて生じたのではない。自と他の条件（考えうるすべての条件）が合わさって生じたのではない。そういう条件を離れて偶然に生じたのではない。このようないずれの考えによってしても、ものごとの真実を充分に説明することはできないという意。　(8) 感応道交　智顗が重視した語。衆生の心の動き（感）は、仏のはたらきかけ（応）と呼応している（道交）こと。　(9) 浄名にいわく　『浄名経』は『維摩経』の旧訳語。新訳語では「無垢称経《むくしょうぎょう》」。『維摩経』巻中「文殊師利問疾品」（大正蔵一四巻五四四頁中）。　(10) 大経にいわく　天台教学では常に『大般涅槃経』を指す。『涅槃経』巻一八「梵行品」（大正蔵一二巻七二四頁上）。

(11) 病行・嬰児行　『涅槃経』で説く五行の二つ。五行は病行・嬰児行・聖行・梵行・天行のこと。「仏は五行を具す、病行は四悪界、嬰児行はこれ人天界、聖行はこれ二乗の法界、梵行はこれ菩薩の法界、天行はこれ仏の法界なり」という。　(12) 諸経に種種の発菩提心を明かせり　湛然はこの十種の発心の説は、『十住毘婆沙論』巻三、『観無量寿経』、『報恩経』巻二、『優婆塞戒経』巻二、『華厳経』巻九などの諸説によって、智顗がこのように整理したものであると解している。

（13）根・塵　知覚器官（因）と識別の対象世界（縁）。六根と六境。これによって心が生じて、認識世界が成立する。〈三〉の注（10）（27）参照。

（14）即空・即仮・即中　そのようなものとしてあるのではなく、そのようなものとしてあり、まさしくそのようなものである、という真実のことわり。

（15）如来蔵　凡夫の心には如来・仏となる性質が具わっているという意。後の文に「如の故に即空、蔵の故に即仮、理の故に即中なり」とある。

（16）縦・横　縦は時間的概念、たとえば三世（過去・現在・未来）。横は空間的概念、たとえば十方（四方・四隅の八方に上下の二方を合わせる）。

（17）華厳にいわく　『華厳経』巻一〇「夜摩天宮菩薩説偈品」（大正蔵九巻四六五頁下）。

（18）思益にいわく　『思益経』巻三「志大乗品」（大正蔵一五巻五二頁中）。

（19）陰入界　五陰・十二入・十八界（三科の教え）。

（20）浄名にいわく　『維摩経』巻中「文殊師利問疾品」（大正蔵一四巻五四四頁下）。

（21）普賢観にいわく　『観普賢菩薩行法経』（大正蔵九巻三九二頁下）。

（22）毘盧遮那　ヴァイローチャナの音訳語。遍一切処と訳す。天台教学では、毘盧遮那仏を法身、盧舎那仏を報身、釈迦牟尼仏を応身に配当する。仏の究極の身体・いのち。

（23）貪・瞋・癡　貪欲（むさぼり）・瞋恚（いかり）・愚癡（おろかさ）の三毒（心に巣食う三種の毒素）の煩悩。

（24）三昧　サマーディの音訳語。心が静かに調い安らかに定まっているようす。

（25）陀羅尼　ダーラニーの音訳語。総持と訳す。記憶して忘れない意、また、多くの善いことを保つ意。

（26）波羅蜜　パーラミターの音訳語。（彼岸、むこう岸）に至った（到彼岸）意。旧《ふる》くは「度」（わたった）と訳す。修行の完成や成就をいう。

（27）如意珠　この宝珠をもつとどんなことも思いのままになるといわれる。

（28）四弘誓　四弘誓願。

（29）両の苦　世間の因（集諦）と果（苦諦）の二つの苦しみ。

（30）両の楽　出世間の因（道諦）と果（滅諦）の二つの楽しみ。

（31）まえの三　この直前では生滅（分析的理解）の四諦・無生滅（直覚的理解）の四諦・無量

（実践的理解）の四諦について解説している。(32) いまは　無作の四諦については、法蔵（苦諦）・塵労（集諦）・三昧（道諦）・波羅蜜（滅諦）の語によって、その辺のようすを説いたということ。

〈五　発心の行方〉

(1) 論の焦炷　『大智度論』巻七五（大正蔵二五巻五八五頁下）に出る灯芯を焼くたとえ。燃える灯芯は初めも終わりも全体で燃えているので、先は後があるから、後は先があるから、今のように燃えることができる。修行もこのように初めと終わりは別のものではなく、その時々に完結したものとして現れているのであり、そのようなものとして初め、中ほど、最後のようすが現れるという。六即の即は初中後に一貫する辺を、六は初中後で異なる辺を示す。(2) 如来蔵　〈四〉の注（15）参照。(3) 三智　一切智（すべてを縁起・空と知る智慧）・道種智（すべての個別性を知る智慧）・一切種智（共通性と個別性を共に知る智慧）。この三智によってそれぞれ空諦・仮諦・中諦の三諦のことわりを知ることができる。(4) あるいは知識にしたがい、あるいは経巻にしたがって　原文「或従知識、或従経巻」。この句は、後世、種々に引用される。(5) 攀覓　攀は、よじのぼる、とりつく。覓は、さがしもとめる。したがって強く執著する煩悩。(6) 虫が木を食べて…　『涅槃経』巻二「哀歎品」（大正蔵一二巻六一八頁中）。(7) 理と慧　前文中の諦と智に同じ。(8) 華首にいわく　『華手経』巻三「無憂品」（大正蔵一六巻一四〇頁中）。(9) 釈論　『大智度論』巻五（大正蔵二五巻一〇一頁中）。(10) 首楞厳　『首楞厳経』巻上（大正蔵一五巻六三三頁下）。(11) 六根清浄　十信と呼ばれる修行の位置（十信位）に相当する。十信位をまた、六根清浄相似の位ともいう。この位で六根が清浄になるのでこういう。(12) 銅輪の位　十住位のこと。最初の発心住に入ってから以後、次第に一分の無明を断じて一分の智慧を顕すと説く。(13) 等覚　ほとんど仏のさとりと等しい位。一生が終わって仏になる位なので「一生補処」といい、菩薩としての最高位にあたる。一般には弥勒菩薩が一生補処の菩薩として有名であるが、ここでは観音菩薩の普門示現によって説明している。（14）八相成道　釈尊が⑴兜率天から白象に乗ってこの世に降り、⑵摩耶夫人の胎内に入り、⑶胎を出て、⑷出家し、⑸悪魔を降伏させ、⑹成道し、⑺法輪を転じ、⑻入滅したこと。とくにその成道を重視して八相成道という。（15）九法界の身　十法界のうちの⑴地獄界の身、⑵餓鬼界の身、⑶畜生界の身、⑷修羅界の身、⑸人間界の身、⑹天上界の身、⑺声聞界の身、⑻縁覚界の身、⑼菩薩界の身。前文の「仏身」が⑽仏界に当たる。（16）妙覚　仏のさとりの位。究極のさとり。（17）茶を過ぎて道の説くべきもののなき〈二〉の注（2）参照。（18）貧人の家に宝蔵…『涅槃経』巻八「如来性品」（大正蔵一二巻六四八頁中）。

〈六　坐禅の一行〉

（1）文殊説・文殊問の両つの般若　『文殊般若経』（大正蔵八巻七三一頁上）で「一行三昧」を説く。『文殊師利問経』（大正蔵一四巻五〇七頁上）では、「また九十日において、無我の想を修し、端坐し専念し、思惟を雑じえず。食および経行、大小便の時を除いて、悉く起つことを得ず」と説く。（2）縄牀　坐禅をするときに使う椅子のこと。（3）結跏正坐　坐禅のときの足の組み方。結跏趺坐と半跏趺坐がある。結跏趺坐は右足を左股の上におき、さらに下になった左足を上げて右股の上におく坐り方。半跏趺坐は、ただ右足を左股の上におく坐り方。坐禅を長時間続けるときは足がしびれて痛くなることもあるから、そのときは我慢しないで適宜に上下の足を組み変えることも許される。（4）経行　足のしびれをとるため散策すること。禅宗では「きんひん」と読み、一息半歩の作法を伝えている。（5）便利　大便と小便。（6）一仏の方面にしたがい『摩訶止観』は明言しないが、湛然は、阿弥陀仏に縁が深い西の方に向いて坐禅をすることと解する。（7）一仏の名字を称え　ここも湛然は阿弥陀仏の名号を称えることと解する。ただし常坐三昧の行では、あくまで称名は助行として許されているにすぎない。阿弥陀仏をひたすら念じ名号を称える行法は、次の常行三昧のなかで示される。（8）七処　頂・齗《はぐき》・歯・脣《くちびる》・舌・喉・胸に接触して言語が生ずると解する。（9）摩尼珠　マニという珠玉。この珠玉は濁った水を澄ませて、災難を除くすぐれたはたらきがあるという。（10）四衆　比丘（ビクシュ）と比丘尼（ビクシュニー）と優婆塞（ウパーサカ）と優婆夷（ウパーシカ）の四種の仏教徒。比丘は男性の出家僧で具足戒を受けたもの。比丘尼は女性の出家僧で具足戒を受けたもの。優婆塞は信士ともいう。教団を支持する男性の在家の信者で、三宝に帰依し、五戒を受けたもの。優婆夷は信女ともいう。同様に女性の在家の信者。（11）身子のいわく『文殊般若経』巻上（大正蔵八巻七二七頁下―七二八頁上）に出る文の取意。身子は舎利弗。（12）菩薩摩訶薩　菩薩は、ボーディ・サットゥヴァの俗語でボッサッと発音したのをこのように音訳したという。仏のさとりを求めて修行する人の意。摩訶薩は、マハー・サットゥヴァの音訳語で、偉大な人の意で、菩薩の通称である。（13）十力　仏がそなえている十種の智慧の力。⑴道理にかなうか否かを知る力、⑵すべての因果関係を正しく知る力、⑶あらゆる禅定を知る力、⑷人々の能力や性格の違いを知る力、⑸人々の願いを知る力、⑹ものごとの本性を見極める力、⑺人々の将来を知る力、⑻自分と人の過去世を思い起こす力、⑼人々がここで死んでかしこに生まれることを知る力、⑽煩悩が断じた境地とそこに到る方法を知る力。（14）無畏　何ものもおそれぬ確信。

〈七　修行の機縁〉

(1)白衣　在家の人。黒衣（出家の人）と対。　(2)羅漢　アルハーンの音訳語の阿羅漢の略。人の尊敬を受け、供養を受けるにふさわしい人。　(3)央掘摩羅　アングリマーラの音訳語。『央掘摩羅経』巻一（大正蔵二五巻一二頁以下）。初め外道の教えを信奉して、人を殺しその指を切り取って首飾りを作るよう命じられ、それに従っていたが、釈尊を殺害しようとして果たさず、かえって釈尊の弟子になり阿羅漢果を得たと伝える。　(4)祇陀　ジェータの音訳語。人名。舎衛国の波斯匿王の太子。祇陀林の所有者であったが、後に須達長者と協力して建てたのが有名な祇園精舎である。『未曽有因縁経』巻下（大正蔵一七巻五八五頁上下）に末利とともに出る。　(5)末利　マッリカーの音訳語。人名。波斯匿王の妃。　(6)和須蜜多　バスミトラの音訳語。湛然は『華厳経』巻五〇（大正蔵九巻七一六頁下）に出る善財童子が訪ねた婆那蜜多のこととする。この女性は美貌であったが、人々に愛著や性欲を起こさせるようなことがなく、この人に出会ったものはみなさとりの境地に導かれたという。　(7)梵行　清浄な修行。　(8)提婆達多　デーバダッタの音訳語。阿難（アーナンダ）の兄弟であり、極悪の人とされるが、『法華経』（大正蔵九巻三五頁上）では、提婆達多は、過去世では、釈尊が求仏の生活に励んでいたころ、師として釈尊を導いた人であったと説かれている。　(9)須陀洹　スローター・アーパンナの音訳語。預流・入流などと訳す。三界の見惑を断じ、生死の流れに別れて初めて聖道の流れに入った位。　(10)畢陵　ピリンダ・パトゥサの音訳語。人名。畢陵伽婆蹉の略。驕慢《きょうまん》で人を軽蔑するのが好きな人であったという。『大智度論』巻二（大正蔵二五巻七一頁上）に出る。　(11)身子　シャーリ・プトラ（舎利弗）の訳語。〈六〉の注（11）参照。　(12)大論　『大智度論』巻二四（大正蔵二五巻二三九頁上）に出る。　(13)根・遮　根と遮。根は宗教的な理解能力。遮は仏道修行の障害。　(14)観行の位より、相似・真実に入る　観行即・相似即・分真即（究意即）に入ること。(15) 闍王　阿闍世（アジャータシャトルの音訳）王の略称。阿闍世王は提婆達多にそそのかされて、父王の頻婆沙羅王を幽閉し、王位を奪って殺したが、後には罪を悔い仏の教えに帰依した。『阿闍世王問五逆経』（大正蔵一四巻七七六頁上）に出る。(16) 逆罪　五逆罪。父を殺し、母を殺し、聖者を殺し、仏の体を傷つけ、教団の調和を破る五種の行為は、教団を追放される重罪とされる。(17) 周利槃特　チューラ・パンタカの音訳語。兄と一緒に釈尊の弟子になった。聡明な兄と違って愚鈍であったが、一途な修行によって阿羅漢のさとりを得た人。(18) 三業　後に出る身・口・意。行動と言語と意識で行う三つの行為。(19) 鳩摩羅の偈　クマーラの音訳語。童子の意。有髪の少年僧が学ぶような低級な教え。伝によると、釈尊は一本のほうきを与えてその名を記憶させたという。『増一阿含経』巻一一「善知識品」（大正蔵二巻六〇一頁上―中）、『法句譬喩経』巻三「羅漢品」（大正蔵四巻五八八頁下―五八九頁上）などに出る。

〈八　修行のねらい〉

(1) 分段　分段《ぶんだん》生死《しょうじ》。迷いの世界をさまよう凡夫の生死。一定の長短の寿命と大小の身体を受けて輪廻する。(2) 七種の方便　見道の聖者の位に入る前の七つの行位。三賢位と四善根位。(3) 第八重　十広の第八果報章。(4) 次第禅門　智顗が最初に著した『釈禅波羅蜜次第法門』（大正蔵四六巻五〇八頁上以下）に出る。(5) 頓・漸の諸教　悟りの場所で直に説いたり（頓教）、浅いところから深いところへと順序を追って次第に説いたり（漸教）して、仏の教えは説かれた。(6) 微塵を破して…　『華厳経』巻三五「性起品」（大正蔵九巻六二四頁上―五頁上）の取意。(7) 十法界　十種の仏法の世界。〈二〉の注(11)参照。(8) 第九重　十広の第九起教章。(9) 摂法　十広の第四摂法章。(10) 三徳　涅槃にそなわる法身と般若と解脱の三種の徳性。〈三〉の注(21)参照。(11)諸仏は一大事の因縁…『法華経』巻一「方便品」(大正蔵九巻七頁上)。(12)大経にいわく『涅槃経』巻二「哀歎品」(大正蔵一二巻六一六頁中)に出る。(13)言語の道は…『大智度論』巻二(大正蔵二五巻七一頁下)。(14)第十重 十広の第十旨帰章。

〈九 止観の意義〉

(1)浄名にいわく『維摩経』巻中「文殊師利問疾品」(大正蔵一四巻五四五頁上)に出る文。(2)三界 欲界・色界・無色界。欲望の世界・物質の世界・精神の世界。(3)仁王にいわく『仁王般若経』巻上(大正蔵八巻八二七頁中)に出る。(4)大品にいわく『大品般若経』巻一「序品」(大正蔵八巻二一八頁下)に出る。(5)経 不明。湛然は「通じて諸経を引く」と注釈し、特定の経典の文ではないと解する。(6)大経にいわく『涅槃経』巻八「如来性品」(大正蔵一二巻六四九頁下)に出る文の取意。(7)法華にいわく『法華経』巻四「法師品」(大正蔵九巻三一頁下・三二頁上を合わせる)。(8)瑞応経にいわく『太子瑞応本起経』巻上(大正蔵三巻四七六頁中)。『瑞応経』は、釈尊の前生の求道のようすから八相成道までを詳説し初転法輪で終わる、一種の仏伝。(9)大論にいわく『大智度論』巻一八(大正蔵二五巻一九〇頁中)。(10)経 不明。(11)諸法は縁より生ず…『中本起経』(大正蔵四巻一五三頁中)。(12)三乗 声聞《しょうもん》乗・縁覚《えんがく》乗・菩薩乗。仏教を解する三種の立場。声聞乗は、仏の教えを聞いても弟子の立場に甘んじて、教えを説いた仏の立場を一度も考えてみたことがないような理解の仕方。縁覚乗は独覚乗ともいわれ、仏と同じように縁起の理をさとることができるが、自分一人の体験で満足して、人にも同じ体験をしてほしいと願わないような理解の仕方。以上の声聞と縁覚の二乗は、自利・自覚の立場だけで満足している者で小さな立場（小乗）であるが、菩薩乗は、上求・下化の仏のさとりの心をもって、自利・利他・自覚・覚他の両面をそなえた理解に立ち、積極的に社会にはたらきかけていく大きな立場（大乗）である。（13）経にいわく　『大智度論』巻一三（大正蔵二五巻一六一頁上）。（14）釈論にいわく　『大智度論』巻二二（大正蔵二五巻二二七頁中）に出る文の取意。（15）薩婆若　サルバ・ジュニャーの音訳語。一切智。仏の智慧を言う。（16）瓔珞経　『瓔珞本業経』巻下「釈義品」（大正蔵二四巻一〇一七頁下）。

〈十　修行生活の諸要件〉

（1）五縁　⑴持戒清浄、⑵衣食具足、⑶閑居静処、⑷息諸縁務、⑸得善知識の、仏道修行にあたってまず点検しなければならない五つの条件。（2）五欲　色欲・声欲・香欲・味欲・触欲。この五種の欲望を制御することを説く。（3）五蓋　貪欲蓋・瞋恚蓋・睡眠蓋・悼悔蓋・疑蓋。修行を乱すこの五種を除くように教える。（4）五事　食べ物・睡眠・身・息・心。坐禅をするときに、この五つを調えるように教える。（5）五法　欲・精進・念・巧慧・一心。修行中に留意すべき五つのこと。（6）それ道は孤り運ばず…　『注維摩』巻一（大正蔵三八巻三二七頁上）。（7）遠の方便　後に示す十境・十乗の止観を「近方便」と呼ぶのに対する。（8）上の十戒　前述した『大智度論』巻二二（大正蔵二五巻二二五頁下－二二六頁上）で説く、十種の戒。⑴不欠戒は、性戒（受ける受けないにかかわらず人間として犯せば罪悪になる行い）や、四重（不殺・不盗・不婬・不妄語）の四重の教えを、一つも欠かないよう行うこと。もし欠けば、仏教徒の資格を失う行い。⑵不破戒は、一つも破損しないように行うこと。破損するところがあれば仏の教えをそっくり受け容れることはできない。⑶不穿戒は、犯すことがないようにすること。⑷不雑戒は、前述の三種の律儀戒を保っても破戒のことを思うのは雑。禅定によって心を調え、欲念を起こさないこと。⑸随道戒は、真実のことわりに随って見惑（知的な迷い）を破ること。⑹無著戒は、思惑（習性化した情的迷い）を破ること。⑺智所讃戒は、仏が讃えることをすること。⑻自在戒は、世間の中で自在を得ること。⑼随定戒は、首楞厳定によって人々を利益し、種々の言動も落ち着いていること。⑽具足戒は、智慧を開いて無知を伏し、すべての教えがそなわる中道のことわりに立ち人々を教化すること。（9）金剛般若にいうがごとし『金剛般若経』（大正蔵八巻七四九頁中）。（10）六十二見　六十二種の外道の見解。釈尊在世の時代に異教徒が唱えた自己や世界についての六十二種の誤った考え。（11）首楞厳　シューランガマの音訳語。健相・一切事竟などと訳す。どんなけがれも打ちくだく勇猛果敢な仏の三昧。（12）梵網にいわく『梵網経』巻下（大正蔵二四巻一〇〇四頁上中）の取意。

〈十一　懺悔の仕方〉

（1）懺悔　「懺」は、クシャマの音訳語で、「ゆるしを請う」意。「私が犯した罪をお許し下さい」という意。「悔」は、意訳語で、「くやむ」こと、いわゆる梵漢兼挙（音訳語と意訳語の合成）の翻訳例。犯した罪を仏の前に告白して、悔い改めること。（2）孱然　歴然。むき出しになってはっきりしているさま。（3）一闡提　イッチャンティカの音訳語。善根を断じていて救われる見込みがない者。因果のことわりは歴然としていることを深く信じることがないから、仏のさとりを求めようとはせず、その結果、仏の教えによって救われない者となる。（4）幽途　冥途の世界。（5）綿邈　はるかに遠い。（6）野干　狐。『大智度論』巻一四（大正蔵二五巻一六二頁下―一六三頁上）に出る文の取意。（7）五塵・六欲　色・声・香・味・触の五境に対する五欲と意識に生ずる諸欲。後の呵五欲・棄五蓋の段で詳説する。（8）阿輪柯王　アショーカ王の故事。『大智度論』巻二〇（大正蔵二五巻二一一頁上）に出る文の取意。（9）迦葉の

頭陀　『大智度論』巻二（大正蔵二五巻六八頁中）に出る文の取意。（10）方等　『大方等陀羅尼経』巻四（大正蔵二一巻六一八頁上）に出る文の取意。（11）断奠　きっぱり事実を認めてそれを断つこと。（12）兼済　自他を区別しないで救う。自利同様の利他の心。（13）三業　後に出る身・口・意の三種の行い。（14）勝鬘にいわく　『勝鬘経』「三願障」第三（大正蔵一二巻二一八頁上）に出る文の取意。（15）十方　〈四〉の注（16）参照。（16）身見　自分があり、自分の所有するものがあると考える間違った見解。（17）我見　自我があるという考えにとらわれる間違った見解。（18）四重　教団を追放される四つの重い罪。⑴異性と通ずる、⑵人の物を盗む、⑶人を殺す、⑷自分は聖人であるといって嘘をつくこと。この四重罪を禁じて、⑴婬戒、⑵盗戒、⑶殺人戒、⑷大妄語戒の四重禁の教えが説かれる。（19）五逆　〈七〉の注（16）参照。（20）涅槃にいわく　『涅槃経』巻二三「高貴徳王菩薩品」（大正蔵一二巻七五四頁中）に出る。（21）魯扈底突　魯は魯鈍で道理がわからない意。扈は、横着にふるまう意。底突は手当たり次第にぶつかる意。

〈十二　衣食住の戒め〉

（1）大経にいわく　『涅槃経』巻二「哀歎品」（大正蔵一二巻六一六頁上）に出る文。（2）袈裟　カーシャーヤの音訳語。赤褐色という意。仏教の僧が着る衣服。後の「法服」と同じ。（3）法華にいうがごとし　『法華経』巻四「法師品」（大正蔵九巻三一頁下）に出る文の抄出。（4）忍辱　侮辱や迫害にも耐え忍び、心を平安に保っていかりの念を起こさないこと。（5）寂滅忍　煩悩が消えて静かに安らかであることを認めていること。仏のさとりの境地をいう。（6）五住　五住地の惑（煩悩）のこと。衆生を三界の生死の世界に結びつけることになる五種類の煩悩。⑴三界の見惑を見一切処住地の惑、⑵欲界の思惑を欲愛住地の惑、⑶色界の思惑を色愛住地の惑、⑷無色界の思惑を無色愛住地の惑、⑸三界の無明を無明住地の惑という。　（7）観心　いわゆる観心釈。仏道修行の場で自己の問題として仏の教えを再点検する方法。『摩訶止観』では、ことごとにこの観心釈で結ぶ。『天台小止観』の説き方と一番異なる点。　（8）大経にいわく　『涅槃経』巻二一「哀歎品」（大正蔵一二巻六一六頁上—中）に出る。　（9）法喜・禅悦　法喜と禅悦の二つの食物。教えを学ぶことを喜び、禅定を学ぶことを喜ぶことが、仏のさとりのいのち（法身）を養うもとになる食べ物という意。　（10）浄名にいわく　『維摩経』巻上「弟子品」（大正蔵一四巻五四〇頁中）に出る文。　（11）乳の糜　にゅうび。乳粥。牛乳で調理した食物。釈尊は六年間続けた断食などの苦行をやめて、ウルベーラ村の娘スジャータが供養した乳糜を食して体力を回復したと伝える。　（12）深山の上の士　食について、⑴深山幽谷にいて木の実を食べ水を飲んで満足する人、⑵阿蘭若（森林や樹下など静かな場所）で、乞食だけによって食事をする人、⑶外護者が運んで来た食べ物や、教団内で教えに照らしてまかなわれた食べ物を食する人を分け、深山で生活をする人は最もすぐれていると判ずる。智顗の天台山中での当初はこのような食生活の一面もあったはずであるが、そういうことを勧めているわけではなく、総体的には教団内でまかなわれる食事の辺から発言していることを忘れてはならないだろう。　（13）檀越　ダーナ・パティの音訳語。施主。恵みを与える人の意。　（14）僧中の結浄食　僧伽《サンガ》（教団）の中でまかなわれる仏の教えにかなった清浄な食物。　（15）処　修行に適した静かな場所。これに⑴深山幽谷、⑵頭陀《ずだ》抖擻《とそう》、⑶蘭若伽藍の三種を説く。　（16）七種の方便　〈八〉の注（2）参照。　（17）大品にいわく　『大品般若経』巻一八「夢誓品」（大正蔵八巻三五三頁上—中）に出る文の取意。　（18）千由旬　由旬はヨージャナの音訳語。王の軍が一日に行軍する距離とされる。約七〜九マイル。日本の二里ほどの距離。したがってこの距離の千倍。　（19）頭陀　〈一〉の注（16）参照。後の抖擻と同語。　（20）蘭若　阿蘭若（アーランニャ）の略。もとは森林の意。後には転じて修行者が住む寺院の意となる。（21）生活　諸の縁務を息めることについては、⑴生活（生業）、⑵人事、⑶技能、⑷学問の四種を類型化する。（22）三界〈九〉の注（2）参照。（23）如意珠〈四〉の注（27）参照。（24）無生忍　無生法忍の略。不生不滅（空）の真実をはっきり確認すること。（25）世智辨聡　仏の教えを信じることができない八難の一つで、世渡りの智慧にたけていて、小利功で小賢しいこと。（26）知識　自分のことをよく理解してくれるよき友、指導者、賢者。善知識に近づくことについて、⑴外護、⑵同行、⑶教授の三種の善知識を示す。（27）大品にいわく『大品般若経』巻一八「夢誓品」（大正蔵八巻三五三頁下—三五四頁上）に出る文の取意。（28）六波羅蜜　後に六度とあるのも同義語。布施・持戒・忍辱・精進・禅定・智慧の六つを成就するように勧める教え。（29）三十七品　三十七道品とも三十七科菩提分法とも三十七覚分ともいう。さとりの智慧をきわめるための三十七種の修行方法という意。四念処・四正勤・四如意足・五根・五力・七覚支・八正道の合計。〈十九〉の注（2）参照。（30）三解脱門　三三昧ともいう。仏のさとりに通ずる三種の禅定の通り道。⑴空解脱門、⑵無相解脱門、⑶無願（無作）解脱門。⑴すべては空であると観ずること。⑵空であるという一点で持別なものはないと観ずること、⑶特別なものはないのでことさらに願い求めるようなものはないと観ずること。（31）経にいわく　不明。『維摩経玄疏』巻五（大正蔵三八巻五四九頁上）にも同文を引用。

〈十三　修行を乱すもの〉

（1）十住毘婆沙にいわく　『十住毘婆沙論』巻八「入寺品」（大正蔵二六巻六二頁下）。（2）六根〈三〉の注（10）参照。（3）六塵〈三〉の注（10）参照。（4）いま私　この一段は灌頂が解説を加えた部分である。このような記録上の態度によって、『摩訶止観』が、できるだけ智顗の講説の原型をそこなわないよう注意して書かれていることが窺われる。（5）禅門　『次第禅門』巻二（大正蔵四六巻四八七頁中―四八八頁上）。（6）難陀　ナンダの音訳語。釈尊の継母の子。釈尊とは異母弟。ナンダは釈尊が出家した後、王位を継承する予定で、国中で第一の美人であった、スンダリーと結婚することになっていた。結婚直前に釈尊は彼を出家させたが、彼はなかなかスンダリーへの愛が断ち切れなかったが、最後に阿羅漢となった。『雑宝蔵経』巻八（大正蔵四巻四八五頁下―四八六頁下）。（7）褒姒　周の幽王の愛妃。褒の国の人が献上した女性であったので褒姒と呼ばれる。この妃は笑ったことがなかったので、王は何もないのにのろしをあげさせ諸侯を集合させたところ初めて笑った。後に外敵が侵入したので、のろしをあげさせたが、諸侯は集まらず、王は殺されたという。『史記』周本紀に出る。（8）経にいわく　『無量寿経』巻下（大正蔵一二巻二七五頁上）に出る。（9）観経にいわく　『観無量寿経』ではない。『観普賢菩薩行法経』（普賢観経）に「為恩愛奴、色使使汝、経歴三界、為此弊使、盲無所見」（大正蔵九巻三九一頁下）と出る。（10）禅門　『次第禅門』巻二（大正蔵四六巻四八七頁中―四八八頁上）。（11）上代の名僧の詩にいわく　不明。（12）大品にいわく　『大品般若経』巻一七（大正蔵二五巻一八五頁下―一八六頁上）に出る。（13）結使　煩悩と同義語。結（苦しみに縛りつけるもの）も、使（人をこき使うもの）も煩悩の異名。（14）三世に九悩　過去・現在・未来に、(1)この人はわれを悩まし、(2)わが親しきものを悩まし、(3)わが怨を称嘆するという三種の怒りの心を持続させるので九種の悩みとなる。一般にいう、釈尊が生涯で体験した九種の災難（九悩）の意ではない。（15）五情　眼・耳・鼻・舌・身の五根から起きる情欲。（16）薩遮経にいわく　『大薩遮尼犍子所説経』巻五「問罪過品」（大正蔵九巻三四〇頁上）に出る。（17）釈論にいわく　『大智度論』巻一七（大正蔵二五巻一八四頁中―下）に出る。（18）故にいわく　『大智度論』巻一七（同一八四頁下）に出る文の取意。

〈十四　坐禅に専念する〉

（1）入・出・住　これから坐禅を始めるのが「入」、坐禅をやめるときが「出」、坐禅の最中が「住」に当たる。（2）尼犍経にいわく　『大薩遮尼犍子所説経』巻五「問罪過品」（大正蔵九巻三四一頁中）に出る文の取意。（3）窳惰　なまける、おこたる意。窳も、おこたる意。（4）二世　現在と未来。（5）心数　心のはたらき。ここでは心があっちへ行ったり、こっちへ来たりというように、動き回って落ち着かないようすをいう。（6）四大　地大・水大・火大・風大のこと。肉体と、血液などの水分と、体温と、呼吸によって身体が維持されていると考える。四大が不調になると健康がそこなわれることになる。（7）従容　ここでは「放恣」の意。力が入らないような状態をいう。ゆったり落ち着いたさま、くつろぐ意ではない。（8）煗・命・識　すぐ後で定義しているように、それぞれ、身・息・心の意味になる。すなわち煗は生きている肉体の温かさ、命は呼吸が連続すること、識は一生はたらくこころである。（9）絃軫ことじ。琴の糸を支えるこま。（10）次第禅門　『次第禅門』巻二（大正蔵四六巻四八九頁中―四九〇頁中）に、詳細な解説がある。この解説は『天台小止観』にもそのまま踏襲されている。（11）悪趣　三悪趣。殺生の罪悪に相応する地獄、偸盗の罪悪に相応する餓鬼、邪婬の罪悪に相応する畜生の三種の悪の世界。（12）六度・法身　六度は、布施・持戒・忍辱・精進・禅定・智慧の行が成就したこと。これによって仏は永久に変わることのない不動の身体を得ることになるので、法身という。（13）禅悦・法喜　〈十二〉の注（9）参照。（14）菩提の心　仏のさとりの心。すなわち自利・利他の心。〈四〉の注（1）参照。（15）初心・後心　修行の最初から、最後まで一貫しているということ。（16）殷勤　丁寧にすることと。親切。（17）上の二十の法　この五法を行ずることを説くまでに述べてきた、(1)五縁を具えること、(2)五欲を呵すこと、(3)五蓋を棄てること、(4)五事を調えることの二十項目の仏道修行の要件。（18）事禅・理定　事禅はそれぞれの教えで意味する禅定の意。たとえば禅定境で示される、⑴根本四禅～⑽神通などの様々な教えで示されている禅定のこと。理定は、事禅を貫いている禅定の本意を指す。（19）小と大の事・理　小乗とか大乗とか、事禅とか理定とかに関係なく、仏道修行である限りこの五法を行ずることが必要であるという。（20）論の文　五法を行ずることは『大智度論』の説にもとづいている。後に引用されている文も『大智度論』巻一五（大正蔵二五巻一七二頁上―中）に出る文の取意。（21）欲界・初禅　欲界・色界・無色界の三界を背景にして、禅定の浅深・高下の位層を示し、色界に、初禅・二禅・三禅・四禅の四種の禅があり、無色界に、識処・空処・無処有処・非想非非想処の四定があると説くが、ここでは特に欲界から初禅に入ることが仏道修行の大きな転換点になることを強調している。（22）般若　プラジュニャーの音訳語。智慧と訳す。仏が実現した智慧のこと。（23）外道　仏教以外の他の宗教、思想を信奉する人々。（24）無漏心　無漏は、煩悩がない、そういう心。煩悩があるのは、有漏である。（25）入定の一心　四禅それぞれの内容規定で「一心」と示される、禅定が実現したときに現れる心のはたらき。この五法を行ずるなかでいう「一心」は、決定の一心の意で、それとは意味が違うという。決定とは、いわば自分が進む道はこれだと決心すること。（26）二辺　有《ある》と無《ない》、空《ない》と仮《ある》のいずれか一方に偏ること。中道に立つとそういうことがなく、即空即仮即中に調うという。

〈十五　坐禅の要処・十境・十乗〉

（1）陰界入　〈三〉の注（10）参照。（2）寂静の門　仏のさとりの立場。（3）無行経　『諸法無行経』巻上（大正蔵一五巻七五二頁上）の文。（4）浄名　『維摩経』巻中「仏道品」（大正蔵一四巻五四九頁上）の文。（5）浄名にいわく　『維摩経』巻中「文殊師利問疾品」（大正蔵一四巻五四五頁上）の文。

（6）方丈の託疾　『維摩経』巻上「方便品」（大正蔵一四巻五三九頁中）を踏まえる。（7）双林の病行　『涅槃経』巻一〇「現病品」（大正蔵一二巻六六九頁下）を踏まえる。（8）法華にいわく　『法華経』巻四「提婆達多品」（大正蔵九巻三五頁中）の文。（9）方等の師　大乗仏教の指導者。（10）首楞厳にいわく　『首楞厳三昧経』巻下（大正蔵一五巻六三九頁下）に出る文の取意。（11）良薬を屣に塗れば…　『涅槃経』巻九「菩薩品」（大正蔵一二巻六六一頁上）に出る文の取意。（12）首楞厳　〈十〉の注（11）参照。（13）王三昧　三昧の中の王の意で、最高の三昧。三昧はサマーディーの音訳語。禅定において身心が一つになった境地。（14）浄名にいわく　『維摩経』巻上「弟子品」（大正蔵一四巻五三九頁下）の文。（15）三十七品　〈十九〉の注（2）参照。（16）慢・無慢・慢不慢・非慢非不慢　順次、うぬぼれ・うぬぼれていないといううぬぼれ・傲慢・高慢であるとかないとかいえないような高慢さ。（17）二乗　声聞と縁覚（独覚）の仏教理解の立場。声聞は仏の教えを聞く人。縁覚・独覚は、仏と同じように縁起の真実をさとることができる人であるが、また仏と違い利他の実践の必要性を認めないような立場をとる人。（18）菩薩　〈六〉の注（12）参照。（19）毘首羯磨　ビシュバカルマンの音訳語。世界の創造神。（20）堂　阿修羅との戦争で勝利をおさめたことを記念して建てた殿堂。このたとえは『長阿含経』巻二〇「世記経戦闘品」（大正蔵一巻一四二頁下）に出る文の取意。（21）薩雲　サルバジュニャーの音訳語。一切智者と訳す。すべてを知り尽くしている者という意。（22）闇証の禅師　本当にさとっているわけではないのに、さとったと思っている、さとりが何かわかっていない中途半端な禅師の意。（23）身子の三たび請う　舎利弗が、『法華経』を説いていただきたいと釈尊の説法を熱心に要請したことを指す。この前後の文は、いずれも『法華経』の三周説法の経説内容を下敷きにしている。このような点から、湛然は『摩訶止観』の修行論は、法華三昧の異名に他ならないという。

〈十六　身心は不可思議〉

(1) 介爾　一瞬にきざす、どんなわずかなものでもというほどの意味。　(2) 中論に説く　『中論』巻四「観四諦品」（大正蔵三〇巻三三頁中）に出る、「衆因縁生法、我説即是無（空）、亦為是仮名、亦是中道義」（どんなものも多くの因と縁によって生じているのであり、したがって私はこれを空といい、またこれを仮《かり》の名といい、またこれが中道の意味であるというのである）という「三諦偈《さんだいげ》」の内容は、智顗がいう「不可思議の一心三観」を指し示すものにほかならない。こういうあり方を「即空即仮即中」という。

〈十七　慈悲の心・止観におさめること〉

(1) 三途　三悪趣。地獄と餓鬼と畜生の三種の世界の生き方。　(2) 五戒　不殺生（殺さないこと）・不偸盗（盗まないこと）・不邪婬（不倫しないこと）・不妄語（嘘をつかないこと）・不飲酒（酒を飲まないこと）。以上は在家の男性が守るべき教えとされる。　(3) 十善　不殺生・不偸盗・不邪婬・不妄語・不両舌（陰口をたたかない）・不悪口・不綺語（飾った言葉を使わない）・不貪欲・不瞋恚・不邪見からなる善行を勧める教え。この反対は十悪である。　(4) 市の易の博換　市場で物々交換などの交易を盛んにすること。　(5) 狂計の邪黠　とんでもない誤った考えや邪悪なことにあれこれと思いをめぐらすこと。　(6) 備さに辛苦を歴て　以下は『法華経』巻二「信解品」（大正蔵九巻一七頁上）に出る長者窮子《ぐうじ》の喩えの文を踏まえる。　(7) 傭賃　日雇いの労働。　(8) 鯁痛　骨がのどにつかえて痛むように、いつも人のことを自分のことのように心配すること。鯁は、骨がのどにつかえる意。　(9) 大悲・大慈　大悲によって、衆生無辺誓願度、煩悩無数誓願断という二つの誓願が成立し、大慈によって、法門無量誓願知、無上仏道誓願成という二つの誓願が成立するという。大悲は、抜苦（苦しみを抜く）、大慈は、与楽（楽しみを与える）

の意とされる。慈悲の心も、大悲の心が原点にあるわけである。(10)不可思議の境智　前の観不可思議境で説かれていた不可思議（円融相応）の三諦が境に、不可思議の一心三観が智にあたる。この内容が、後に出る「智慧」の意味になる。(11)一目の羅は鳥を得ること能わず　『淮南子《えなんじ》』「説林訓」に出る文。(12)これを損じてまたこれを損じ、ついに無為にいたらん　『老子』を踏まえる。(13)法行の根性　みずから考えて仏の教えのように実践することができる人。これと対をなすのが「信行の根性」で、人から教えられたことを信じて行ずることができる人である。(14)浄名にいわく　『維摩経』巻中「文殊師利問疾品」（大正蔵一四巻五四五頁上）に出る文の取意。(15)瑞応にいわく　『太子瑞応本起経』巻上（大正蔵三巻四七五頁上）の文。(16)龍樹のいわく　『大智度論』巻一八（大正蔵二五巻一九〇頁中）の文。(17)方便・因縁・譬喩　『法華経』の三周説法に準ずる。(18)結跏趺坐　〈六〉の注（3）参照。(19)三諦即空・即仮・即中という究極の真実。

〈十八　空・仮・中におさまる〉

(1)顚倒　さかさまごと。正しいことわりに反すること。間違っている考え。『般若心経』に、「顚倒夢想」とあるのに同じ。(2)無生の止観　無生は、ものごとの本質は空であるから、生滅するようなことはないと確認すること。(3)見著　禅定と智慧の成就は空を観ることであると考え、そういう考えに執著すること。(4)言語の道は断え、心行の処は滅し　『大智度論』巻一三（大正蔵二五巻一六一頁中）。(5)法眼　諸法を正しく照らし見るまなこ。菩薩はこのようなまなこによって諸事象の真相を知り、衆生を救済する。(6)与・抜　慈悲心。与楽が慈、抜苦が悲。(7)含識　有情。こころを持っているもの。衆生。(8)五濁　劫濁（時代が濁ること）・見濁（思想が乱れること）・煩悩濁（煩悩が多くなること）・

衆生濁（人間の資質が低下すること）・命濁（寿命が短くなること）。（9）十善・五戒〈十七〉の注（2）（3）参照。（10）五常　儒教で説く、人が常に行うべき五つの道。後の文中に出る、仁・義・礼・智・信をいう。（11）五行　天地の間にあって、やむことなく活動している五つの元素。後に出る、木・火・土・金・水。（12）周孔　周王朝の基礎を築いた周公旦と、その政道を理想とした孔子のこと。（13）五経　五種の経書。ここでは『礼記』『楽経』『詩経』『書経』『易経』を列挙する。（14）八不『中論』の最初に説かれている不生・不滅・不常・不断・不一・不異・不去・不来の八つの否定説。（15）金剛三昧　何ものにもとらわれることのない（無住の）智慧を生む禅定。（16）一切種智・仏眼等の法　一切種智は、あらゆるものの個別性を知り尽くす智慧。仏眼は、仏のまなこ。すべてを知るまなこ。即空即仮即中という三諦・三観は、そういうものに相当する。

〈十九　閉塞を切り開く・仏の教えを行う〉

（1）五百由旬　五百由旬のところにある目的地まで行こうとして旅立った一行が、三百由旬にさしかかったところで疲労が極まって前進できなくなった。そこで、智慧のある先導者が、一時的な休憩所を作って一行を休ませ、充分な休養をとって体力と気力が回復したところで、さあもう少しだ、目的地まで行こうと一行を励まして、最終的には宝所の目的地まで行き着いたという。仏の巧みな教化方法をたとえている。一由旬は二里ほどの距離。〈十二〉の注（18）参照。（2）三十七道品　四念処観は、⑴身念処、⑵受念処、⑶心念処、⑷法念処の四つについて、それぞれ、⑴身は不浄である、⑵受は苦である、⑶心は無常である、⑷法は無我であると観察する方法。四正勤は、四種の正しい努力。⑴すでに生じた悪は除こうと勤めること。⑵まだ生じていない悪は生じないように勤めること。⑶まだ生じていない善は生ずるように勤めること。⑷すでに生じた善はさらに増すように勤めること。四如意足は、四神足ともいい、神通力を得るための基礎（足）となる四種の修行法。(1)欲如意足（すぐれた禅定を得ようと欲すること）、(2)精進如意足（そのために精進努力すること）、(3)心如意足（禅定に心を専注すること）、(4)思惟如意足（禅定を得るために思惟し観察すること）。五根は、さとりを得るための五つの能力を開発すること。(1)信（信仰）根、(2)精進根、(3)念（思念）根、(4)定（禅定）根、(5)慧（智慧）根。五力は、五根をはたらかせること。(1)信力、(2)精進力、(3)念力、(4)定力、(5)慧力。七覚支は、さとりへ導く七つの方法。(1)択法覚支（教えの中から真実を選びとって、偽りのものを捨てる）、(2)精進覚支（一心に努力する）、(3)喜覚支（真実の教えを修行する喜びを知る）、(4)軽安覚支（身心が軽やかに快適であることを知る）、(5)捨覚支（対象にとらわれることがないことを知る）、(6)定覚支（心が集中して乱されないことを知る）、(7)念覚支（おもいが平安であることを知る）。八正道は、(1)正見（正しく四諦の道理を知る）、(2)正思惟（正しく四諦の道理を思惟する）、(3)正語（正しい言葉を使う）、(4)正業（身・口・意の三業を正しく調える）、(5)正命（正しい生活をする）、(6)正精進（仏の教えを行うよう努力する）、(7)正念（仏の教えを忘れず邪念がないようにする）、(8)正定（精神を統一すること）。

（3）銅輪の位　〈五〉の注（12）参照。　（4）無生忍　〈十二〉の注（24）参照。　（5）八相作仏　八相成道に同じ。〈五〉の注（14）参照。　（6）道品は善知識　『維摩経』巻中「仏道品」（大正蔵一四巻五四九頁下）に出る文。　（7）四の三昧　四種三昧。『摩訶止観』は、常坐三昧（坐禅）を中心にして説いているが、この修行理論は、当然、他の常行・半行半坐・非行非坐などの三昧にも通用する。〈二〉の注（7）参照。　（8）慳貪・破戒・瞋恚・懈怠・散乱・愚癡　六蔽。仏道修行の弊害となる。　（9）檀・尸羅・忍・精進・禅定・智慧　これが完成すると六度・六波羅蜜多になる。ここでは六蔽を対治し、あるべき修行を前進させる方法とされる。　（10）牆に面い　視野が狭く思慮が浅いこと。　（11）智黠　智慧が明らかに活発にはたらくようす。　(12)経にいわく　不明。慧澄の『講義』は、「梵網戒序に出る」という。

〈二十　己れを知り・耐え・妥協しない〉

(1)逆・順の十心　〈十一　懺悔の仕方〉を参照。　(2)総願　仏や菩薩に共通してみられる誓願。　(3)四十八願　法蔵菩薩は五劫という長い間思索にふけり、四十八種の願を立て阿弥陀仏になったという。　(4)別願　仏や菩薩がそれぞれの立場から立てた個別の誓願。　(5)日夜六時　一日を、晨朝・日中・日没・初夜・中夜・後夜に分け、この六時の刻限で修行することがインド以来の仏教の伝統である。後に唐の善導（六一三—六八一）が組織した「六時礼讃」（往生礼讃）は後世に大きな影響を与え、特に有名である。　(6)空・無相の願　空・無相・無願のこと。空は実体がないこと、無相は差別相がないこと、無願は願い求める思いを離れていることで、この三つが解脱に到る禅定の三種の内容となるから、これを三解脱門とか、三三昧とか、三空観門とか呼ぶ。　(7)譬算・校計　たとえや数で示そうと考えること。　(8)毘婆沙　『十住毘婆沙論』巻四「阿惟越致相品」（大正蔵二六巻三八頁下）に「敗壊菩薩」と記す。　(9)立誓願文　『南岳思大禅師立誓願文』（大正蔵四六巻七九二頁中）に出る。　(10)金唄　金貝。黄金と貝で、金銭、財貨のこと。　(11)求那跋摩　『高僧伝』巻三（大正蔵五〇巻三四〇頁上—三四二頁中）参照。　(12)三つの術　前文に出る「早くこれを推つべし」の一段、「見せしむることなかれ」の二段、「一挙万里」の三段の文を、後の結びで、譲れ（一段）、隠せ（二段）、去れ（三段）と要約する。このようにして名聞と利養から離れなければいけないと教える。　(13)大白牛車　燃えている家の中で夢中になって遊んでいる子供たちを避難させるために、父親が日頃子供たちが欲しがっていた羊車・鹿車・牛車が家の外にあるから出ておいでといって、無事に避難させた後で、どの子にも同じように大きな白い牛が引く立派な車を与えたというたとえ。 (14) 等一の大車　以下の全文は、『法華経』巻二「譬喩品」(大正蔵九巻一二頁下)に出る文を踏まえる。

〈二十一　生活のすべてが止観〉

(1) 大論にいわく　不明。慧澄の『講義』も「未検」と記す。 (2) 随自意　慧思の『随自意三昧』。『摩訶止観』の非行非坐三昧で説く内容を指す。 (3) 昔、国王…　『大智度論』巻一八(大正蔵二五巻一九一頁上)に出る文の取意。 (4) 知事の人に訓す　『国清百録』巻一(大正蔵四六巻七九八頁下)に収録。拙著『国清百録の研究』(昭和五七年二月・大蔵出版)二〇四頁以下参照。 (5) 麴蘖・舟楫・塩梅・霖雨　麴蘖は、酒をかもすこうじ。舟楫は、舟のかじ。塩梅は、塩と酢。料理の味かげんに必要なもの。君主が立派な政治を行うよう大臣が助けるのにたとえる。霖雨は、恩沢に同じく、民の苦しみを救う人にたとえる。

〈二十二　煩悩の諸相・病気の諸相〉

(1) 無行にいうがごとし　『諸法無行経』巻下(大正蔵一五巻七五九頁下)に出る文。 (2) 菴羅果　菴摩羅果の略。アームラカの音訳語。マンゴーの実。このたとえ話は、『涅槃経』巻一〇「一切大衆所問品」(大正蔵一二巻六六七頁上)に出る文の取意。 (3) 鹹渇　強い塩気を欲しがること。 (4) 億下　何度ものみを入れること。 (5) 八触　初禅を得ようとするときに相応の感触があるとされる八種の体感。重触・軽触・冷触・熱触・渋触・滑触・軟触・麁触のこと。原文中で詳説している。禅定境では、動・痒、軽・重、冷・煖、渋・滑の八触を記す。軟・麁が動・痒に、熱が煖に当る。 (6) 報風の熱勢　目標を達成しなければという強い思いが呼吸に影響を与え、落ち着きがなくなるようす。

〈二十三　業相の諸相・魔事の諸相〉

（1）報果　果報に同じ。過去の業因（報因）によって感得することになる報い。（2）習因　習は習続の意で、習続しているものが因となって、同類の相応の結果を生ずる（習果）ことをいう。（3）三宝　仏宝（ほとけ）・法宝（教え）・僧宝（教団）の三つ。この三つのものは仏教徒が頼りとする大切な宝物という意味。（4）優婆塞戒経　『優婆塞戒経』巻一三「摂取品」（大正蔵二四巻一〇四六頁下）に出る文の取意。（5）経　『法華経』巻四「提婆達多品」（大正蔵九巻三五頁中）に出る文。（6）別教・円教　天台教学の用語。仏教の理解の程度を、三蔵教・通教・別教・円教と四類に分け、⑴三蔵教は、分析的な縁起の理解で小乗の立場、⑵通教は、小乗から大乗へと通底する立場で、三乗（声聞・縁覚・菩薩）に共通し、直覚的に空をさとる立場。⑶別教は、順序を追って空から仮へ、仮から中へと次第に三観（隔歴不融の三観）の理解を深めていく、ただ菩薩だけが理解可能な立場。⑷円教は、別教のように次第順序を追って理解するようなことはなく、直接、これは即空即仮即中であると解する。円融相即する三諦の真実を一心に三観する、究極的な仏教の理解をいう。（7）魔羅鬼　魔羅（マーラ）の鬼。魔羅は生命を奪い、善事を妨げるもの。鬼は、目に見えない力を及ぼし害を与えるもの。（8）過去仏　釈尊が仏になる前に、過去に六人の仏がいたとされる。釈尊を含めて過去七仏という。（9）魔界はすなわち仏界　『首楞厳経』巻下（大正蔵一五巻六三九頁下）に「魔界如仏界如不二不別」（魔界と仏界は同じで別のものでない）と出る文を踏まえる。

〈二十四　禅定の諸相〉

（1）禅天魔　日蓮は「念仏無間・禅天魔・真言亡国・律国賊」といって、日本の仏教諸宗を、みずからが立った『法華経』至上主義の立場から批判した。これを日蓮宗では「四箇《しか》の格言」といって重んずる。

（2）六神通　仏にそなわる六種の超人的な力。(1)神足通（どこにでも自由に行ける力）、(2)天眼《てんげん》通（自分や人の未来を知ることができる力）、(3)天耳《てんに》通（どんな音も聞くことができる力）、(4)他心通（人が考えていることを知ることができる力）、(5)宿命《しゅくみょう》通（自分や人の過去を知る力）、(6)漏尽《ろじん》通（煩悩を取り除く力）。

（3）三明　仏がそなえる三種の超人的な力。「三明六通」という一組の概念。(1)宿命明（過去の因縁を知る力）、(2)天眼明（未来の果報を知る力）、(3)漏尽明（現在の煩悩を断ずる力）。六神通のなかから、特に過去・現在・未来のことに通ずる力を示している。

（4）三障・四魔　業障・煩悩障・報障の三障と、煩悩魔・死魔・五陰魔・天子魔の四魔。十境は、三障と四魔によって成立すると、十境の互発の段で説明している。

（5）華厳経　『華厳経』巻二五「十地品」（大正蔵九巻五五八頁下）に出る文を踏まえる。

（6）大集経　『大集経』巻一三「虚空自分・弥勒品」（大正蔵一三巻一六四頁上）に出る文を踏まえる。

（7）経にいわく　『思益経』巻二「解諸法品」（大正蔵一五巻四三頁上）に出る文の取意。

〈二十五　邪見の諸相〉

（1）六師外道　釈尊とほぼ同時代に、ガンジス河の中流域で活動した六人の思想家。(1)懐疑論者のサンジャヤ・ベーラッティプッタ。(2)唯物論的快楽論者のアジタ・ケーサカンバラ。(3)宿命論的自然論者のマッカリ・ゴーサーラ。(4)無道徳論者のプーラナ・カッサパ。(5)無因論的感覚論者のパクダ・カッチャーヤナ。(6)禁欲的苦行論者のニガンタ・ナータプッタ（ジャイナ教祖）。

（2）観支　観支があるのは初禅である。四禅ではそれぞれ(1)初禅では覚・観・喜・楽・一心の五支が、(2)第二禅では内浄・喜・楽・一心の四支が、(3)第三禅では捨・念・慧・楽・一心の五支が、(4)第四禅では不苦不楽・捨・念・一心の四支が生ずるとされる。　（3）大乗の四門　大乗の立場で、また有門（ある）・無門（ない）・亦有亦無門（あり、またない）・非有非無門（あるのでも、ないのでもない）のいずれかにとらわれること。　（4）周弘政　『智者大師別伝』（大正蔵五〇巻一九二頁下）に出る。　（5）荘子　『荘子』の思想の全体を智顗がこのようなものであるとして要約した。　（6）荘周　『荘子』「盗跖」に、「小盗者拘、大盗者為諸侯」（小盗をいくら捕えたって、大盗賊の諸侯をはびこらせておいたのではどうしようもないではないか）という。　（7）獠　獠も同じく、荊州から西南地方に住んでいた少数民族のこと。使っている言語が違うので、いっていることが通じないわけである。ちなみに、六祖慧能もこの獠民族の出身であった。そのために「嶺南の人には仏性がない」といわれたことが思い出される。　（8）浄名にいわく　『維摩経』巻中「文殊師利問疾品」（大正蔵一四巻五四四頁下）に出る文の取意。　（9）六十二見　〈十〉の注（10）参照。

著者紹介

池田魯參（いけだ・ろさん）

1941年　長野県生まれ。
1964年　駒澤大学仏教学部卒業。
1969年　駒澤大学大学院博士課程修了。
1977年　駒澤大学助教授。
1983年　駒澤大学教授。
2009年　曹洞宗総合研究センター所長。
前駒澤大学総長。駒澤大学名誉教授。
主　著　『国清百録の研究』『道元学の揺籃』『現代語訳正法眼蔵随聞記』『詳解摩訶止観』（全3巻）『現代語訳大乗起信論』（以上、大蔵出版）『摩訶止観研究序説』『宝慶記――道元の入宋求法ノート』（以上、大東出版）、『現代語訳天台四教儀』（山喜房佛書林）等

『摩訶止観』を読む

2017年3月20日　第1刷発行
2023年4月25日　第2刷発行

著　者＝池田魯參
発行者＝神田　明
発行所＝株式会社 春秋社
〒101-0021　東京都千代田区外神田2-18-6
電話　03-3255-9611（営業）　03-3255-9614（編集）
振替　00180-6-24861　https://www.shunjusha.co.jp/
装　丁＝河村　誠
印刷所＝株式会社 太平印刷社
製本所＝ナショナル製本協同組合


ISBN978-4-393-17165-3　定価はカバーに表示してあります

蓑輪顕量
## 仏教瞑想論

体験の宗教・仏教、その瞑想の具体的なあり方を明快に語り、あわせて、東アジア世界の瞑想修行を示し、現代アジアに展開する現在の瞑想の姿を描く、画期的な「仏教瞑想」論。

2420円

正木 晃
## 現代日本語訳 法華経

難しい仏教語をできるだけ避け、誰でもわかるような平易な日本語で全章を訳した労作。その上、注なしでも読めるような工夫が随所に凝らされ、巻末に各章の要点解説も付す。

2860円

横田南嶺
## 禅と出会う

禅とは、いったいどのようなものか。それは何を求め、どこに至ろうとするのか。その厳しい修行とは。禅問答とはなにか。禅の老大師の手になる、はじめての本格的な入門の誕生！

1870円

細川晋輔
## 禅の調べ――はじめて唱う白隠禅師「坐禅和讃」

禅のエッセンスを親しみやすく伝える仮名法語、白隠禅師「坐禅和讃」を、さまざまな禅語や身近な話題とともに、あたたかに読み解いてゆく。禅画も多数収録。「坐禅入門」付き。

1980円

辻 雙明
## 呼吸のくふう――日常生活の中の禅〈新版〉

「結局、呼吸だ」という老師のことばを胸に坐禅の研鑽を続けた著者の〈呼吸〉の極意を語った書。あらゆる健康法の原点ともいうべき呼吸、気功や気の開発のための座右の書。

2200円

▼価格は税込（10％）。